WRTO 世界研学旅游组织"十四五"规划研学旅行管理
与服务专业精品教材

高等教育"十四五"规划研学旅行管理与服务专业系列教材

研学旅行产品设计

本书编委会

主　　任：邹晓青

副主任：韦欣仪

编　　委：邹晓青　韦欣仪　黄　文　朱梅梅　李　萍
　　　　　杨　兮　刘　星　付　芬　罗江芸

主　　编：韦欣仪　邹晓青

副主编：黄　文　朱梅梅　李　萍　杨　兮

参　　编：刘　星　付　芬　罗江芸

华中科技大学出版社
http://press.hust.edu.cn
中国·武汉

内 容 简 介

本教材为世界研学旅游组织"十四五"规划研学旅行管理与服务专业精品教材之一,以及高等教育"十四五"规划研学旅行管理与服务专业系列教材之一。

本教材共8章。内容包括研学旅行产品概述、研学旅行产品设计理论与基础、研学旅行产品课程设计与实施、研学旅行产品线路设计与实施、研学旅行产品主题设计与实施、研学旅行产品方案设计与实施、研学旅行产品市场开发与运营、研学旅行产品设计质量管理与评价。

本教材可作为本科、高职高专院校旅游管理和研学教育相关专业基础教材,也可作为研学旅行培训机构的培训教材,还可供研学旅行教辅人员、研学旅行企业管理人员和研学旅游行政管理人员参考。

图书在版编目(CIP)数据

研学旅行产品设计/韦欣仪,邹晓青主编.—武汉:华中科技大学出版社,2023.4(2024.4重印)
ISBN 978-7-5680-9153-4

Ⅰ.①研… Ⅱ.①韦… ②邹… Ⅲ.①教育旅游-旅游产品-产品设计-教材 Ⅳ.①F590.75

中国国家版本馆 CIP 数据核字(2023)第 044333 号

研学旅行产品设计 韦欣仪 邹晓青 主编
Yanxue Lüxing Chanpin Sheji

策划编辑:李 欢 汪 杭	
责任编辑:张 琳	
封面设计:廖亚萍	
责任校对:林宇婕	
责任监印:周治超	
出版发行:华中科技大学出版社(中国·武汉)	电话:(027)81321913
武汉市东湖新技术开发区华工科技园	邮编:430223
录　　排:华中科技大学惠友文印中心	
印　　刷:武汉市籍缘印刷厂	
开　　本:787mm×1092mm　1/16	
印　　张:15.5	
字　　数:362千字	
版　　次:2024年4月第1版第2次印刷	
定　　价:49.80元	

本书若有印装质量问题,请向出版社营销中心调换
全国免费服务热线:400-6679-118　竭诚为您服务
版权所有　侵权必究

 世界研学旅游组织"十四五"规划研学旅行管理与服务专业精品教材

高等教育"十四五"规划研学旅行管理与服务专业系列教材

丛书编审委员会

总主编

马 勇 国家高层次人才特殊支持计划领军人才,国家"万人计划"教学名师

教育部高等学校旅游管理类专业教学指导委员会副主任

中国旅游研究院生态旅游研究基地首席专家

教育部旅游管理专业虚拟教研室负责人

湖北大学旅游发展研究院院长,教授,博士生导师

杨振之 世界研学旅游组织执行主席

中国旅游协会地学旅游分会副会长

四川大学旅游学院教授、博士生导师,四川大学旅游与休闲研究中心主任

成都来也旅游发展股份有限公司创始人

编 委

(排名不分先后)

郑耀星 福建师范大学旅游学院原院长,教授

谢祥项 海南大学旅游学院副院长,副教授

李 玺 澳门城市大学国际旅游与管理学院执行副院长,副教授

许昌斌 海南职业技术学院校长助理,副教授

黄安民 华侨大学旅游规划与景区发展研究中心主任,教授,博士生导师

李建刚 湖北师范大学历史文化学院副院长,副教授

卫 红 山西师范大学历史与旅游文化学院旅游管理系主任

潘淑兰 湖北经济学院旅游与酒店管理学院副教授

王 军 湖北师范大学历史文化学院旅游管理与服务教育系主任

谷 音 武汉学知悟达国际旅行社副总经理,特级导游

韦欣仪 贵州师范学院旅游文化学院副院长,教授

田志奇 世界研学旅游组织亚太区首席运营官

吴耿安	华侨大学旅游学院副教授
张胜男	首都师范大学资源环境与旅游学院教授
郑远帆	上海师范大学环境与地理科学学院讲师
李　慧	四川大学旅游学院讲师
董良泉	新疆农业大学经济管理学院讲师，世界研学旅游组织（加拿大）四川代表处首席代表
郭晓康	港珠澳大桥管理局运营发展部副部长
郭晓晴	北京游课教育科技发展有限公司董事长
陈加明	北京游课教育科技发展有限公司联席CEO
贾朋社	三亚学院体育学院副院长
刘雁琪	北京财贸职业学院旅游与艺术学院院长，副教授
林贤东	广东省旅游职业技术学校继续教育部副主任
陈创光	广东省旅游职业技术学校旅游管理讲师，营运管理中心主任
马庆琳	四川省成都天府新区煎茶小学副校长，中学高级教师
吕　明	华南师范大学旅游管理学院讲师
刘宏申	黑龙江职业学院旅游管理教学团队带头人，副教授
杨　娇	内蒙古财经大学旅游学院副教授
张云萍	烟台文化旅游职业学院教务处副处长
张　超	烟台文化旅游职业学院教师、烟台市导游大师工作室负责人
姜　雪	长春大学旅游学院文化产业管理教研室主任
钟　畅	成都来也旅游发展股份有限公司研学旅游部经理
董之文	广东天惟国际工程顾问有限公司法定代表人
饶英华	海南代际教育科技有限责任公司总经理
林小凡	海南洲皓教育科技有限公司执行董事
陈金龙	乐山师范学院旅游学院副教授
黄　文	西南民族大学旅游与历史文化学院教授
王　英	成都信息工程大学马克思主义学院副教授
孟玲玉	成都银杏酒店管理学院教师
吴　矜	广东财经大学文化旅游与地理学院讲师
陈　蔚	浙江旅游职业学院副教授
童　昀	海南大学旅游学院副教授
彭小舟	湖南第一师范学院讲师

序一
Foreword 1

读万卷书,行万里路。游学,自古以来便是我国学子增长见识、提高学问的方式。自2016年教育部等11部门印发《关于推进中小学生研学旅行的意见》以来,研学旅行在我国迅速发展并呈现出强劲的增长势头。2019年,教育部在普通高等学校高等职业教育专科层次增补研学旅行管理与服务专业。2021年,文化和旅游部印发《"十四五"文化产业发展规划》,提出开发集文化体验、科技创新、知识普及、娱乐休闲、亲子互动于一体的新型研学旅游产品。

研学旅行这一新业态的迅速发展,迫切需要大量的专业人才,因此,编制出版一套高水平、高质量、适应产业发展要求的教材十分必要。

华中科技大学(教育部直属全国"双一流"大学)出版社联合世界研学旅游组织,立项重点课题"基于研学旅行专业人才培养目标的课程体系建设与教材开发",旨在编写一套既具有国际视野又具有中国特色,既有科学理论又有实操指导,既适用于高等院校又适用于行业从业者的高水平教材。2020年世界研学旅游大会正式发布了本课题及组稿邀请函,得到全国40余所知名院校的教授、专家、学科带头人,以及近百所研学旅行基地(营地)、研学旅行服务机构专家,以及中小学骨干教师的积极响应和参与。课题成果最终凝结为本系列教材。

本系列教材首批规划9本,包含《研学旅行概论》《研学旅行资源导论》《研学旅行课程开发》《研学导师实务》《研学营地基地运营管理》《研学旅行产品设计》《研学旅行项目开发与运营》《研学旅行市场营销》《研学旅行安全管理》,基本涵盖了当下研学旅行业态的各重要环节。本系列教材具有如下特点。

一、国际视野,中国特色

本系列教材的作者来自全国各地,他们不仅有国际化视野与丰富的海外学习或教学经验,同时还是高等院校或研学旅行基地(营地)的负责人,在撰写书稿时,既参考吸收了国际先进方法,又融入了中国特色、家国情怀与实操经验。

二、名师团队,先进引领

本系列教材由中央组织部国家高层次人才特殊支持计划领军人才、教育部旅游管理类专业教学指导委员会副主任马勇教授和世界研学旅游组织主席杨振之教授担任总主编，各分册主编由来自四川大学、湖北大学、福建师范大学、湖北师范大学、山西师范大学、华侨大学、澳门城市大学等知名院校的院长、教授、学科带头人以及研学旅行基地（营地）、研学旅行服务机构的负责人担任，他们有着丰富的执教与从业经验，紧跟教育部、文旅部指导意见，确保了本系列教材的权威性、准确性、先进性。

三、理实结合，校企融合

本系列教材各分册均采取校企"双元"合作编写模式，除了具有完备的理论，还引入大量实务案例和经典案例，并在编写体例上注重以工作过程为导向，设置教学项目与教学任务，确保理论与实操相结合。

四、配套资源，纸数融合

华中科技大学出版社为本系列教材建设了线上资源服务平台，在横向资源配套上，提供教学计划书、教学课件、习题库、案例库、参考答案、教学视频等系列配套教学资源；在纵向资源开发上，构建了覆盖课程开发、习题管理、学生评论、班级管理等集开发、使用、管理、评价于一体的教学生态链，打造出线上线下、课内课外的新形态立体化互动教材。

研学旅行管理与服务作为新增设专业和新兴行业，正步入发展快车道。希望这套教材能够为学子们带来真正的养分，为我国的研学旅行事业发展贡献力量。在此希望并诚挚邀请更多学者加入我们！

马勇

2022 年 5 月

序二

Foreword 2

本系列教材是世界研学旅游组织重点课题"基于研学旅行专业人才培养目标的课程体系建设与教材开发"的研究成果。

在中国,研学旅行正如火如荼地开展,各级政府部门、家长、学校、学生及社会公众对研学旅行的发展,正翘首以待。研学旅行对人的成长、综合素质的提升,已被千百年来的实践所证实,无论是中国古代的游学,还是西方的"大游学"(Grand Tour),都无一例外地证明了回归户外、自然课堂的研学旅行是提高个人综合素质的不二之选。

在中国,现代意义上的研学旅行才刚刚兴起,如何借鉴西方国家一百多年来自然教育的先进经验,建立有中国特色的研学旅行教育体系,厘清各种误解,包括理念认知、基本概念和运作上的误解,是我们这套教材编写的出发点。

因此,本系列教材从编写之初就确立了这样一个原则:国际视野、中国特色,重实践、重运营,将理论与实践结合,做到知行合一。在编写作者的选择上,我们让一些既了解中国国情,又了解国际研学旅行情况的从业人员参与编写,并要求他们尽量研判国际自然教育的发展趋势及研学案例;将高校教师的理论研究与一线研学企业的实操经验相结合。这是本系列教材的一大特色。

本系列教材可作为高校教材,特别是高等职业学校研学旅行管理与服务专业的教材。

世界研学旅游组织重视研学旅行对人的成长和修养的影响,倡导研学旅行要从幼儿园儿童、中小学生抓起。研学旅行的目标是提高人的综合素质,真正实现知行合一。研学旅行倡导学生走出课堂,回归大自然,与大自然亲密接触,更注重学生在大自然中的体验和实践,反对走出课堂后又进入另一个教室,反对在博物馆和大自然中还是走灌输知识和说教的老路。没有实践和行动的研学,都达不到研学的目的。

希望这套教材能为中国方兴未艾的研学旅行事业添砖加瓦,能为读者,尤其是家长带来益处,也算是我们为社会做出的贡献。

是为序。

杨振之
2022 年 5 月

前言
Preface

本教材以教育部等11部门印发的《关于推进中小学生研学旅行的意见》和《研学旅行服务规范》等文件为导向,紧紧围绕我国高等教育新型人才培养目标,以理论为基石,以实践为根本,大量吸收了国内外典型案例的经验和启示编写而成。

本教材为世界研学旅游组织"十四五"规划研学旅行管理与服务专业精品教材之一,以及高等教育"十四五"规划研学旅行管理与服务专业系列教材之一。本教材紧紧围绕"研学旅行产品设计"这一主题,以研学旅行管理与服务、旅游管理与教育服务专业相关的新教育理论、创意理论为基础,倡导以学生为主体、教师为主导的研究性、探究式、体验式等研学旅行学习方式,注重培养研学导师的自主发展能力、独立思考与判断能力、实践能力、合作能力和创新精神,以体验教育的形式,以大自然、社会文化的真实情境为背景,大胆探索和创新研学旅行产品,实现以教育、引导、组织、服务学生全面而有个性发展的根本目的,反映发展学生核心素养的新教育教学的理念、思路和方法,提升学生的职业技能和职业素养,具有重要的实践指导意义。

本教材的创新点在于:一是重视能力培养,认知性训练和实践性训练并重;二是整合互动教学、案例教学和探究教学等教学方法,教学设计灵活;三是教材编写意识超前,符合未来一段时间内研学旅行发展的需要。本教材共8章,主要涵盖研学旅行产品概述、研学旅行产品设计理论与基础、课程设计与实施、线路设计与实施、主题设计与实施、方案设计与实施、市场开发与运营、设计质量管理与评价等范畴,并以全面、系统的形式呈现出来,有利于学生较好地掌握研学旅行产品理论与实操学习,能够更好地指导研学旅行开展,规范研学旅行产品设计与实施。

本教材由贵州师范学院的韦欣仪教授和邹晓青教授担任主编,西南民族大学的黄文教授、贵州师范学院的朱梅梅副教授、李萍讲师和杨兮副教授担任副主编。具体分工如下:邹晓青教授负责全书的审核工作;韦欣仪教授负责全书的框架设计、统稿及审核工作,并编写第一章、第二章;杨兮副教授编写第三章;朱梅梅副教授编写第四章;李萍讲师与刘星讲师共同编写第五章;黄文教授编写第六章;杨兮副教授与罗江芸讲师共同编写第七章;付芬实验师编写第八章。

本教材的撰写得到了湖北大学马勇教授、四川大学杨振之教授的大力支持和悉心指导,在此表示衷心的感谢!在撰写过程中,编者借鉴、参阅了有关专家学者的研究成果和文献资料,也表示感谢。同时,感谢华中科技大学出版社的支持,感谢所有作者的辛勤付出。

由于作者水平有限,书中难免存在不足之处,恳请专家、读者和同仁批评指正。

编者
2023 年 4 月

目录
Contents

第一章 研学旅行产品概述 /001

第一节 研学旅行及资源识别 /002
一、研学旅行概述 /002
二、研学旅行资源 /003
三、研学旅行资源的类型 /005

第二节 研学旅行产品 /008
一、研学旅行产品的概念 /008
二、研学旅行产品的发展 /010
三、研学旅行产品的特征 /012
四、研学旅行产品的类别 /014

第二章 研学旅行产品设计理论与基础 /016

第一节 研学旅行产品设计的理论、概念和战略 /017
一、研学旅行产品设计的理论 /017
二、研学旅行产品设计的概念 /023
三、研学旅行产品设计的战略 /023

第二节 研学旅行产品设计的内容、要素、流程和意义 /034
一、研学旅行产品设计的内容 /034
二、研学旅行产品设计的要素 /035
三、研学旅行产品设计的流程 /037
四、研学旅行产品设计的意义 /038

第三节 研学旅行产品设计的方法、原则和要求 /039
一、研学旅行产品设计的方法 /039
二、研学旅行产品设计的原则 /044

三、研学旅行产品设计的要求　　　　　　　　　　/047

第三章　研学旅行产品课程设计与实施　　/050

第一节　研学教育的发展实践　　　　　　　　　/051
　　一、英国研学旅行实践　　　　　　　　　　　/052
　　二、美国研学旅行实践　　　　　　　　　　　/052
　　三、芬兰研学旅行实践　　　　　　　　　　　/053
　　四、法国研学旅行实践　　　　　　　　　　　/053
　　五、俄罗斯研学旅行实践　　　　　　　　　　/054
　　六、日本研学旅行实践　　　　　　　　　　　/054
　　七、中国研学旅行实践　　　　　　　　　　　/055

第二节　研学旅行课程设计的政策依据、相关标准和理论基础　　/056
　　一、政策依据　　　　　　　　　　　　　　　/056
　　二、相关标准　　　　　　　　　　　　　　　/057
　　三、理论基础　　　　　　　　　　　　　　　/057

第三节　研学旅行课程设计的内涵、性质、原则和理念　　/059
　　一、研学旅行课程设计的内涵　　　　　　　　/059
　　二、研学旅行课程设计的性质　　　　　　　　/059
　　三、研学旅行课程设计的原则　　　　　　　　/060
　　四、研学旅行课程设计的理念　　　　　　　　/061

第四节　研学旅行课程设计的内容和分类　　　　/062
　　一、研学旅行课程设计的主要内容　　　　　　/062
　　二、研学旅行课程设计的具体分类　　　　　　/063

第五节　研学旅行课程设计的要素和过程　　　　/069
　　一、研学旅行课程设计的要素　　　　　　　　/069
　　二、研学旅行课程设计的过程　　　　　　　　/070

第四章　研学旅行产品线路设计与实施　　/081

第一节　研学旅行产品线路的概念和特征　　　　/082
　　一、研学旅行产品线路的概念　　　　　　　　/082
　　二、研学旅行产品线路的特征　　　　　　　　/083

第二节　研学旅行产品线路的构成与类型　　　　/083
　　一、研学旅行产品线路的构成　　　　　　　　/083
　　二、研学旅行产品线路的类型　　　　　　　　/083

第三节　研学旅行产品线路的设计　　　　　　　　　　/085
　　一、研学旅行产品线路设计的概念　　　　　　　　/085
　　二、研学旅行产品线路设计的方式　　　　　　　　/085
第四节　研学旅行产品内容讲解设计　　　　　　　　　/088
　　一、研学旅行产品内容讲解与存在的问题　　　　　/088
　　二、研学旅行产品内容讲解的文本创新　　　　　　/089
　　三、研学旅行产品内容讲解的设计实训　　　　　　/089

第五章　研学旅行产品主题设计与实施　　/092

第一节　研学旅行产品主题的设计原则与方法　　　　　/093
　　一、研学旅行产品主题的设计原则　　　　　　　　/093
　　二、研学旅行产品主题的选题方法　　　　　　　　/094
第二节　研学旅行产品主题的设计要素与过程　　　　　/096
　　一、研学旅行产品主题的设计要素　　　　　　　　/096
　　二、研学旅行产品主题的设计过程　　　　　　　　/098
第三节　研学旅行产品主题的实施　　　　　　　　　　/101
　　一、行前准备　　　　　　　　　　　　　　　　　/101
　　二、行中实施　　　　　　　　　　　　　　　　　/101
　　三、行后总结　　　　　　　　　　　　　　　　　/102

第六章　研学旅行产品方案设计与实施　　/103

第一节　研学旅行产品的方案设计　　　　　　　　　　/104
　　一、叙述式　　　　　　　　　　　　　　　　　　/105
　　二、表格式　　　　　　　　　　　　　　　　　　/105
第二节　知识科普型研学旅行产品的
　　　　方案设计与实施　　　　　　　　　　　　　　/106
　　一、博物馆研学旅行产品的方案设计　　　　　　　/106
　　二、科技馆研学旅行产品的方案设计　　　　　　　/108
　　三、主题展览研学旅行产品的方案设计　　　　　　/109
　　四、动植物园研学旅行产品的方案设计　　　　　　/111
　　五、历史文化遗产研学旅行产品的方案设计　　　　/112
　　六、工业生产研学旅行产品的方案设计　　　　　　/117
　　七、科研场所研学旅行产品的方案设计　　　　　　/119
第三节　自然观赏型研学旅行产品的
　　　　方案设计与实施　　　　　　　　　　　　　　/121
　　一、地貌景观观赏研学旅行产品的方案设计　　　　/121

二、水体景观观赏研学旅行产品的方案设计　/123
三、生物景观观赏研学旅行产品的方案设计　/125
四、自然地带性景观观赏研学旅行产品的方案设计　/126
五、天气气候类景观观赏研学旅行产品的方案设计　/129
六、特殊自然现象观赏研学旅行产品的方案设计　/131

第四节　体验考察型研学旅行产品的方案设计与实施　/133
一、文化体验考察研学旅行产品的方案设计　/133
二、营地研学旅行产品的方案设计　/134
三、生态农庄研学旅行产品的方案设计　/136
四、实践基地研学旅行产品的方案设计　/136
五、团队拓展基地研学旅行产品的方案设计　/137

第五节　励志拓展型研学旅行产品的方案设计与实施　/139
一、红色教育研学旅行产品的方案设计　/139
二、国防教育研学旅行产品的方案设计　/140
三、国情教育研学旅行产品的方案设计　/142
四、名人纪念馆研学旅行产品的方案设计　/143
五、校园参观研学旅行产品的方案设计　/145

第六节　文化康乐型研学旅行产品的方案设计与实施　/146
一、主题公园研学旅行产品的方案设计　/146
二、文化演艺研学旅行产品的方案设计　/149
三、保健康养研学旅行产品的方案设计　/150
四、体育休闲研学旅行产品的方案设计　/153

第七章　研学旅行产品市场开发与运营　/156

第一节　研学旅行产品的消费市场　/157
一、研学旅行消费者的行为特征　/158
二、研学旅行产品的市场开发　/161
三、研学旅行产品的营销方式　/165

第二节　研学旅行产品的定价战略　/171
一、研学旅行产品价格的概念与构成　/171
二、研学旅行产品价格定价的目标与依据　/172
三、研学旅行产品定价的影响因素与战略　/174

第三节　研学旅行产品的营销渠道策略　/181

一、研学旅行产品营销渠道概述　　/181
　　二、研学旅行产品营销渠道的类型　　/181
　　三、研学旅行产品营销渠道的设计　　/183
第四节　研学旅行产品的促销策略　　/184
　　一、研学旅行产品促销的概念　　/184
　　二、研学旅行产品促销的作用　　/185
　　三、研学旅行产品促销的设计　　/185
　　四、研学旅行产品促销的方式　　/186
　　五、研学旅行产品的试产试销　　/187
第五节　研学旅行产品运营管理　　/188
　　一、研学旅行产品运营管理概述　　/188
　　二、研学旅行产品运营管理特点　　/189
　　三、研学旅行产品运营管理步骤　　/189

第八章　研学旅行产品设计质量管理与评价 /192

第一节　研学旅行产品设计的质量管理　　/194
　　一、研学旅行产品设计的质量管理概述　　/194
　　二、研学旅行产品设计的质量管理原则　　/200
　　三、研学旅行产品设计的质量管理目的　　/202
　　四、研学旅行产品设计的质量管理要求　　/203
第二节　研学旅行产品设计的质量管理内容　　/204
　　一、研学旅行产品设计的质量管理体系　　/204
　　二、研学旅行产品设计的质量管理方法　　/204
　　三、研学旅行产品设计的质量管理流程　　/210
第三节　研学旅行产品设计的质量管理策略　　/212
　　一、研学导师培训制度　　/212
　　二、研学旅行安全管理制度　　/215
　　三、研学基地建设体系　　/217
第四节　研学旅行产品设计的质量管理评价　　/221
　　一、基本原则　　/221
　　二、评价体系　　/222
　　三、评价模型　　/223

参考文献　　/229

第一章
研学旅行产品概述

学习目标

1. 了解研学旅行、研学旅行资源、研学旅行产品的概念。
2. 了解研学旅行产品的基本要素。
3. 了解研学旅行产品的特征和分类。
4. 了解研学旅行产品的发展。
5. 了解研学旅行系统和构成要素。

知识框架

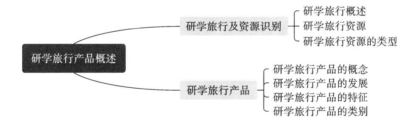

学习重点

1. 研学旅行。
2. 研学旅行资源。
3. 研学旅行产品。
4. 研学旅行系统和构成要素。

学习引入

近年来,受《义务教育劳动课程标准(2022年版)》影响,研学旅行需求上升。每逢节假日、周末,国内研学旅行逐渐升温。研学旅行不断抢占新赛道,将研学元素植入民宿、乡村旅游、露营等新场景中,"研学+"模式备受青睐,出现了"研学+民宿"

"研学＋乡村旅游""研学＋露营"等新兴研学模式。研学旅行的概念是什么？研学旅行由哪些要素构成，研学系统包含什么？研学旅行资源的类型有哪些？研学旅行产品指的是什么？研学旅行产品是如何发展起来的？研学旅行产品有什么特征和分类？

第一节　研学旅行及资源识别

一、研学旅行概述

（一）研学旅行的概念

根据国家旅游局（现更名为中华人民共和国文化和旅游部）发布的《研学旅行服务规范》（LB/T 054—2016）行业标准规定的术语和定义：研学旅行就是以中小学生为主体对象，以集体旅行生活为载体，以提升学生素质为教学目的，依托旅游吸引物等社会资源，进行体验式教育和研究性学习的一种教育旅游活动。具体而言，研学旅行就是研究性学习和旅行相结合的校外教育活动，由学校或研学机构根据区域特色、地方资源特色、学生年龄特点和各学科教学内容需要，组织学生通过集体旅行、集中食宿的方式走出校园，在与平常不同的生活中开阔视野、丰富知识，加深与自然和文化的亲近感，增加对集体生活方式和社会公共道德的体验，提高学生的自理能力、创新精神和实践能力。研学旅行继承和发展了我国传统游学、"读万卷书，行万里路"的教育理念和人文精神，成为素质教育的新内容和新方式。在旅游的过程中，体验式和探究式的学习是综合素质教育活动的重要途径。广义的研学旅行由来已久，春秋时期，孔子带着众弟子周游列国，考察各地政风民情，宣传儒家思想，也曾专程问道于老子，这就是研学旅行最初的形态。培根的《论旅行》通篇都在谈旅行与学习的关系并且开篇第一句话就是"旅行是年轻人教育的一部分"。现代研学旅行开端于日本，战后就有研学旅行活动，后来发展得很普遍，写入国民教育大纲，纳入教育法。近年来，我国研学旅行迅速发展，以中小学为主体的研学旅行逐渐发展，大学生的研学旅行也逐步发展起来，研学旅行的发展越来越全面化和多样化。

（二）研学旅行系统及构成要素

1. 研学旅行主体

通常，研学旅行主体为中小学生群体。研学旅行的根本目的是立德树人、培养人才。广大中小学生出于实践求知这一主要目的，走出校门，通过参与研学旅行活动开阔眼界、了解社会、提高自身人文素养和科学水平。他们是研学旅行产业存在的前提，研学旅行产品设计必须要满足广大中小学生群体的需求。

2. 研学旅行客体

研学旅行客体是研学旅行目的地资源，研学旅行目的地资源是研学旅行活动的客体和消费对象。研学旅行客体既包括相关非遗景区景点、非遗博物馆、非遗传习所、非遗综合实践基地等有形物质资源，也包括当地优秀的非物质文化遗产资源。

3. 研学旅行载体和平台

研学旅行载体和平台主要是指研学旅行基地，是中小学生开展理想信念教育、爱国主义教育、革命传统教育、国情教育的重要载体和平台。考虑到中小学生的身心发育特点，应依托安全、适宜的研学旅行基地开展活动。同样，依托地区优秀的自然、文化遗产资源、红色教育资源和综合实践基地，遴选建设一批示范性的研学基地可以更好地推动研学旅行的开展，可以根据基地特征有针对性地开发一批自然类、历史类、人文类、体验类等多种类型的活动课程，保障中小学生在研学旅行中做到游学统一。

4. 研学旅行组织机构和保障部门

研学旅行组织机构和保障部门，即学校和教育管理部门。研学旅行是由学校统一组织开展的校外教育旅行实践活动，由学校统一组织领导，学校和教育部门要为学生研学旅行保驾护航，积极提供各项保障措施。

（1）安全是研学旅行中最重要的问题。

在研学活动开展前学校要将研学活动方案和安全应急预案送予教育管理部门审批。学校要做好行前安全教育工作，对参加研学旅行的学生和带队教师开展安全知识和户外技能培训。细化研学活动方案，确认出行师生购买意外险，投保校方责任险，与家长签订安全责任书，与委托开展研学旅行的企业或机构签订安全责任书，明确各方安全责任。学校要选择具有良好信誉和较强风险管理能力的旅行单位合作，仔细审核相关合作单位资质，确保旅行活动中的交通、住宿、饮食安全。

（2）学校是研学旅行的主要组织机构。学校在研学旅行活动开展前，要做好组织工作，设立研学旅行专项领导小组，明确工作分工和职责。在研学旅行活动中，做好学生的组织工作，严格执行活动方案，做好突发事件应急处理。在研学活动后，做好总结和研学旅行效果评估。教育行政管理部门，要做好相关政策制定和研学旅行活动推广工作，为中小学开展研学旅行活动提供政策支持和交流分享平台。

5. 研学旅行中介

研学旅行中介，即研学机构和旅游企业。专业的研学机构和旅游企业是连接研学旅行主体和研学旅行目的地资源的中介。专业的研学机构或旅游企业可根据学校需要定制研学活动方案和研学旅行线路，其配备的研学旅行导师队伍保证学生在研学旅行中能收获知识和较好的旅行体验，且其自身丰富的研学旅行产品，也为学校和广大学生提供选择空间。为了确保研学旅行的安全，对于合作的研学机构和旅游企业要严格核实资质，杜绝其在旅行交通车辆、行车路线、餐饮、住宿方面的安全隐患。

二、研学旅行资源

（一）旅游资源的定义

旅游资源是旅游业赖以生存和发展的前提条件和物质基础，其禀赋状况、丰裕度和品质直接影响着旅游业的发展水平包括研学旅行产业的结构优化。由于旅游业是一项新兴产业,其发展极为迅速,相关理论尚不成熟,对旅游资源的概念未形成全面、统一的认识。旅游资源的特点主要包括三个方面:第一,旅游资源与其他资源一样,是一种客观存在,是旅游业发展的物质基础。第二,旅游资源具有激发旅游者动机的吸引向性。第三,旅游资源能为旅游业所利用,并由此产生经济效益。

(二)研学旅行资源的定义、特点

1. 研学旅行资源的定义

借鉴 2003 年国家旅游局颁布的《旅游规划通则》中对旅游资源的概念性定义方法,将研学旅行资源定义如下:自然界和人类社会凡能对研学旅行者产生吸引力,可以为研学旅行产业开发利用,并可产生教育效益、社会效益、环境效益和经济效益的各种事物现象和因素,均称为研学旅行资源。

2. 研学旅行资源的特点

研学旅行资源的特点是研学旅行资源各种特性的总和,是研学旅行资源各种特性的综合反映,其特点与旅游资源的特点类似。

(1)广泛多样性。

研学旅行资源既是研学旅行产品的前提和基础,又是研学旅行产品的核心构成。根据上述定义,研学旅行业可以凭借和利用资源的广泛多样性是其他任何产业无法相比的。研学旅行资源主要可分为两大类:一类是广义的与三大产业共享的资源,另一类是狭义的研学旅行资源,即自然性资源、历史性资源和社会性资源。

(2)不可移动性。

除了现代人造研学旅行资源外,研学旅行资源是自然形成的、先人遗留的或传统形成的,既具有地理位置的固着性,又具有历史时代的传承性,时空内涵是其独有的魅力和价值,使研学旅行产品具有不可替代性和不可移动性,难以仿制。

(3)环境依存性。

不可移动性进一步表明,研学旅行资源与其所处环境相伴生辉。研学旅行资源与环境不可分离,只有处在其自身存在的自然环境、社会环境或文化氛围中,才能充分体现价值,予人以完整的欣赏体验效果。这是研学旅行资源与一般产业资源的显著差异,意味着研学旅行业的发展比其他产业的发展更需要重视环境保护,越要发挥研学旅行资源的社会价值和经济功能,就越应保持和发挥研学旅行资源的社会、生态和文化功能。

(4)可直接消费性。

研学旅行资源是研学旅行产品的核心构成部分,可直接供游客消费。一般资源不能在保持原有品质和形态的状况下,直接作为商品进行消费,只能作为生产原料经高强度的改造、制作或加工后形成产品,几乎完全改变其原生的品质和形态。但研学旅行资源则可以在保持既有品质和形态的状况下直接供研学旅行者消费。导致这种差异的根本原因在于,一般产业资源本身不是吸引物,而研学旅行业所依赖的资源本身就是吸引物,具有供研学旅行者消费的使用价值。因此,就自然性和社会性研学旅行资源而言,尽可能保持其本色和原貌,是使研学旅行产品具有强大吸引力和持久生命力的首要任务。

(5)塑损两面性。

与一般资源不同,研学旅行资源作为研学旅行产品的核心成分具有恒值性,其价值和使用价值不会因研学旅行消费活动的影响而贬损或丧失,可以持续不断地供不同的研学旅行者消费,同时保持其吸引力。研学旅行资源的整合力使其具有很强的可塑性,有助于发挥其可持续的优势。然而,研学旅行资源具有不可仿制性和复制性,相比其他一般产业资源更易受损害,一旦受损难以恢复,甚至永远消失。因此,可塑性与易损性的并存是研学旅行资源的一个突出特点。

(6)被动外向性。

研学旅行资源的不可移动性决定了研学旅行产品整体上不可移动,只能被动地在原地等待研学旅行产品的主体——研学旅行者主动前来消费。研学旅行资源的被动外向性满足研学旅行者大范围移动的需要,滋生了研学旅行机构和研学导师等服务,并为一般性服务行业创造了新的机会,同时研学旅行者的移动也促进不同国家和地区的文化交流。

三、研学旅行资源的类型

参考《研学旅行服务规范》(LB/T 054—2016)对旅游资源的分类方法,结合研学旅行及研学旅行资源的特点,将研学旅行资源划分为知识科普型、自然观赏型、体验考察型、励志拓展型、文化康乐型五大类型(表1-1)。

表1-1 研学旅行资源类型

类型	研学旅行资源
知识科普型	博物馆、科技馆、主题展览、动物园、植物园、历史文化遗产、工业项目、科研场所等
自然观赏型	山川、江湖海、沙漠、草原等
体验考察型	农庄、田园综合体、实践基地、夏(冬)令营营地、团队拓展基地等
励志拓展型	红色教育基地、校园、国防教育基地、军营等
文化康乐型	主题公园、演艺影视城等

(一)知识科普型

知识科普型研学旅行是一种新兴的具体的研学旅行形式,其分类不应该完全脱离传统研学旅行资源分类体系,该分类体系既应该体现研学旅行资源传统分类属性,又应该考虑其科普价值属性,从研学旅行资源本身特性出发,根据其科普价值进行分类。例如,李绍刚(2004)提出了与前人不同的见解,认为知识科普型研学旅行资源的分类应该以知识科普型研学旅行资源本身的特性为依据,即以其所蕴含的科学知识为分类标准。袁平(2009)依据河南省现存知识科普型研学旅行资源的科学价值进行分类,认为河南省最有特点的知识科普型研学旅行资源是豫西及豫西南山地的地质研学旅行资源、黄河研学旅行资源、以陈家沟太极拳等为代表的武术研学旅行资源等,这些应该是河南省重点开发的知识科普型研学旅行资源。建立知识科普型研学旅行资源分类体系应以资源属性作为分类标准，将我国知识科普型研学旅行资源分为自然生态科普研学旅行资源和人文科普研学旅行资源。

为与自然观赏型研学旅行资源区别，本书认为知识科普型研学旅行资源应包括博物馆、科技馆、主题展览、动物园、植物园、历史文化遗产、工业项目、科研场所等，主要为研学旅行者开展研学活动提供场地、知识内容。

（二）自然观赏型

自然观赏型研学旅行资源是指能够既可以使人们产生美感或兴趣，又可以传播一定的自然科学知识的自然景观，一般由各种地理环境或生物构成，它们通常是在某种主导因素的作用和其他因素的参与下，经长期的发展演变而形成。自然观赏型研学旅行资源传播的知识一般包括自然景观现象的成因、自然现象的科学解释等。自然观赏型研学旅行资源包括地文科普景观、水文科普景观、生物科普景观，每类自然观赏型研学旅行资源又包括具体的基本类型。

1. 地文科普研学旅行资源

地文科普景观是指在地球的演化过程中，由于地球内、外营力的综合作用使地球岩石圈形成的各种地貌景观。地文科普研学旅行资源是大自然的杰作，满足研学旅行者求新、求奇的要求。同时，地文科普景观的成因有一定的规律性，并蕴含着一定的科学原理，人们在观赏过程中，既得到美的感受，又能认识一些新的事物，学到新的科学知识，受到教育的启迪，满足人们在游乐过程中求知的需求。地文科普研学旅行资源具有较高美学观赏价值、特殊科学研究价值以及稀有的自然属性，是向人们传播地学知识的自然景观。各类地质遗迹资源、壮观奇特的地貌（如很多名山大川、地质公园、奇峰怪石）极具观赏性，游客不仅得到了美的视觉享受，还了解了相关的地质信息、地质成因以及地层的沧海桑田变化。全国各地打造的地质公园，是具有典型意义的地文科普研学旅行资源的代表，并且很多地质公园已经被列为科普教育基地，科普元素的添加和科普环境的打造已经成为必然要求。再如，广西推出的溶洞探险、贵州推出的喀斯特地貌探险也极具科普性和魅力，受到众多游客喜欢。新疆的沙漠腹地、冰川科考探险，西藏的第三极地科普游均广受游客欢迎，是地文科普研学旅行的典范。

2. 水文科普研学旅行资源

水文科普景观是大自然风景的重要组成部分，也是广泛存在的一种研学旅行资源。它主要包括江河、湖海、流泉、冰山雪峰等，有的壮观，有的秀美，并以多种形态出现且具有很强的动感性，兼具休闲观光和科考价值于一体，可以满足不同层次、不同类型游客的游玩和审美需求。例如，海洋科普研学旅行资源能让人们了解、认识海洋生物，认知海洋地貌和海岛的成因，了解潮汐成因和海战历史，教育和激发人们热爱并保护海洋资源；湖泊水库科普研学旅行资源能让人们了解湖泊的成因，认知湖泊的性质（如是咸水湖还是淡水湖），让人们了解我国湖泊之最（如最大的湖泊、海拔最高的湖泊等），让人们了解湖泊的污染情况，激发人们的环保意识；江河溪涧科普研学旅行资源能让人们了解我国著名河流的发源地、流经省区、最终去处等，让人们了解著名峡谷的成因及分布，让人们了解著名大河的汛期情况，普及防汛知识。随着水资源的开发利用，各种规模的水利工程兴建,向人们传播水利科技知识以及水文化的独特魅力。

3.生物科普研学旅行资源

生物是地球表面所有生命物体的总称,按其性质分为植物、动物和微生物三大类。生物科普研学旅行资源的生物景观,主要是指由动、植物及其相关生存环境所构成的各种过程与现象。生物科普研学旅行资源是自然观赏型研学旅行资源中最富特色的一类,是最具活力的自然景观研学旅行资源。生物科普研学旅行资源以自身生命节律的周期性活动、变化多端的形态特征,使地球呈现一派盎然生机。几乎在所有的研学旅行活动中,生物景观都起到了一定的研学旅行功能。美化环境、装饰山水、分割空间、塑造意境的植物,以及生动活泼且具有不同外貌、形态的动物都是研学旅行素材。生物科普研学旅行资源在丰富自然景观、衬托人文景观、保护生态环境、美化研学旅行景区、增添游人游兴、陶冶游人情操,以及在开展科普考察、科学研究和生态研学旅行等方面,都具有十分重要的作用。

(三)体验考察型

在体验经济时代,随着研学旅行者研学旅行经历的日益丰富,消费观念的日渐成熟,对体验的需求不断高涨,他们已不再满足于大众化的研学旅行产品,渴望个性化、体验化、情感化和休闲化的研学旅行经历。研学旅行强调参与性,体验是获得更好研学旅行经历的重要途径。体验考察型研学旅行活动的特点主要包括两个方面:一是注重个性化,体验考察型研学旅行与传统研学旅行不同,它追求研学旅行产品的个性化,力图以独一无二、针对性强的研学旅行产品(如农耕文化体验等),满足研学旅行者求新求异的心理;二是强调参与性,通过参与和互动,研学旅行者能更深层次地感受研学旅行的每一个细节,体会研学旅行产品的内涵和魅力,获得更直观和深刻的研学旅行体验,如户外拓展活动、滑草滑雪活动等,都强调了研学旅行者的角色参与,注重过程,而非结果。与传统观光研学旅行相比,体验考察型研学旅行注重的是研学旅行者对研学旅行产品的感受和体验的过程,而不是一味追求"到此一游"的结果,从某种程度上更强调心理感知和理解。例如,在茶园研学实践基地,研学旅行者能够深入了解茶文化,体验制茶过程。概而言之,体验考察型研学旅行资源主要包括农庄、田园综合体、实践基地、夏(冬)令营营地、团队拓展基地等。

(四)励志拓展型

励志拓展型研学旅行资源是指为达到激励研学旅行者的目标,对参与者进行警示、教育、鼓励的研学旅行资源,主要包括名校游资源、红色教育基地、国防教育基地、军营等。参观国内名校或国外名校,不仅能让中小学生及其家长感受名校的氛围,了解大学生活,达到励志效果,还有更深远的意义。经过详细讲解,中小学生了解到名校中的一草一木都承载着一个故事、一段历史,书香浓郁的名校,也可对学生的行为修养,产生一定的示范效果。国外名校如耶鲁大学、哈佛大学等的研学旅行都深受学生及其家长的青睐。

红色研学旅行文化进校园,应将红色资源与研学旅行相融合,将原有红色研学旅行与中小学课程/德育工作相结合,将革命老区各类产品资源整合优化,建立研学基地,将革命精神与时代精神相融合。研学旅行的本质就是研究性学习和旅行体验的结合,所以研学旅行不能只把学生带到景区逛一圈,也不能只把学生带出来上一堂课,而是需要景区、旅行社和学校共同融合发展。采取沉浸式体验项目,摒弃原来走马观花的形式,让学生通过观看红色宣传片、参观讲解景点、走访名人故居,以及上台讲故事、宣誓、唱红歌等增强学生对革命历史的了解和革命人物精神的领悟。

(五)文化康乐型

文化康乐型研学旅行资源是指那些以社会风情为主体,反映社会风貌、人文意识、人文教育以及人文文化等内容,可以被研学旅行业开发利用的人文景观研学旅行资源。人文活动研学旅行资源的主要内容包括两个部分:一是属于人们日常生活的内容,如民间习俗、礼仪、民间庙会、社会活动等,它们因地域、民族的差异而形成自己特有的风貌,全面反映了一个民族的历史和现实生活,是一个民族文化传统的真实表露;二是人们借助一定的载体和表现形式,对现实生活进行反映或者再加工的艺术活动等,主要包括影视城主题公园、民族生态博物馆等。

第二节 研学旅行产品

一、研学旅行产品的概念

(一)研学旅行产品的概念

研学旅行产品是适应我国研学旅行教育需求,针对学生的不同学段特点和教育目标而设计的,以校外探究式学习、综合实践体验为主要内容的产品与服务。研学旅行产品体系是集基地、线路、导师、课程及配套服务要素为一体的综合服务体系。这些要素相辅相成,对于研学旅行活动的顺利开展来说是不可或缺的。其中,研学旅行的前提和基础是研学旅行课程,其载体和形式是研学线路,而研学导师、辅导员等人力因素能促进产品价值的实现,研学旅行产品的保障体系主要包括基地、景区、住宿、餐饮、交通等配套服务。简言之,由研学机构或研学基地提供的以研学课程为核心,能够实现学习目标的一系列教育活动和相关配套服务的总和,称为研学旅行产品。根据区域特色、地方资源特色、学生年龄特点和各学科教学内容的差异,研学旅行产品是多样的,应该正确认识研学旅行的概念及其特点,根据不同目的、不同需求、不同年龄阶段的学生和企事业单位的状况来设计组织,形成丰富的产品体系,设计出差异化的研学旅行产品,立足于树立整体形象与产品主题,深入挖掘研学旅行产品内涵,增强吸引力,加强推广,提高知名度,激发市场需求。

(二)研学旅行产品的基本要素

鉴于研学旅行的独特性,在进行研学旅行产品主题设计时,必须要兼顾研学旅行产品的实践性、科学性、融合性、教育性等特征,其基本要素主要包括以下六个方面。

1. 基本目标

基本目标是研学旅行活动所要体现的具体目标和意图,是对某一阶段学生通过研学旅行学习之后,在德、智、体等各方面全面发展所要实现的程度的具体规定,是确定研学内容、方法和形式等内容的基础,也是整个研学旅行方案设计中最为关键的要素。

科学合理的主题目标设定,需要注意以下三个层面的内容。

第一,要明确研学旅行与学校教育目的、培养目标之间的衔接关系,以确保学校学科教育与研学旅行实践教育的有机统一,实现学校教育目的和培养目标在研学旅行主题中的合理体现与增强。

第二,要在对学生基本情况、当地资源情况以及学科发展等各相关内容进行全面调研与深入研究的基础上,提炼并形成行之有效、科学合理的研学旅行主题。

第三,研学旅行主题要充分彰显研学内容与学习学科课程之间的紧密关系,体现教师的教与学生的学以及课程内容与社会需求之间的密切关系。

2. 主要内容

研学旅行强调"做中学",要求学生走出课堂、走向社会、走向大自然,通过切身实践和感悟,以实现知识的获取、素养的提升和能力的增强。因此,社会和自然中一切有益的、有教育价值的资源,都应通过一定方式的转化、提炼、整合成研学旅行的主要内容。

在进行研学旅行产品主题内容设计与开发时,应加强对各类资源的梳理和甄别,充分挖掘、整合、利用相关资源,并与学校学科教育要求充分结合,努力用科学、合理、合适的方式进行研学旅行产品转化,使之成为研学旅行鲜活的主题内容。

3. 时空安排

主题实施的时间和空间是研学旅行产品主题设计的重要因素。在进行研学旅行产品主题设计时,要对该主题开展的时间和空间进行合理、周密的安排。结合《研学旅行服务规范》的相关规定,研学旅行应尽量安排在平日上课期间。这也就要求研学旅行主题的实施时间必须要与学校学科课程教育时间相互协调与配合,避免时间上的冲突。同时,还要合理规划研学旅行的课时和次数。研学旅行产品主题的实施空间应尽量遵循因地制宜的原则,首先选择就近安排,其次考虑其他省(区)乃至境外资源。

4. 师资力量

研学旅行的特殊性决定了研学导师的多面性,也对研学导师提出了更高的要求。研学旅行活动的实施,不仅需要带队教师维持学生秩序、加强学生管理、保障学生安全,还需要配备专业的研学导师,负责对学生进行引导和教学,帮助学生通过设定的实践内容,从社会和自然中获取知识、提升技能。在师资构成上,学校教师是研学导师的重要组成部分,同时,旅行社、博物馆、科技馆、主题景区等专业机构的工作人员、社会各类专家、专业工作者、专门性人才等都应纳入研学导师队伍,使他们基于自身优势和特点,从不同角度、不同主题为学生提供专业化的实践性教学与指导,丰富研学旅行内容,为学生传递更加多元化的知识,实现综合能力的显著提升。

5. 组织实施

研学旅行是一种校外实践教育活动,与传统的校内学科教育完全不同,既没有固定的上课时间和地点,也没有固定的教材,研学旅行的组织与实施更具有灵活性、动态性和可变性,这既是研学旅行的优势,也是挑战。正是因为研学旅行的这些特点,使得在具体组织和实施过程中,常常会面对诸多突发状况,需要综合协调各方关系,系统考虑多重因素,如天气、交通、地理、卫生等。每次研学旅行活动的开展,都是一个涉及多个部门、应对多重因素的系统项目,且都是独一无二的,即便是相同的主题、同一批学生、同一个地点,每一次研学旅行活动的开展,都会面临新的问题、产生新的碰撞、获得新的知识、掌握新的技能、得到新的体会。

6.综合评价

评价就是对每次研学旅行活动的总结、复盘与提升,通过检查活动的目标、编订和实施是否实现了教育目的,实现的程度如何,从而对本次活动效果进行评估,并以此提出改进、优化和提升的方案。但研学旅行具有的复杂性、多样性和动态性在无形中增加了对其评价难度。总体而言,研学旅行的效果评价应该是因时制宜、因地制宜的综合性评价,至少包括主题的落实程度、教育目标的实现程度、学生知识和能力的掌握程度、现场管控与协调情况、全过程衔接通畅程度、学生反馈情况等多个方面的评价内容。

二、研学旅行产品的发展

研学旅行活动集教育与旅行功能于一身,深度挖掘当地文化资源,开发更具特色性、教育性、趣味性的研学旅行产品是行业发展的一大趋势。早些年由于研学旅行刚起步,学界和各地政府部门对研学旅行的认识和规划了解得还不够充分,文化资源挖掘能力与产品开发能力不足,导致优势文化资源无法有效转化为文旅项目或研学旅行产品,只能以观光休闲等产品形式推向市场,造成产品单一、同质化竞争十分普遍的现象。现在,人们逐渐认识到这个问题并且有意识地去解决,使得近几年研学旅行产品的发展愈加成熟。

(一)研学旅行产品类型丰富化发展

文化的差异形成旅游目的地的原生拉力,在旅游过程中,旅游者都会不自觉地被陌生文化感染,甚至将其内化为自身文化的一部分。研学旅行作为一种专项旅游产品,其特殊性并不主要表现在资源的差异上,而在于它强化了一般旅游产品的教育意义,引导参与者更大程度地游有所学。因此,可用作研学旅行产品开发利用的资源,既包括自然风貌、历史文化遗产等普遍意义上的旅游资源,也包含爱国主义教育基地、科研机构、知名院校、综合实践基地等专项教育旅游资源。随着中国研学旅行的标准和产品设计体系逐渐完善,中国研学旅行产品愈加丰富,各地都有独特的人文景观,地域特色鲜明,品类齐全。例如,山东优秀的儒家文化使其成为儒学思想研学旅行产品的集成地,海南热带海岛目的地的研学旅行产品层出不穷,以及湖南丰富的红色旅游文化为打造红色文化研学旅行产品奠定了坚实的基础,等等。

(二)精细融合化发展

近年来,研学旅行的发展趋势是从粗放发展走向精细融合,研学旅行产品也是越发精细化。研发者在进行研学旅行产品开发时,会充分考虑将当地旅游资源与品牌塑造推广相结合,与时俱进,结合市场需求,提供多样化产品。研学组织者在研学课程的设计上着重强调文化学习与动手实践相结合,开发不同类型的课程组合,并对不同产品进行差别定价,推出高性价比的研学旅行产品,加大对综合实践类及具有典型文化特色的研学基地的开发,为市场提供多项选择。

(三)健康化和标准化发展

当前,研学旅行产品质量良莠不齐,没有严格统一的标准规范,经过国家文化和旅游部以及各地政府相关部门的努力,教育管理部门和旅游管理部门联合完善研学旅行相关规范,制定行业标准,逐渐规范研学旅行的实施要点、操作流程、质量控制,推动研学旅行的健康化、标准化发展。研学旅行产品开发的出发点是丰富学生文化知识、提高学生综合素质,研学旅行产品本身就是针对学生主体量身设计的,青少年由于生理年龄和生活阅历的限制,对诸多事物都充满好奇,针对这一生理和心理特点,在进行研学旅行产品设计时可以充分利用青少年的好奇心,在感知、体验的基础上强化主动观察和探索的能力。在研学旅行中,有必要融入一定的学习培训环节,如旅行前的准备性学习,旅行中的参与性学习,旅行后的总结性学习等。青少年研学旅行既不是纯粹的观光休闲,又不是纯粹的科学考察,而是根据青少年的身心发展需求,寓教于乐,达到学游兼得的效果。研学旅行产品越标准,产品品质越能得到提高。

(四)案例分析

山东发布的十大"国学之道"研学旅行品牌就是整合并优化现有旅游资源、丰富研学旅行产品的实例。山东拥有丰富的人文资源,齐鲁文化是先秦时期齐鲁国地盘对照至今山东形成和发展的一种地域文化,包括道家文化、兵家文化、法家文化、墨家文化以及阴阳、纵横、方术、刑、名、农、医等。其中最核心是儒家文化。丰富的人文资源是打造"国学之道"研学旅行产品的绝佳条件。十大"国学之道"品牌的资源包括:为人之道——孔子;君臣之道——孟子;韬略之道——孙子;义政之道——墨子;精工之道——鲁班;养心之道——道教;母教之道(孝悌之道)——孟母、闵子骞;智慧之道——东方朔;辞赋之道——李清照、辛弃疾等;书法之道——王羲之、王献之等。为打造并宣传推广山东十大"国学之道"研学旅行产品品牌,山东省旅游局面向全社会征集相关产品,并对优秀产品或策划创意方案给予奖励;对产品涉及的景区、酒店、餐饮店等予以折扣优惠,对组织一定规模的研学旅行团队给予奖励,使产品具有市场竞争力;将传统媒体和新媒体相结合,广泛宣传,让游客了解山东十大"国学之道",提升品牌的知名度和美誉度,打造成国际知名的文化旅游品牌,使之成为"好客山东"又一个金字招牌。现在我国多个城市的试点已经小有成就,积累了实践经验,研学旅行产品向着成熟的方向发展。

研学旅行产品的类型、数量和质量极大地影响了研学旅行产业的发展水平。早期研究主要关注汉字修学、日本来华修学等研学旅行产品类型,随着近年来研学旅行市场的持续升温,产品类型更为多样化。然而,当前的研学旅行主要还是由学校组织教师设计学生参与的集体活动,倘若要全面铺开这项活动,提高产品质量和丰富产品内涵,在具体操作中应该更灵活一些。要顺应目前研学旅行推广的大好形势,各部门相互协调配合积极推出精品研学旅行线路和特色研学旅行基地,打造品牌并拓展深度。

三、研学旅行产品的特征

研学旅行产品设计，要均衡"学"与"游"的关系，研学旅行是一种以研修或体验为特定目的，以青少年学生为主体，有组织、有计划地寓学于游、游学相伴的旅游形式，刻着旅游与教育的双烙印。这种双重属性决定了研学旅行产品从策划到实施有着独特的要求，必须对应好"游"与"学"的核心要素。研学旅行产品主要有以下两个特征。

（一）双向性

研学旅行产品的双向性体现在很多方面。研学旅行活动应体现娱乐与教育的双重功能，研学旅行的内容最好能与课程内容相对应。在活动场所中，旅游景区对应教学课堂，体现"游"与"学"相结合的原则；在旅游策划方面，旅游指南对应专业教材、研学旅行行程对应课程内容，只有既是游程又是课程的实景教学，才能打造生动活泼和形象直观的高效课堂。研学旅行活动中的研学导师，不仅具有导游和教师的双重身份，还具有服务与教学的双重任务。与一般景区游览活动不同，研学旅行中的景区游览与课程学习紧密关联。因此，选择寓学于游的景区对"学"与"游"的有机结合十分关键。例如，湖北宜昌市一中接待了法国中学生游学团，他们的游学活动在校园和宜昌周边旅游景区交替进行，有时在校园学习汉语，有时到旅游景区观赏美景、体验文化、练习汉语口语。如此，旅游景区不仅是观光游览胜地，也是提高汉语口语表达能力和交际能力的实景，从而成为语言实践的课堂。

研学旅行产品是旅游与教育融合的产物，是一种特殊的专题旅游产品，其策划设计时应充分考虑"游"与"学"的双向需求，既要注重研究游学者的身心特点、学习需求及教育规律，突出专业性、知识性、教育性，又要满足游乐、新奇、审美、愉悦等旅游心理需求。这都要求设计者具有旅游与教育的双素质，不仅要懂得旅游产品的构成要素、组合设计的原则及方法，更应掌握课程、教材、教学等教育理论，甚至能编制出对应旅游指南的专用教材。例如，供宜昌汉语修学旅行使用的旅游指南，既是关于宜昌景区和民俗风情的介绍，也是汉语学习的专用教材。旅行指南的设计编排要以研学旅行交际任务为主线，将学与游结合，在前一课设计"课文"或者"文化活动"，设置必要的词语、基本句式，以及相关语境；在下一课则设计"出游"，将前一课习得的知识再现于风景名胜、民俗风情的活动实境中，强化语言实践，努力做到旅游交际任务既是学生在课堂上的学习任务，又是在旅行活动实景中可以运用的交际内容。

（二）针对性

一个好的研学旅行产品在带给学生游玩乐趣的同时，又能引导学生有意识地想到该活动的意义，达到寓教于乐的效果。研学以问题（包括主题课题等）或活动（包括实验制作发明等）先行，教师围绕问题或活动提供相关信息，学生围绕问题或活动收集资料，展开研究，学习的目的在于提高学生的探究意识与解决问题的能力。研学旅行是一项具有教育意义的专项旅游活动，开展的活动主题针对性强，目的和意义明确，每个研学旅行主题活动都会根据主题内容，开设活动项目和相关的景点景区，明确研学的目的和意义。

一方面,课程化地开发研学旅行产品,才能达到研学的目的。旅行社应该充分利用中小学教材,将教材中涉及的自然和人文知识,充分地运用到研学旅行产品的开发中。比如,可利用叶圣陶的《记金华的双龙洞》、艾青的诗篇《大堰河——我的保姆》、李清照的《题八咏楼》等语文课本中的文章、诗词来设计和开发浙江金华市的研学旅行产品。这样,学生既能跟着课本亲身感受课本中的抽象事物,又可以激起学生的学习热情。当然,中小学课本中关于历史、地理、民俗等诸多方面的内容,都可以成为开发研学旅行产品的资源,另一方面,充分发挥研学旅行活动对学生的指引作用。采取科学有效的方式,指引学生尤其是中学生在研学旅行中能够对其人生规划进行独立思考。例如,浙江金华市推出了"名校游""大学游"等研学旅行项目,通过组织学生参观大学校园,体验大学生活,让学生了解各专业和各职业的概况,这对学生未来考学和人生规划,具有重要的指引作用。

(三)差异性

研学旅行产品要做到差异化发展,不仅要针对不同的自然、人文景观要做到差异化的产品设计,突出产品特性,还要针对不同的客户群体设计不同的研学旅行产品。学生在不同学段都有不同的特点,应有针对性地设置不同主题阶段的产品。为了避免重游轻学的现象,让学生在放松身心的同时,应保证学生领略到文化的差异、开阔视野,结合资源或景区特色,根据不同目的或目标,有针对性地设计出符合中小学生研学旅行发展需要的产品。例如,无锡市的工业研学旅行产品就是在差异化思想的指导下研发的有市场针对性的研学旅行产品。工业研学旅行产品本身就是一个比较新的研学旅行细分产品。工业研学旅行需要细分不同的客源市场,学生的年龄不同,理解力就不同,兴趣也不一样。同样的知识,对不同年龄阶段的孩子来说,需要有不同的表现形式和深度。参与研学旅行的学生大多是8~13岁的少年儿童,8岁的儿童对于能自己参与制作一个产品是非常感兴趣的,简单有趣的互动活动就能激发他们的兴趣,对于13岁的少年,科技感满满的工业技术会让他们惊叹,高颜值的时尚表达有助于更好地向他们传播工业文化。

学生在知识、能力、个性、兴趣等方面均存在着差异,故在实施课题研究时要考虑选题范围、研究深度、选择方法等,解决问题的方式、研究角度等不一样,产品成果的呈现也会不一样。我们开发研学旅行产品要充分考虑学生的知识水平和能力水平,使他们"跳一跳都能摘到果实"。通过学习,发挥每一个学生的所长,使每一个学生学有所得,体验成功的喜悦,激发求知欲。一方面考虑不同年龄层次的青少年在体力、认知等方面的不同;另一方面不同成长环境的青少年的研学需求也不一样。乡村青少年可以侧重于"都市游"和"名校游"等,城市青少年可以侧重于乡村旅游等。

(四)综合性

研学旅行产品是集基地、线路、导师、课程及配套服务要素为一体的综合服务体系。这些要素相辅相成,对于研学旅行活动的顺利开展来说是不可或缺的。其中,研学旅行的前提和基础是研学旅行课程,其载体和形式是研学线路,而研学导师、辅导员等人力因素能促进产品价值的实现,研学旅行产品的保障体系则是基地、景区、住宿、餐饮、交通等配套服务。研究课题需学生综合运用已学的多学科知识,提高学生的社交、合作、研究、动手、表达、思维等能力,培养学生的创新精神和实践能力。

研学旅行产品的作用是综合的,是多方面的。研学是一种以学生为主体的学习方式,主要形式有个人学习、小组合作学习等。在学习过程中,最大限度地发挥学生的学习积极性,不断提高再学习的能力,积极培养学生的主体意识和团队精神。此外,还能培养学生的社会交往能力,处理好师生之间、生生之间、学校与社会之间的关系等。通过研学旅行,促进学生在掌握间接经验的同时也体验直接经验,不断提高实践能力。从研究的内容来讲,研学旅行源于自然社会和生产实际;从表现形式来讲,学生通过自己提出问题,自己研究实践,解决了具体问题。学生在研学中增强体验,提高了自身能力。人文素养的培养是学校教育的一项重要内容,实践表明,研学旅行有利于培养学生的人文素质,对学校德育等其他方面的培养也起着重要的支持作用,因而,它是学校教育不可忽视的一个方面。

综上,设计出符合学校、家长、学生多方面需求的研学旅行产品是研学旅行产品设计的重中之重,研学旅行产品设计需要和学校的教育教学目标相结合,通过资源整合健全研学旅行市场,促进研学旅行课程向精品化发展。

四、研学旅行产品的类别

国内研学旅行市场发展迅猛、主题丰富、类型多样,参照《研学旅行服务规范》(LB/T 054—2016),按资源类型,研学旅行产品可划分为五类,即知识科普型产品、自然观赏型产品、体验考察型产品、励志拓展型产品和文化康乐型产品。

(一)知识科普型

知识科普型线路注重思维启发。通过科教融合、全感体验的产品形式激发学生的科学兴趣和热情,培养学生的动手、动脑能力,提升想象力和创造力,使学生热衷于科学探究,善于提出问题、解决问题。如由湄江国家地质公园青少年科技工作室主办的2019年"圆梦蒲公英"系列活动之"博物馆里过暑假"研学活动,学生分组进行采集化石、溶洞探秘、峰林科考等户外科考活动,亲自制作化石、环保酵素、水火箭、微缩景观和石头彩绘等,在"做中学、学中做"培养了学生的科学探索精神。

(二)自然观赏型

自然观赏型线路注重课堂知识的植入。在线路设计时要充分发掘地质地貌、动植物、气象水文等生态旅游资源的自然、历史、文化、科学信息,与学生的学科知识进行有机融合,充分体现自然生态型线路的知识性和美学观赏性。例如,位于河南省焦作市的云台山世界地质公园,是一处以裂谷构造、水动力作用和地质地貌景观为主,以自然生态和人文景观为辅,集科学价值与美学价值于一身的综合型地质公园。公园群峡间列、峰谷交错、悬崖长墙、崖台梯叠的"云台地貌"景观既具有美学观赏价值,又具有典型性。其研学线路设计应充分结合地理学科中地质构造、地层、地貌、岩石与矿物等相关知识,以及景观美学中的自然景观和人文景观的形成、种类、开发及保护等知识。

(三)体验考察型

体验考察型线路强化情感自我认同。在线路设计时应以强身健体、健康心志为根本,通过名校参观、典型学习、志愿者活动、集体户外拓展等活动形式,强化学生的自我价值认同,帮助学生树立正确的人生观、世界观和价值观,培养积极的人生态度,提升集体生活能力、自我学习能力和社会交往能力,如"我是环保小卫士""我是小小消防员"等研学旅行产品,以角色体验的方式强化自我认知,提升社会责任意识。

(四)励志拓展型

励志拓展型线路强调古今对比融合,让学生在了解革命先烈的英勇事迹、触摸可歌可泣历史的同时,感受祖国的富强、繁荣,生发民族自豪感、历史使命感和爱国主义精神。在研学旅行产品线路设计时,根据学生学段的不同,可以以"一位老红军眼中的中国""××村/镇的百年变迁""我眼中的大国重器"等为课程主题分小组进行,通过文献资料查询、实地走访调查、座谈访谈等方式进行古今对比研究,深化爱国主义研学实践,最终上升为对国家、对民族的认同感、责任感和价值感,激发学生的爱国主义热情。

(五)文化康乐型

文化康乐型线路强调沉浸式体验。文化康乐型研学旅行资源主要包括各种主题公园和演艺影视城等。具有独特地域文化特征的地区,可综合运用现代科技、文创手段,通过文化氛围营造、互动式活动体验,提升历史文化研学的代入感、体验感。在线路设计时可采用"系统-要素"法,如北京的明清文化就是一个系统,在这个系统下有明清皇宫游、王府游、胡同游及京剧、皮影、景泰蓝等要素,这些要素共同构成了北京明清文化研学旅行线路体系。

拓展阅读

本章小结　本章的主要内容有两个方面:一是研学旅行及资源识别,具体包括研学旅行概述、研学旅行资源和研学旅行资源的类型;二是研学旅行产品,具体包括研学旅行产品的概念和基本要素、研学旅行产品的发展、研学旅行产品的特征、研学旅行产品的类别。

学习思考

1. 理解研学旅行、研学旅行资源和研学旅行产品的定义。
2. 简述研学旅行资源的类型。
3. 简述研学旅行产品的分类和特征。
4. 简述研学旅行产品的发展历程。
5. 简述研学旅行的系统和构成要素。

第二章
研学旅行产品设计理论与基础

学习目标

1. 了解研学旅行资源的概念和特点。
2. 理解研学旅行产品设计的概念、进展、意义、相关理论和内容。
3. 理解研学旅行产品设计的理念、要素、流程和具体操作。
4. 理解研学旅行产品设计的差异化战略、产品组合战略、设计战略和教育功能嵌入战略与技术。

知识框架

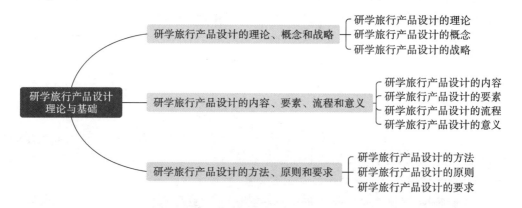

学习重点

1. 研学旅行产品设计的理论基础。
2. 研学旅行产品设计的内容与意义。
3. 研学旅行产品设计的方法与原则。

自首个"修学旅行中心"2003年在上海成立以来,研学旅行在国家政策的鼓励和支持下,呈现出了快速稳步发展的态势。在不断规范化、教育化的成长路上,研学旅行面临的种种问题也接踵而来。研学旅行产品设计的核心内容是什么?什么是研学旅行产品设计?研学旅行产品设计的理论基础是什么?研学旅行产品设计的内容包含什么?意义是什么?研学旅行产品设计方法与原则是什么?了解这些才能为后续内容奠定坚实的基础。

第一节 研学旅行产品设计的理论、概念和战略

一、研学旅行产品设计的理论

(一)科学发展观

科学发展观是总结了我国改革开放和现代化建设的成功经验,吸取了世界上其他国家在发展进程中的经验教训,揭示了经济社会发展的客观规律,反映了对发展问题的新认识。

1.科学发展观的深刻内涵

科学发展观的深刻内涵和基本要求是坚持以人为本,就是要以实现人的全面发展为目标,从人民的根本利益出发,谋发展、促发展,不断满足人民日益增长的物质文化需要,切实保障人民的经济、政治和文化权益,让发展的成果惠及全体人民。全面发展就是要以经济建设为中心,全面推进经济、政治、文化建设,实现经济发展和社会全面进步。协调发展就是要统筹城乡发展、统筹区域发展、统筹经济社会发展、统筹人与自然和谐发展、统筹国内发展和对外开放,推进生产力和生产关系、经济基础和上层建筑相协调,推进经济、政治、文化建设的各个环节、各个方面相协调。可持续发展,就是要促进人与自然的和谐,实现经济发展和人口、资源、环境相协调,坚定走生产发展、生活富裕、生态良好的文明发展道路,保证一代接一代地永续发展。

党的十六届三中全会进一步提出了坚持以人为本,树立全面、协调、可持续的发展观,促进经济社会和人的全面发展,强调按照统筹城乡发展、统筹区域发展、统筹经济社会发展、统筹人与自然和谐发展、统筹国内发展和对外开放的要求。这是解决当前经济社会发展中诸多矛盾必须遵循的基本原则,是我国现代化建设必须长期坚持的重要指导思想。

2. 研学旅行产品设计必须以科学发展观为指导

研学旅行产品设计必须以科学发展观为指导。科学的研学旅行产品设计观主要包括以下三个方面。

第一,科学有效地利用旅游资源。旅游资源是旅游业的发展基础,在旅游资源开发过程中,应注意在利用中保护资源,实现旅游资源的可持续发展。

第二,最大化地满足研学旅行者的消费需求。除个别情况外,同类资源可开发出不同类型的研学旅行产品,研学旅行产品是否能最大化地满足研学旅行者的消费需求,将直接影响资源向效益的转化,这是检验和评价研学旅行发展的一个重要标志。因此,研学旅行产品设计必须是科学的,是集设计者的智慧为主导的创造性行为。设计者必须以市场为基础,最大化地满足研学旅行者的消费需,从而更好地实现经济效益和社会效益,使研学旅行科学发展。

第三,更好地实现经济效益和社会效益。一项研学旅行产品的开发是否成功,不能以一时的经济效益论成败,科学的研学旅行发展应实现经济效益、社会效益、生态效益的统一,以及人与自然的和谐。

3. 践行"绿水青山就是金山银山"的发展理念

2005年,时任浙江省委书记的习近平同志在浙江安吉考察时,首次提出了"绿水青山就是金山银山"的科学论断。后来,他又进一步阐述了"绿水青山"与"金山银山"之间三个发展阶段的问题。习近平同志的"两山"思想充分体现了马克思主义的辩证观点,系统剖析了经济与生态在演进过程中的相互关系,深刻揭示了经济、社会发展的基本规律。建设生态文明是关系人民福祉、关系民族未来的大计,也是实现中华民族伟大复兴中国梦的重要内容。2013年9月7日,习近平总书记在哈萨克斯坦纳扎尔巴耶夫大学发表演讲,并回答学生们提出的问题,在谈到环境保护问题时,他指出:"我们既要绿水青山,也要金山银山。宁要绿水青山,不要金山银山,而且绿水青山就是金山银山。"表达了我们党和政府大力推进生态文明建设的鲜明态度和坚定决定。我们要遵循尊重自然、顺应自然、保护自然的理念,坚持节约资源和保护环境的基本国策,自觉把生态文明建设融入经济建设、政治建设、文化建设、社会建设各方面和全过程,建设美丽中国,努力走向社会主义生态文明新时代。2017年10月18日,习近平总书记在党的十九大报告中指出,坚持人与自然和谐共生,必须树立和践行"绿水青山就是金山银山"的发展理念,坚持节约资源和保护环境的基本国策。规划先行是既要金山银山又要绿水青山的前提,也是让绿水青山变成金山银山的顶层设计。

在研学旅行产品的设计中,必须使生态效益、经济效益与社会效益并重,这样设计出来的研学旅行产品才能符合科学发展观的理念。

(二)系统理论

"系统"一词,源于古希腊语,是由部分构成整体的意思。系统思想源远流长,但作为一门科学的系统论,人们公认是美籍奥地利人、理论生物学家贝塔朗菲创立的。贝塔朗菲发表的抗体系统论,正式提出通常意义上的现代系统科学思想。贝塔朗菲于1937年提出了一般系统论的初步框架,奠定了这门科学的理论基础。1945年他发表了论文

《关于一般系统论》,1948年他在美国讲学时再次提出系统论的思想。贝塔朗菲撰写的专著《一般系统论:基础、发展和应用》,被认为这门学科的代表作。今天人们从各种角度研究系统,对系统下的定义不下几十种。如系统是诸元素及其顺常行为的给定集合,系统是有组织的和被组织化的全体,系统是有联系的物质和过程的集合,系统是许多要素保持有机的秩序,向同一目的行动的东西等。一般系统论则试图给一个能描述各种系统共同特征的一般的系统定义:系统是由若干要素以一定结构形式联结构成的具有某种功能的有机整体。在这个定义中包括了系统、要素、结构、功能四个概念,表明了要素与要素、要素与系统、系统与环境三方面的关系。

著名旅游学家Jafari曾指出,为了理解旅游业,有必要将其作为一个整体或作为一个系统来研究。从哲学的角度来看,系统是指由相互联系着的各个物质要素,经由特定关系组成的对外具有特定功能的有机整体,具有整体性、层次性、关联性、开放性等特征。系统论的基本观点构成了研学旅行产品设计的理论依据,这些依据包括整体性观点、层次性观点和相关性观点。

(三)应用理论

1. 消费者行为理论

消费者行为理论又称为效用论。效用是指商品满足人的欲望的能力。一种商品对消费者是否有用,取决于消费者是否有消费这种商品的欲望,以及这种商品是否具有满足消费者欲望的能力。效用通常与人的欲望联系在一起,是消费者对满足自己欲望的能力的一种主观心理评价。

按照微观经济学的解释,物品或劳务效用是消费者消费该商品或服务时所感受到的满足程度,这主要基于消费者的主观感受。一项旅游产品提供的效用就是消费者从旅游中体会到的满足程度。商品的效用,分为总效用和边际效用。总效用是指消费者在一定时间内消费某种商品或劳务时获得的效用总量。边际效用是指在一定时间内每增加一个单位商品或劳务的消费所得到的总效用增量。基数效用理论认为,随着个人消费物品的增加,边际效用有递减趋势。比如,连续游览五个内容相同的景区(点),越往后走,旅游者的兴趣越小,这里的兴趣就是效用。消费者在购买各种数量的商品时,只有当用最后一个单位货币购买这些商品带来同等的边际效用时,才不再改变这一状态,这时达到消费者效用最大化。

效用理论给我们提供了研究研学旅行者购买行为的规律和原则,如根据边际效用递减规律,在设计研学旅行产品时尽量避免相同内容研学基地的重复,同时择点要适中。又如,通过对研学旅行者均衡购买条件的研究,研学旅行产品供给方要充分考虑到收入与价格对研学旅行者购买行为的影响,合理编排线路与日程,以及食、宿、行、游、购、娱等方面的合理搭配,以适应研学旅行者的消费能力与心理满足程度,使其旅游体验达到最优。

2. 核心—边缘理论

核心—边缘理论是由美国区域规划专家弗里德曼提出来的。他认为,任何一个国家都是由核心区域和边缘区域组成的。核心区域由一个城市与城市集群及其周围地区所组成。边缘的界线由核心与外围的关系来确定。核心区域指城市集聚区,其特点是工业发达、技术水平高、资本集中、人群密集、经济增长速度快。边缘区域是相对于核心区域来说经济比较落后的地区。有些边缘区域虽然地处边远,但拥有丰富的资源,有经济发展的潜力,有新城镇形成的可能,可能出现新的增长势头并发展成为次一级的核心区域。

根据核心—边缘理论,在区域经济增长过程中,核心区域与边缘区域之间存在着不平等的发展关系。总体上,核心区域居于统治地位,边缘区域在发展上依赖核心区域。由于核心区域与边缘区域之间的贸易不平等,核心区域依靠自身优势从边缘区域获取剩余价值。核心区域的发展与创新有密切关系。核心区域存在对创新的潜力需求,创新增强了核心区域发展的能力和活力,在向边缘区域扩散中进一步增强了核心区域的统治地位。但核心区域和边缘区域的地位不是一成不变的,核心区域与边缘区域的边界会发生变化,区域的空间关系会不断调整,经济的区域空间结构会不断变化,最终达到区域空间一体化。显然,核心—边缘理论用以解释一个区域空间如何由互不关联、孤立发展,变成彼此联系、发展不平衡,又由极不平衡发展变为互相关联的平衡发展的区域系统。当前我国各地区经济发展不平衡,东西部地区差距明显,实施西部大开发战略就是为了解决这一问题。我国西部地区虽然在旅游经济中处于边缘区域,但旅游资源丰富,发展研学旅行具有很大的潜力和空间。

利用核心—边缘理论,我们把旅游活动频繁发生的景区(点)称为核心景区(点),其他的则称为边缘景区(点)。通过研学旅行产品设计,使原本互不关联、孤立发展的旅游景区(点)彼此连接,协调发展,进而缓和甚至解决旅游发展不平衡的问题。

(四)旅游产品生命周期理论

产品生命周期是指一个产品从进入市场开始到最后退出市场的全部过程,这个过程大体要经历推出、成长、成熟、衰退的周期性变化。研学旅行产品同其他产品一样,也会经历推出期、成长期、成熟期、衰退期四个阶段的生命周期变化(图2-1),都会经历类似的兴衰变化过程。

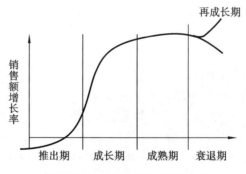

图2-1 旅游产品生命周期

1. 旅游产品的推出期

旅游产品的推出期是指各种新的旅游景点、旅游酒店、旅游娱乐设施建成后,与旅游服务组合成新的旅游线路并开始推向旅游市场的过程。在这一阶段,由于旅游产品尚未被旅游者了解和接受,销售量增长缓慢而无规律,增长率也起伏波动;旅游企业的接待量很少，投入费用较大，经营单位成本较高。此时，为了使旅游者进一步了解和认识旅游产品，旅游企业需要做大量宣传和促销工作。在这一阶段，旅游者的购买很多是尝试性的，重复购买者较少，旅游企业通常也采取试销态度，企业销售水平低，利润极少，甚至亏损。在旅游产品的推出期，市场上一般还没有形成同行竞争。

2.旅游产品的成长期

旅游产品的成长期是指旅游景点、旅游设施及旅游地开发初具规模，旅游服务逐步配套，旅游产品基本定型并形成一定的特色。由于前期宣传和促销开始体现效果，这时旅游产品在市场上开始有一定知名度，产品销售量和销售额迅速增长。旅游者对产品逐渐熟悉，越来越多的人购买这一旅游产品，重复购买者也逐步增多，旅游企业的单位广告费用相对减少，平均销售成本大幅度下降，利润迅速提高。在旅游产品的成长期，其他同类旅游企业看到该旅游产品销售很好，就有可能组合相同的旅游产品进入，市场上开始出现同行竞争。

3.旅游产品的成熟期

旅游产品的成熟期是指旅游市场上的潜在顾客逐步减少，大多数旅游者属于重复性购买，市场需求已达饱和状态，旅游产品的销售额达到最高点，增长率开始减少。在成熟期，由于很多同类旅游产品进入市场，扩大了旅游者对旅游产品的选择范围，市场竞争十分激烈，加上新产品对原有旅游产品的替代性，差异化成为旅游市场竞争的核心。通常，在成熟期前期销售量可能继续增加，中期处于增减幅度较平稳状态，后期则销售增长率趋于零或略有下降，利润增长也将在达到最高点后转呈下降趋势。此时，如果旅游企业能够审时度势，及时分析和发现新的市场需求，采取有效措施，延长旅游产品生命周期，那么可使旅游产品进入再成长期。

4.旅游产品的衰退期

旅游产品的衰退期是指旅游产品的市场吸引力持续下降，新的旅游产品已进入市场并逐渐代替老产品，旅游者或丧失了对老产品的兴趣，或由对新产品的兴趣所取代。旅游产品的衰退期，除少数名牌产品外，大多数旅游产品销售增长率日益下降，价格不断下跌，利润迅速减少，甚至出现亏损。

（五）旅游动机理论

1.普洛格的旅游动机理论

普洛格提出的旅游动机模型是学界广泛使用的模型之一。普洛格关于旅游动机的理论是与旅游者人格（又称个性）分类结合在一起的。普洛格认为，旅游者人格是一个连续统，在连续统的两端分别是自我中心型（psychocentic）人格和多中心型（allocentric）人格。

自我中心型人格的人将思想或注意力集中于生活琐事，他们在旅行模式上更趋保守，偏爱"安全"的旅游目的地，且经常多次重游；多中心型人格的人则具有冒险的精神，持有游览或发现新旅游目的地的动机，很少去同一个地方旅游两次。普洛格还估计，总人口中的人格特征可能接近于正态分布，处于两个极端的自我中心型人格和多中心型人格的人都占少数，绝大多数人处于两者之间。这些人当中，接近自我中心型的被称为近自我中心型，接近多中心型的被称为近多中心型，处于中间的被称为中间型。

2. 丹恩的旅游动机理论

丹恩将旅游动机分为两种力量：推力和拉力。这就是旅游动机研究中广为引用的推—拉动机理论模型。具体而言，推力是一种发自内心的渴望，即旅游者"想做什么"，是一种社会心理的动力；而拉力则指外部环境所产生的拉动力，主要是旅游目的地的属性，即旅游者"能做什么"。克朗普顿的研究支持了推—拉动机理论模型。他识别出9个旅游动机，其中，与旅游者的社会心理推动有关的推力动机有7个，即逃离、自我探索、放松、声望、回归、密切亲友联系和增加社会交往。他认为与目的地的属性有密切关系的或者至少部分是由目的地驱动的拉力动机有两个，即新奇和教育。

3. 麦金托什的旅游动机理论

美国学者罗伯特·麦金托什将旅游动机分为身体健康的动机、文化动机、交际动机和地位与声望的动机四类。具体内容如下。

(1) 身体健康的动机：包括休息、运动、游戏、治疗等动机。这一类动机的特点是以身体的活动来消除紧张和不安。

(2) 文化动机：了解和欣赏异地文化、艺术、风俗、语言等动机。这些动机表现出了一种求知的欲望。

(3) 交际动机：包括在异地结识新的朋友，探亲访友，摆脱日常工作、家庭事务等动机。这种动机常常表现出对熟悉的东西的厌倦和反感，逃避现实和免除压力的欲望。

(4) 地位与声望的动机：这类动机包括考察、交流、会议以及从事个人的兴趣所进行的研究等。它的特点是在进行旅游活动的交往中搞好人际关系，满足其自尊、被承认、被注意、施展才能，取得成就和为人类作贡献的需要。

4. 逃避与寻求二维旅游动机理论

与丹恩的旅游动机理论类似，艾泽欧·爱荷拉提出的旅游动机模型包括逃避和寻求两个方面因素。逃避指离开日常环境的愿望，寻求指通过去相对照的环境旅游以获得内在的心理回报的愿望。

(六) 通用设计理论

通用设计理论应用较为广泛。通用设计是指对于产品的设计和环境的考虑是尽最大可能面向所有的使用者的一种创造设计活动。通用设计又名全民设计、全方位设计，是指无须改良或特别设计就能为所有人使用的产品。它所传达的意思是：如果能被失能者使用，就更能被所有的人使用。通用设计的核心思想是：把所有人都看成是程度不同的能力障碍者，即人的能力是有限的，人们具有的能力不同，在不同环境具有的能力也不同。

通用设计的演进始于20世纪50年代，当时人们开始注意残障问题。无障碍空间设计为残障者去除了存在环境中的各种障碍。在20世纪70年代时，一些欧洲国家及美国开始采用广泛设计，广泛设计针对行动不便的人士在生活环境上的需求，并不是针对产品。当时一位美国建筑师麦可·贝奈提出：撤除了环境中的障碍后，每个人的官能都可获得提升。他认为建立一个超越广泛设计且更广泛、全面的新观念是必要的。也就是说"广泛设计"一词并无法完整说明他们的理念。

1987年，美国设计师罗纳德·梅斯开始大量使用"通用设计"一词，并设法定义它与广泛设计的关系。他表示,通用设计不是一项新的学科或风格,或是有何独到之处。它需要的只是对需求及市场的认知,以及以清楚易懂的方法,让我们设计及生产的每件物品都能最大限度地被每个人使用。

二、研学旅行产品设计的概念

设计,是指设计师有目标有计划地进行技术性的创作与创意活动。"设计"一词多见于工业、艺术领域。出现在商贸领域时,又以新产品研发、产品设计等形式出现。旅游产品设计是指按照一定的规则,配置旅游资源和首层服务,把旅游服务加入其中,并以一定的主题、内容、形式和价格表示出来的过程。广义上对研学旅行产品设计的理解,应是进行研学旅行产品技术性创作的整个过程;狭义上对研学旅行产品设计的理解,是指遵循研学旅行市场特征以及研学旅行标准规范要求,结合研学旅资源实际,进行研学旅行产品主题拟定、方案策划、课程体系安排、线路规划、活动开展等,并以固定形式及价格表示出来的过程。

三、研学旅行产品设计的战略

(一)产品差异化战略

1. 产品差异化战略概述

所谓差异化战略,是指为使企业产品、服务、企业形象等与竞争对手有明显的区别,以获得竞争优势而采取的战略。这种战略的重点是创造被全行业和顾客都视为是独特的产品和服务。产品差异化战略是从产品质量、款式等方面实现差别,寻求产品与众不同的特征。对同一行业的竞争对手来说,产品的核心价值是基本相同的,所不同的是产品的性能和质量。例如,在众多的鞋企品牌中,提起篮球鞋就会想到耐克,提起足球鞋就会想到阿迪达斯,提起帆布鞋就会想到匡威,这就是产品差异化反应。企业应该在满足消费者基本需要的前提下,率先推出具有较高价值和创新特征的产品,以独特个性的特点争取到有利的竞争优势地位。产品必须贴近消费者,了解消费者的偏好;应用现代科学技术,开发新产品,增加产品的高科技附加值;了解产品的发展趋势。这三点必须综合考虑,相辅相成,集中体现在产品上。

2. 产品差异化战略的内容

(1)产品质量的差异化战略。

产品质量的差异化战略是指企业为向市场提供竞争对手不可比拟的高质量产品所采取的战略。产品质量优异,能产生较高的产品价值,进而提高销售收入,获得比对手更高的利润。例如,奔驰汽车,依靠其高质量的差异,售价比一般轿车高,从而为公司创造了更高的投资收益。再如,海尔冰箱以高质量形象进入国际市场,开箱合格率达100%,从而建立起质量有保障的形象,赢得国内外用户的信赖。

产品质量差异化战略是日本企业占领国际市场的重要战略之一。20世纪50年代前,"日本货"是劣质货的代名词。50年代中期,日本企业引进美国质量管理专家,开始推行全面质量管理运动。70年代后,日本企业产品成为全球市场上优质产品的代表。

依靠优质的质量和卓越的市场营销,日本的手表、汽车、彩色电视机、录像机、半导体等产品先后占领了美国、西欧国家消费市场。

(2)产品可靠性的差异化战略。

产品可靠性的差异化战略是与质量差异化相关的一种战略,其含义是,企业产品具有绝对的可靠性,甚至出现意外故障时,也不会丧失使用价值。美国坦德姆计算机公司开发了一种计算机系统,这种系统操作时,某一计算机发生故障,其余计算机立即可替代工作。该公司这种独特的产品在市场上影响很大,甚至连国际商用机器公司开发的操作系统都难以达到。因此,公司将营销重点集中于那些使用计算机的大客户,如联网作业的金融机构、证券交易所、连锁商店等,满足了这些客户不愿因系统故障而停机的要求。

(3)产品创新的差异化战略。

拥有雄厚研究开发实力的高技术公司,普遍采用以产品创新为主的差异化战略。这些公司拥有优秀的科技人才和执着创造的创新精神,同时建立了鼓励创新的组织体制和奖励制度,使技术创新和产品创新成为公司的自觉行动。国际商用机器公司、明尼苏达矿业及机器制造公司,中国的联想集团、四通集团都以高科技为先导,为市场创造新颖、别致、适用、可靠、效率高的新产品,成为世人瞩目的高技术创新企业。实践证明,产品创新差异化战略,不仅可以保持企业在科技的领先地位,而且大大增加企业的竞争优势和获利能力。

(4)产品特性的差异化战略。

如果产品中具有消费者需要且其他产品不具备的某些特性,就会树立别具一格的形象。计算机公司可以在计算机中配置一种诊断性程序,以能自动检测故障来源,也可以配置一整套培训服务。一些产品特性的差异化已成为广大顾客的共识,例如,在世界汽车市场上,奔驰轿车是优质、豪华、地位和高价格的象征,丰田汽车具有质量高、可靠性强、价格合理的特征。

3.研学旅行产品的差异化设计

教育部对研学旅行有个基本定义,就是一定要注意"年级的全覆盖和学生的全覆盖",即从小学一年级到高中三年级要全覆盖,每个班的学生要覆盖,认真研究这种"覆盖"的内涵概念,我们不难理解研学旅行的产品主体一定应以中短线为主,即以3~5天日程产品为主体,以便于更好地实现"全覆盖",这就要求旅行社专业机构摒弃以研学旅行资源和研学旅行思维来思考研学旅行产品的研发,应在学校周边半日交通圈内寻找教育资源和文化资源来研发研学旅行产品。回顾旅行社行业近几十年的发展历史,很容易看到旅行社行业竞争基本上是同质化的价格竞争,这种同质价格战把旅行社拖入恶性循环的怪圈中难以自拔。研学旅行的兴起必引起旅行社新的一轮市场拼争。但研学旅行通常是面对未成年人的教育服务,它要求旅行社有更多、更大的投入和创新,要求有更有针对性更有效的差异化的教育服务,若一旦陷入研学旅行产品的价格战,就可能会陷入"研学旅行服务"低质化、粗放型的怪圈中。

(二)产品组合战略

1.产品组合战略概述

产品组合战略是企业为面向市场,对所生产经营的多种产品进行最佳组合的谋略,其目的是：使产品组合的广度、深度及关联性处于最佳状态，以提高企业竞争力和取得最好经济效益。具体表现如下。

(1) 扩大产品组合的广度，利用企业现有设备增加不同品种类型产品的生产。

(2) 发展产品组合的深度，以满足市场对同类产品的不同要求，提高市场占有率。

(3) 强化产品的关联性，从降低企业成本、提高质量出发，尽量缩小产品组合的广度和深度，集中生产少数产品。

2. 产品组合战略的内容

(1) 相关问题。

企业在进行产品组合时，涉及三个层次的问题需要做出抉择：一是否增加、修改或剔除产品项目；二是否扩展、填充和删除产品线；三是哪些产品线需要增设、加强、简化或淘汰，以此确定最佳产品组合。三个层次的问题抉择应该遵循既有利于促进销售，又有利于增加企业的总利润这个基本原则。

(2) 四个要素。

四个要素和促进销售、增加利润都有密切的关系。一般来说，拓宽、增加产品线有利于发挥企业的潜力，开拓新的市场；延长或加深产品线适合更多的特殊需要；加强产品线之间的一致性，可以增强企业的市场地位，发挥和提高企业在有关专业上的能力。三维分析图(图2-2)可以用来分析产品组合是否健全、平衡。在三维空间坐标上，X、Y、Z三个坐标轴分别表示市场占有率、销售成长率以及利润率，每一个坐标轴又分为高、低两段，这样就能得到八种可能的位置。

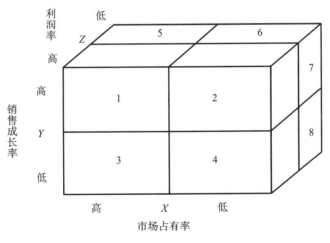

图2-2　三维分析图

(3) 产品组合策略。

如果企业的大多数产品项目或产品线处于图2-2所示的1、2、3、4号位置上，就可以认为产品组合已达到最佳状态。因为任何一个产品项目或产品线的利润率、成长率和占有率都有一个由低到高又转为低的变化过程，不能要求所有的产品项目同时达到最好的状态，即使同时达到也是不能持久的。

因此，企业所能要求的最佳产品组合必然包括：虽不能获利但有良好发展前途、预期成为未来主要产品的新产品；已达到高利润率、高成长率和高占有率的主要产品；虽仍有较高利润率而销售成长率已趋降低的维持性产品;已决定淘汰、逐步收缩其投资以减少企业损失的衰退产品。根据以上产品线分析,针对市场的变化,调整现有产品结构,从而寻求和保持产品结构最优化,这就是产品组合策略。产品组合策略包括产品线扩散策略(向下策略、向上策略、双向策略和产品线填补策略)、产品线削减策略、产品线现代化策略。

企业在调整产品组合时,可以针对具体情况选用以下产品组合策略。

①扩大产品组合策略。

扩大产品组合策略包括开拓产品组合广度和加强产品组合深度。开拓产品组合广度是指增添一条或几条产品线,扩展产品经营范围;加强产品组合深度是指在原有的产品线内增加新的产品项目。

扩大产品组合策略的具体方式:在维持原产品品质和价格的前提下,增加同一产品的规格、型号和款式;增加不同品质和不同价格的同一种产品;增加与原产品相类似的产品;增加与原产品毫不相关的产品。

扩大产品组合策略的优点:满足不同的偏好的消费者多方面需求,提高产品的市场占有率;充分利用企业信誉和商标知名度,完善产品系列,扩大经营规模;充分利用企业资源和剩余生产能力,提高经济效益;减小市场需求变动性的影响,分散市场风险,降低损失程度。

②缩减产品组合策略。

缩减产品组合策略是削减产品线或产品项目,特别是取消那些获利少的产品,以便集中力量经营获利大的产品线和产品项目。

缩减产品组合策略的具体方式:减少产品线数量,实现专业化生产经营;保留原产品线削减产品项目;停止生产某类产品;外购同类产品继续销售。

缩减产品组合策略的优点:集中资源和技术力量改进保留产品的品质,提高产品商标的知名度;生产经营专业化,提高生产效率,降低生产成本;有利于企业向市场的纵深发展,寻求合适的目标市场;减少资金占用,加速资金周转。

③高档产品策略。

高档产品策略是在原有的产品线内增加高档次、高价格的产品项目。

实行高档产品策略的优点:高档产品的生产经营容易为企业带来丰厚的利润;可以提高企业现有产品声望,提高企业产品的市场地位;有利于带动企业生产技术水平和管理水平的提高。

采用这一策略的企业也要承担一定风险。因为,企业惯以生产廉价产品的形象在消费者心目中不可能立即转变,使得高档产品不容易很快打开销路,从而影响新产品项目研制费用的迅速收回。

④低档产品策略。

低档产品策略是在原有的产品线中增加低档次、低价格的产品项目。

实行低档产品策略的优点:借高档名牌产品的声誉,吸引消费水平较低的顾客慕名购买该产品线中的低档廉价产品;充分利用企业现有生产能力,补充产品项目空白,形成产品系列;增加销售总额,扩大市场占有率。

与高档产品策略一样,低档产品策略的实行能够迅速为企业寻求新的市场机会,同时也会带来一定的风险。如果处理不当,可能会影响企业原有产品的市场声誉和名牌产品的市场形象。

(4)动态平衡。

由于市场需求和竞争形势的变化,产品组合中的每个项目,必然会在变化的市场环境下发生分化,一部分产品获得较快的成长,一部分产品继续取得较高的利润,还有一部分产品则趋于衰落。企业如果不重视新产品的开发和衰退产品的剔除,则必将逐渐出现不健全的、不平衡的产品组合。为此,企业需要经常分析产品组合中各个产品项目或产品线的销售成长率、利润率和市场占有率,判断各产品项目或产品线销售成长上的潜力或发展趋势,以确定企业资金的运用方向,做出开发新产品和剔除衰退产品的决策,以调整其产品组合。

所谓产品组合的动态平衡是指企业根据市场环境和资源条件变动的前景,适时增加应开发的新产品,淘汰应退出的衰退产品,从而随着时间的推移,企业仍能维持最大利润的产品组合。可见,及时调整产品组合是保持产品组合动态平衡的条件。动态平衡的产品组合亦称最佳产品组合。产品组合的动态平衡,实际上是产品组合动态优化的问题,只能通过不断开发新产品和淘汰衰退产品来实现。产品组合动态平衡的形成需要综合性地研究企业资源和市场环境可能发生的变化,各产品项目或产品线的成长率、利润率、市场占有率将会发生的变化,以及这些变化对企业总利润率所起的影响。对一个产品项目或产品线众多的企业来说这是一个非常复杂的问题,系统分析方法和电子计算机的应用,已为解决产品组合最佳化问题提供了良好的条件。

(三)设计战略

1.设计战略概述

设计战略是在符合和保证实现企业使命的条件下,确定企业的设计开发与市场环境的关系,确定企业的设计开发方向和设计竞争对策,确定在设计中体现的企业文化原则,根据企业的总体战略目标,制定和选择实现目标的开发计划和行动方案。设计战略是企业经营战略的组成部分之一,是企业有效利用工业设计这一经营资源,提高产品开发能力,增强市场竞争力,提升企业形象的总体性规划。设计战略是企业根据自身情况作出的针对设计工作的长期规划和方法策略,是对设计部门发展的规划,是设计的准则和方向性要求。设计战略一般包括产品设计战略、企业形象战略,还逐步渗透到企业的营销设计、事业设计、组织设计、经营设计等方面,与经营战略的关系更加密切。

2.设计战略的特征

根据明茨伯格的战略5P模型,以及设计战略的定义,可以总结出设计战略的几个主要的特征。

(1)竞争性。

竞争性是设计战略最重要的本质特征。战略是"将军克敌制胜的科学与艺术",学界、企业界不约而同地选择"设计战略"这个概念术语,是为了探讨如何充分发挥设计的强大威力,提高产品开发能力,增强市场竞争力,提升企业形象,最终形成其他企业难以模仿的核心竞争能力,从而使企业在激烈的市场竞争中生存并发展壮大。例如,之前两大手机生产商诺基亚和摩托罗拉一直为更多的市场份额而竞争,然而诺基亚率先将时尚个性的文化注入手机设计中,比竞争对手更准确地把握了手机设计趋势,成功的设计理念使它在短短五年时间里超过了摩托罗拉成为当时移动通信产品第一大制造商。

(2)独特性。

设计战略的独特性来源于企业 DNA 的独特性,设计战略应该是基于企业文化和企业独特的 DNA 而制定。而每个企业的文化、价值观念是独特的,企业在长期发展过程中形成的审美取向、设计取向、价值观念会表现出一定的延续性和稳定性,形成企业独特的 DNA,这也是竞争对手难以模仿的。设计战略的独特性主要表现在战略观念的独特性上,也就是说设计理念或设计思想的独特性。例如,美国苹果公司"Think different"的产品设计理念,一直指引了公司寻求与众不同的革命性解决方案。苹果电脑是第一个将方便的图形界面引入了 PC,第一个使用彩色显示屏的电脑,第一个把外壳变成五颜六色或半透明的电脑。荷兰飞利浦"以人为本"的产品设计理念,不断利用各种方法去探寻消费者的物质功能需求和精神情感需求,形成一种区别于美国产品和日本产品的广受人们喜欢的极具亲和力的风格。意大利阿莱西厨房用具公司,也建立了自己独特的设计战略,设计极富艺术感的产品,而这一点正是美国产品和日本产品所缺乏的。日本索尼公司,也在不断地创造不同于竞争对手的新生活方式的产品设计理念。

(3)全局性。

设计战略是指导企业一切设计活动的总的谋划。设计战略的全局性特征不仅表现在企业设计的全局性上,而且表现在与国家的经济、技术、社会、环境发展相协调一致,与国家发展总的目标相适应,与企业的经营战略相和谐,否则,设计战略就不会取得成功。

(4)方向性。

有时,设计的作用往往会被过分地夸大。因为设计对于一些企业来说所发挥的作用可能会不一样。虽然有些企业在经营过程中也积极导入设计,但由于缺乏高质量的管理,设计仍达不到企业所期望的效果。要充分发挥设计在企业中的应有作用,管理者首先必须明确企业所要采用的发展方向。设计战略规定了企业设计未来发展方向,描绘了企业设计的发展蓝图,具有行动纲领的意义。设计战略要求企业的各项设计工作都要围绕战略制定的方向展开,同时要求各部门在设计战略方向的指引下充分发挥各自的积极性和创造性。

(5)创新性。

企业要保持设计的核心竞争力,就必须建立灵活而有效的产品设计战略,充分利用各种设计资源应对各种内外因素的变化。总之,设计战略需要把握整个公司的设计全局,掌握设计进展和外界条件的变化趋势,不断强调开辟新业务或新市场,所以企业只有将创新贯穿于设计战略管理的全过程,才能在激烈的市场竞争中不断重塑自己的未来。设计战略本身需要不断优化创新,具体方式如重新设计和制定工作方法和流程、变革设计工薪制度和激励机制、改造企业文化、修改预算等。

企业设计战略管理是一个不断循环、没有终点,但又具有开放性的创新过程,企业在进行管理设计的过程中,必须花费大量的精力来调整设计战略,持之以恒,保证优秀设计战略的实施和执行。

（6）相对稳定性。

设计战略规定了企业在今后相对较长一段时间的设计发展方向、目标、采取的设计策略以及工作的重点。一般来说，设计战略应当至少对企业未来三至五年甚至更长时间的设计发展作出规划。设计战略必须在一定时期内具有稳定性，才能在设计实践中具有指导意义，如果朝令夕改，就会使企业设计发生混乱。当然由于自然环境、社会环境以及顾客需求的多变性会引发设计战略的创新性，因此设计战略只具有相对稳定性。设计战略的创新性和相对稳定性是辩证统一的。

3. 设计战略的目标

设计战略的目标是设计战略的使命和宗旨具体化。战略目标必须从"我们是什么、将会是什么、应该是什么"引导出来，目标是企业对未来的期待。设计战略目标规定了企业全部设计活动的总任务，决定了企业的行动方向。设计战略最基本的目标，或者说现实目标是提高产品的竞争能力，核心目标是优化品牌形象，最终目标是提高企业核心竞争能力，同时避免核心能力降低，使企业在最终激烈的市场竞争中获得高额利润，最终战胜对手。与设计战略目标紧密相关的有定量指标和定性指标。定量指标包括品牌价值、投资利润率、市场占有率等指标；定性指标包括品牌形象、企业形象、产品形象等指标。

（1）与设计战略目标紧密相关的定量指标。

品牌价值是企业最有价值和最为恒久的资产，是未来市场竞争中最为"锐利的武器"。品牌价值是可以量化评估的指标，一般由权威品牌资产评估机构作出评估。投资利润率是指企业税前的营业收益占自有资本和长期负债总额的比率，其英文缩写为ROI（rate of invest），投资利润率可以反映同一行业不同经营领域或同一产品在不同市场上的经营状况，但用它来评估不同行业的状况则存在缺陷。市场占有率是企业各业务部门的产品或劳务销售总额与全部该产品或劳务的全部市场销售总额的比率，市场占有率直接反映了企业某项产品或劳务在市场上的竞争实力。

（2）与设计战略目标紧密相关的定性指标。

设计战略目标应该是定量指标和定性指标综合计量的结果。理论研究和实践表明，品牌价值的增长和企业规模的增长、产品销售的增长以及品牌知名度的增长有很大的相关性，品牌价值量的增长并不能完全说明设计战略的成功。中国某著名消费电子企业品牌价值由1995年的6.9亿元，跃升到2006年362亿元，增长相当迅速，但调查表明其品牌在消费者心目中的地位和形象并没有随着品牌价值的提升而同步上升，这恰恰是企业缺乏清晰的品牌设计战略应定位和规划的表现，所以设计战略还需要定性指标。成功的设计战略应具有独特差异的产品形象、明确清晰的品牌形象、创新进取的企业形象。例如TCL导入设计战略致力于打造受人尊敬的创新型企业形象。

4. 设计战略的作用

企业的设计战略是企业战略体系的一个重要组成部分，必须服务于企业的整体战略，应当围绕整体经营战略制定出各自的设计战略。从制造起家逐渐走向品牌竞争，开始关注提供、传递、交付顾客价值，追求优势设计和差异化设计的企业，应思索并探讨建立自己的设计战略。企业制定设计战略，从总体上对企业设计活动进行规划和指导，对企业发展来说具有如下重要的作用。

(1) 确定设计方向。

设计战略保证设计工作沿着企业整体经营战略的方向进行,从而使设计人员从整个经营战略的高度,从企业生存和发展的高度去思考设计目标和方向、顾客需求的问题,使设计战略成为企业整体经营的同向合力而不是侧向分力甚至逆向阻力。

(2) 指导企业设计。

产品设计过程中,设计战略应该是龙头。企业应根据设计战略的要求来确定需要的人才,以及建立的设计组织的类型。

①构思阶段(确定和选择客户价值阶段):构思的规则应来源于战略,以设计战略指导设计构思决策,设计战略为概念筛选提供依据。

②生产制造阶段(提供客户价值阶段):细节设计和工艺设计保障了产品品质,设计战略提供了产品测试标准。

③市场营销阶段(传播、交付客户价值阶段):设计战略能够通过广告设计战略、传媒设计战略、卖场体验设计战略指导新产品的市场营销和客户价值实现。

(3) 整合设计资源。

近年来,华人企业先后在国际工业设计大奖中崭露头角:2006年以来,TCL先后荣获法国工业设计学院 Janus 奖、美国国家电视学院艾美奖、国际设计权威机构 A.P.C.I 设计之星奖以及德国红点工业设计大奖——2007产品设计奖;从2002年到2006年,明基所获国际设计大奖包含德国 iF、红点、日本 G-Mark、美国 IDEA 等在内,累计得奖数高达161件。两个企业虽获众多设计大奖,但却并未带来理想的业绩。设计是个多功能交叉过程,需要综合来自研发和市场等多方面的因素;设计也是个系统工程,外观设计只是其中一个环节,单纯的外观设计不能确保市场的成功。设计战略应该将设计贯穿到企业价值链的各个环节,并从企业文化、战略投资、人力资源等方面加以落实。设计战略应该整合企业的设计资源和其他顾客价值创造资源,设计才能真正发挥其作用。

(4) 实现沟通协调。

设计战略一个重要的功能就是充当各职能部门的沟通桥梁,这是由设计本身的性质决定的。一方面设计是个多功能交叉过程,另一方面其他职能部门越来越需要设计的支持,这些支持包括最新趋势研究、顾客需求探讨、使用方式分析、销售的环境设计等。

设计战略的协调作用主要体现在三个方面。

第一,在水平方向上,设计战略有助于确保企业的各个职能部门的运行和谐一致。

第二,在垂直方向上,设计战略有助于企业的执行层、操作层与决策层行动方向的高度一致,紧紧围绕战略目标展开各自的工作。

第三,在延伸方向上,设计战略有助于尽量减少因不可避免的人事变动而给设计发展带来的干扰和影响。

(5) 驱动企业创新。

设计战略不仅保障了设计部门的创新,同样也驱动了其他部门乃至整个企业的创新,甚至对塑造创新型企业文化起到关键性的作用。设计战略在企业战略体系中发挥着信息桥梁的作用,为企业提供直接、充分、及时的市场信息和竞争对手信息以及顾客需求变化信息,驱动企业创新。

设计战略驱动创新还表现在促使企业管理创新。设计管理者作为一个企业战略顾问甚至企业战略管理决策核心成员,对企业在面临不同市场环境中的机遇和挑战时给予设计观察角度的判断和建议。2007年联想创新设计中心总经理被任命为联想集团副总裁,联想诞生了第一位设计出身的副总裁。

(四)教育功能嵌入战略

1. 教育功能概述

所谓教育功能,是指司法制度所规范和调整的司法机关活动对公民所具有的教育、感化作用,它是司法制度所具有的不可忽略的显著功能。《中华人民共和国人民法院组织法》规定,人民法院用它的全部活动教育公民忠于社会主义祖国,自觉地遵守宪法和法律。"功能"在日常用语中,常常是"作用"的同义词,但"作用"有积极和消极之分,通常根据作用所产生的结果来判断,"功能"则指事物或方法内含的、可能实现的有效作用。功能是指某一事物或方法对于其他事物的作用,某一事物或方法的功能是其自身所包含的。功能在具有功能的事物或方法未与其作用对象发生关系时处于潜在状态。潜在状态的功能是否能变为现实还受对象的状态及环境条件的影响。教育是人为的,其功能是在期望的、潜在的和现实的三个不同的功能存在形态上开展的。期望的功能存在于人的意识和愿望之中;潜在的功能存在于教育的实际结构之中;现实的功能存在各地方教育的实践之中。智育功能具有必然性、知行统一性。德育没有知行统一性,因为利益驱使,教育者、受教育者都可能知行不一,知错而行知对不为。

2. 教育功能的分类

(1)社会功能。

教育的社会功能主要是指教育对社会发展的反作用。生产力发展水平制约着教育的发展水平,教育又反过来促进社会生产力的发展。历史上出现五种不同的生产关系,就有五种不同类型的教育。一个国家通过它制定的教育方针政策来控制教育,教育又反过来为巩固其统治服务,对社会政治、经济等发挥重要的作用。教育是文化的组成部分,教育又对文化的继承和发展起重要作用,经济、政治对教育的影响,往往是通过文化的发展反映出来。教育还有民族性和地域性的特点。中国古代非常重视发挥教育的社会政治功能。《学记》指出:"建国君民,教学为先","欲化民成俗,其必由学乎。"汉代教育家董仲舒在其《对贤良策》中,总结中国教育发展的历史经验,向汉武帝提出建议:"古之王者明于此,是故南面而治天下,莫不以教化为大务。"总之,教育具有重要的社会功能,这是教育的本质特点之一。教育能够促进社会生产,巩固经济基础;教育可以成为社会政治斗争的手段,影响民主法治建设;教育能够保存、传递以至创造人类文化;教育还可以起到保护环境、控制人口的作用。因此,教育的社会功能是多方面的。

(2)个体功能。

人类个体的发展,既表现为一个随着年龄不断增长而身心发展方面自然生长、发育、成熟的过程,又是个体逐步承担社会角色,不断增强自我意识,丰富人生世界的过程。教育在人的发展过程中,发挥着促进个体的社会化和个性化、增强个体享用意识和能力的功能。

①教育的个体社会化功能。

人都生活在一定的社会中,参与社会生活,成为社会的一员,不存在脱离人类社会的所谓"纯粹"的个人。个体从自然生物体到社会活动主体的变化,就是通过个体社会化过程来实现的。社会化的内容非常广泛,凡是体现个体发展的社会性要求及社会生活所必需的基本知识、技能、行为方式、生活习惯以及各种思想观念等,都是个体社会化的内容。

从学校教育的角度来说,个体的社会化主要包括以下四个方面:一是学习生活技能,主要包括个体所处时代和社会所要求的日常生活技能和职业技能;二是内化社会文化,主要包括价值观念体系和社会规范体系;三是完善自我观念,即对自身的生理、心理状况,对自我和他人以及社会的相互关系有一个正确的认识;四是学会承担社会角色,就是通过角色学习和角色实践,能够自觉按照社会结构中的规范办事,这是社会化的本质和最终体现。

人的社会化的基本途径是社会教化和个体内化的统一。社会教化就是广义的教育,包括学校教育与各种非正规的教育,如社会风俗、群体舆论、传播媒介等;个体内化是指个体通过一定的方式进行社会学习,接受社会教化,将社会目标、价值观、规范和行为方式等转化为稳定的人格特征和行为反应模式的过程。个体内化是在个体的活动中进行的,它是个体的内部心理结构与外部社会环境相互作用,并对后者进行选择和适应的过程。社会教化与个体内化,在个体社会化过程中相辅相成。

对青少年来说,教育既是社会教化的主体,又是促进个体内化的有效手段,因而教育特别是学校教育在青少年个体社会化过程中发挥着基础性的作用。这种作用具体体现在以下两个方面:一是学校教育活动的目的性、计划性和组织性使个体社会化有了充分保障。学校教育是有目的、有计划、有组织地向青少年传授一定的社会规范、价值标准、知识技能的活动,它由专职的教师通过特定的教育内容、教育方式和评价制度对青少年学生的社会化发生系统和科学的影响,为青少年学生的社会化提供充分的保障。这种保证作用是其他任何社会活动都难以做到的。二是学校教育为个体社会化提供了一个特殊的有利环境。学校作为青少年个体社会化的专门机构,是一种非常正式的社会组织,具有明显的社会性,它的一切活动都体现着社会的要求,处处传递着社会的价值准则。课程作为法定的知识,体现着社会的主流价值观;教师作为社会的代言人,充当着所处时代社会规范的解释者、执行者、仲裁者等特定社会角色。学校教育这种社会化环境是其他社会组织难以替代的,个体在这样的环境中可以相对平稳、有效地实现其社会化的任务。

②教育的个体个性化功能。

人的发展,不仅是个体逐步融入社会的过程,而且也是个体不断发展自我,凸显自我,进而实现自我的过程。在这个过程中,个体选择成为他自己,过自己的生活,形成个人的兴趣、爱好、能力、特长等一系列个性特征。

个体的个性化与社会化尽管在具体层面上有时是矛盾的,如个性化强调个性、自主选择性,社会化更注重共性、社会强制性,但两者本质上是统一的。共性寓于个性之中,个性的多样性也以统一性为基础。个性化的过程与社会化的过程也是同时完成的,两者不能分开。个性的形成实际上是在社会化过程中完成的,因为个性的形成离不开相应的社会实践活动。一方面,社会化的过程使得生活在同一时代、同一个民族、同一个阶层中的人的个性有着共同的特征。另一方面,由于每个人都不同程度地具有自己独特的遗传素质、特殊的生活环境、不同的主观能动性,因而人并不是消极被动地接受社会化的教化。个人在社会化的过程中,实际上是以不同的方式在适应社会,在适应社会的过程中也形成了自己独特的个性。

教育对个体个性化的作用和影响具体体现在以下四个方面。

第一,提出个性发展目标,明确个体个性化的方向。许多学校都在各自的办学目标中列入"培养学生的自主意识和自主发展能力,丰富和完善学生的个性"等内容,这是个体个性化发展要求在学校教育中的具体体现。教育目标的个性化要求无疑为个体的个性化发展产生了强有力的牵引作用。

第二,充分挖掘个体潜能,为个体个性化创造条件。个体潜能的充分挖掘是个体个性化的重要标志和根本体现。通过因材施教、个性化教学等科学的方法与手段,注重个体之间的差异,为每个学生潜能的充分施展提供广阔的空间,充分挖掘他们的潜能,使个体的个性不断得到发展和完善。

第三,提高个体基本素质,为个体个性化打下基础。个体个性的发展是在个体积极的活动中进行的,活动的效果取决于个体的知识储备和认识、情感、态度等基本素质水平。一个基本素质良好的个体更能在活动中发挥主观能动性,积极作用于社会环境,在社会化的同时形成自己的良好个性。

第四,营造整体文化环境,为个体个性化提供保障。个体的个性化发展是个体发展的内在要求,但是,只有在良好的环境特别是在学校教育的整体文化环境中,这种个性化发展才能够得到充分的保障。

③教育的个体享用功能。

个体的社会化和个性化都是指个体的发展。教育在促进个体发展的同时,还能使受教育者进一步获得一些特殊的享受:个体的生活需要得到满足,求知欲得到实现,精神世界得到充实,并进而获得幸福感。这是教育的个体享用功能。教育的个体享用功能主要体现在人接受教育与获得幸福的关系上。首先,教育能够充分满足人的本能需要,奠定个体幸福的基础。其次,教育提升人的认知水准,丰富人的情感世界,给人以体验和感受幸福的功能。最后,学校生活本身是一种幸福生活,求真、向善、臻美是校园生活的主体价值,学校生活为人们创设了一种体验幸福、感知幸福的良好氛围。

3. 研学旅行的教育服务功能

研学旅行本身就是一项教学活动、教育项目,只是这项教学活动不是在学校里在课堂上展开的,而是以社会资源为载体,以旅行为过程,用参与、体验、互动的教育方法来实施的。这个项目的教学或教育服务,应由学校教师与专业机构工作人员共同协力完成,而不能教师只管教育,导游只管旅行。旅行社应清晰地认识到,只有积极"介入"研学旅行的教育服务,旅行社自身才有可能因增值而体现价值,因价值而获得发展。面对学生,每一位工作人员都是教师,只要具有发自内心地爱学生,用所言所行去影响学生,用合适的方法或安排去引导学生,愿意时时、事事去帮助学生,就能做到教育服务。在旅行社参与研学旅行这一市场竞争的过程中,真正的竞争是能否提供教育服务,能否提供更好的教育服务。教育服务其实就是研学旅行的核心竞争力!

拓展阅读

第二节 研学旅行产品设计的内容、要素、流程和意义

一、研学旅行产品设计的内容

从旅游供给的角度看,研学旅行产品设计的内容是由课程设计与实施、线路设计与实施、主题设计与实施、方案设计与实施、市场开发与运营、质量管控与保障等内容所构成的(图2-3)。

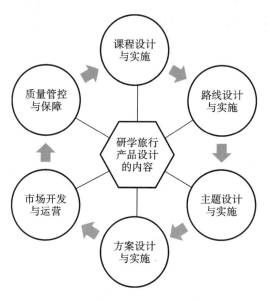

图 2-3　研学旅行产品设计的内容

(一)课程设计与实施

研学旅行课程设计与实施,是指在研究国内外研学旅行课程发展实践的基础上,通过分析研学旅行课程设计的政策依据和理论基础、性质和理念,概括研学旅行课程设计的内容和分类,提出研学旅行课程设计的要素和流程,包括课程开发目标设定、准备工作、主题设计、教学模式设计、课程方案的撰写与评价、课程设计策略等;同时提出研学旅行课程实施的过程和策略,包括实施的主体和任务、特点、困难及评价等。

(二)线路设计与实施

研学旅行线路设计与实施,需要对研学旅行产品线路的概念进行界定,了解与旅游企业的普通旅游线路的关系,在分析线路的构成与类型基础上,提出线路的设计原则、方式及步骤,从旅游交通、旅游餐饮、旅游住宿和旅游目的地四个方面论述对线路设计的影响,并将研学旅行讲解内容设计与技巧阐述清楚。

(三)主题设计与实施

研学旅行产品主题设计与实施,主要以主题设计基础与要求、设计理论与方法和主题如何实施等内容为主,重点分析主题设计的要素及实施基本流程。

(四)方案设计与实施

将研学旅行产品分为知识科普型、自然观赏型、体验考察型、励志拓展型、文化康乐型,不同研学旅行产品的方案设计与实施内容包括研学旅行活动目标分析、活动对象分析、活动的方式分析、活动的内容分析,以及活动开展过程中的教育服务、人员安排、安全问题、基(营)地设施等基础分析。

(五)市场开发与运营

在分析研学旅行产品消费者的行为特征基础上,提出研学旅行产品的市场开发、营销方式,还包括研学旅行产品的定价策略、营销渠道策略、促销策略与运营管理。

(六)质量管控与保障

通过界定研学旅行产品设计的质量管理概念,介绍质量管理原则和目的;研学旅行产品设计的质量管理内容包括管理体系、管理方法和管理流程;研学旅行产品的质量管理策略包括研学导师培训制度、研学旅行安全管理和研学基地建设体系,提出研学旅行产品设计的质量管理评价。

二、研学旅行产品设计的要素

(一)教育行政管理部门

教育行政管理部门既是研学旅行的保障方,又是研学旅行的决策者和指导者,教育行政部门和学校必须为学生的研学旅行活动保驾护航,提供各类保障措施。要建立工作领导机构,制定有关制度,不断总结推动,为学校开展研学旅行活动提供政策支持。

(二)中小学校

学校是研学旅行的主要组织者。学校要制定科学严密的研学旅行工作手册,研学前要制订研学旅行行动计划。精心策划,确定主题,与有关服务机构和研学基地、营地一起科学制定研学旅行实施方案,通过多种方式宣传,告知家长。根据学生数量和活动需要,成立专门的工作小组,明确分工,细化方案和责任,周密细致地做好有关准备工作。在研学中要严格执行行动计划,做好应急处理,对各类可能出现的问题进行科学研判,未雨绸缪,防患未然。研学旅行完成后要加强后续管理,及时做好研学旅行的总结工作,转化研学成果,总结交流经验,不断完善学校研学旅行课程设计和方案制定,提升研学旅行的品质。

(三)中小学生

中小学生是研学旅行的主体。据统计2018年全国义务教育阶段在校生1.50亿人,高中阶段在校学生3934.67万人,如果研学旅行全面展开,那么中小学生将是中国最大的游客群体,中小学生通过集体旅行、集中食宿方式开展的研究性学习和旅行体验相结合的校外教育活动,达到学校教育和校外教育的创新和综合实践育人的目标。

(四)研学导师

不管研学旅行组织实施形式如何,研学导师始终是教学质量好坏的直接影响因素。《研学旅行服务规范》中规定应至少为每个研学旅行团队配置一名研学导师,研学导师负责制订研学旅行教育工作计划。研学导师不仅需要创新的教育思维、广博的研学旅行知识和强大的掌控能力,还要有深厚的教学素养和能力,要在研学过程中结合活动内容设置教学内容,在内容上超越教材、课堂和学校的局限,设计出具有探究性、实践性的综合实践活动课程。

(五)研学课程

研学课程是专门为研学旅行设计的课程体系,课程体系设计是包含课程目标、课程内容、课程安排、课程评价等四大要素在内的集体体验性的教育实践活动。研学课程设计应满足以下要求。

(1)课程设计应针对不同学段。

(2)设计课程包含课程名称、课程目标、课程简介、实施流程、研究问题、分享展示、总结评价等要素。

(3)课程内容与实施要遵循开放、体验、实践、互动、安全等原则。

(4)基地营地可根据自身资源特点编排研学线路,也可研发推荐与周边资源相结合的组合课程。

例如,湖北省十堰市郧阳区青少年活动中心研学旅行基地对接中小学德育、综合实践活动课程、劳动课、优秀传统文化教育、爱国主义教育等教育目标要求,结合郧阳区实际情况,挖掘本土的自然、历史、人文课程资源优势,充分发挥其教育功能,开发满足小学、初中、高中不同学段需求的"拜水源、寻恐龙、访人类"研学课程体系。

(六)研学基地(营地)

研学基地是为中小学生研学旅行提供研学实践教育活动的场所,包括各类青少年校外活动场所、现有的爱国主义教育基地、国防教育基地、革命历史类纪念设施或遗址、优秀传统文化教育基地、文物保护单位、科技馆、博物馆、生态保护区、自然景区、公园、美丽乡村、特色小镇、科普教育基地、科技创新基地、示范性农业基地、高等学校、科研院所、知名企业以及大型公共设施、重大工程基地等优质资源单位。

研学营地是为中小学生研学旅行提供研学实践教育活动和集中食宿的场所。研学营地应有可供学生学习、活动、体验、休整、食宿的场所,且布局科学合理、功用齐全,还应有与研学实践教育活动相匹配的教学设施和器材,且各项教学用具、器材性能完好,能够满足开展研学实践教育活动和集中食宿的需求。

优质的研学基地(营地)能够为学生提供真实的学习环境,给学生带来独特的学习体验,让学习与旅行游玩达成平衡。

(七)服务机构

研学旅行服务机构是联系参加研学旅行的学校学生与旅行目的地基地或营地教学资源的中介。因为研学旅行服务对象是中小学生,必须强调研学旅行服务机构的专业性和安全性。根据专业性要求,研学旅行服务机构由专业旅行社和专业教育机构组成,要有专门服务于研学旅行的部门和专职的研学旅行导游队伍,要有研学旅行系列产品并且不断完善,并具有根据学校的教学内容定制研学旅行线路的能力。基于安全性要求,旅行社作为研学旅行服务机构要在近三年内无重大质量投诉记录及安全责任事故发生,旅行要对旅行车辆、驾驶员、行车线路、住宿、餐饮严格把关,杜绝安全隐患。

(八)研学线路

从教学设计上看,研学线路要围绕主题,设计沿途较为合适的活动地点,可以是景点、基地、博物馆等,所选地点要与主题具有一致性,不能离主题太远。一条好的研学旅行线路可以看出设计者的用心与对教学的理解,如何通过旅行的深入来循序渐进地达成教学目的是线路设计者要考虑的。设计研学线路时需要考虑的内容包括计划的活动地点、交通、住宿等。合理、安全的研学线路设计应距离合适、旅程连贯且紧凑,保证学生的安全以及获得良好的学习体验。

三、研学旅行产品设计的流程

研学旅行产品设计至少应包含组合、整合、包装、论证、修正、升级六个方面。

1. 组合

研学旅行产品的基础是产品组成,应针对教育管理部门、中小学、中小学生不同的主体需求进行组合。

2. 整合

研学旅行产品需要将食、宿、行及研学旅行服务、研学基地、研学课程、研学政策、研学旅行营销模式等进行有机整合。

3. 包装

包装是研学旅行产品设计的核心。同一个研学旅行目的地,通过主题的变化、研学活动的安排、研学课程的设计等包装,就成为不同的研学旅行产品。

4. 论证

通过调研、内部分析讨论的方式来论证研学旅行产品的合理性、市场可行性等,尽量做到有把握。

5. 修正

全新的研学旅行产品或者全新的研学市场主体开发的产品,在设计时一定要有一个反复修正的过程。修正内容包括主题是否准确、课程设计是否合理、行程安排是紧凑还是放松、食宿行是否达标、研学旅行导师是否履职、还可以增加哪些研学旅行活动、在细节上是否有需要修正的地方等。

6. 升级

升级是产品战略的一个非常重要的部分,包括了产品的升级、渠道的升级、客户管理的升级。

四、研学旅行产品设计的意义

(一)使研学旅行产品具有专业性

研学旅行实施主体或为教育部门或为旅游企业,两者在研学旅行产品设计方面各有所长,但也存在缺陷:教育部门不是产业机构,设计研学旅行产品时多以课程体系为核心,缺乏专业的整合活动要素的经验;旅游企业有利益的驱动,在产品设计方面投资收益是其关注的重要因素之一,同时对于学生研学旅行实施效果与校内教育的衔接存在脱节。

(二)使研学旅行产品具有规范性

随着国家关于研学旅行的政策文件发布,中小学研学旅行纳入教育体系并成为刚需,从事研学旅行的专业机构也如雨后春笋般成立,一个新兴市场正在迅速崛起,但相伴而来的各种问题也应引起足够的重视。2017年国家出台了《研学旅行服务规范》标准,应对学校和旅行社等研学机构全面落实《研学旅行服务规范》的情况进行有效的监督和检查,确保研学旅行行业的健康发展。

(三)解决研学旅行产品的安全问题

安全问题是学校组织研学旅行的最大顾虑,是学校实施研学旅行课程的最大制约。当前尽管国家陆续出台了一系列关于研学旅行的文件,研学旅行的政策体系正在形成。但是在学校最关心的安全问题方面,现有的文件只是给出了一些原则性的指导意见,没有对学校在研学旅行课程实施中的事故责任作出明确界定,研学旅行中的安全责任事故的处置制度体系尚未建立,这是国家政策层面研学旅行推进工作亟待解决的问题。

(四)确保课程设计的完整性

旅游企业原有的观光旅行线路不能满足研学旅行课程的需求,需要针对学校要求设计研学旅行课程,制作专业的研学旅行手册。鉴于课程设计的专业性和研学旅行课程的综合性,课程设计者既需要具备旅游知识、课程知识,又需要具有深厚的文化底蕴和跨学科专业素养。由于不同的学校有不同的要求,课程设计难度较大。科学合理的研学旅行产品设计可确保研学旅行课程目标制订明确、课程内容设计合理、课程实施过程规范、研学旅行课程评价科学等,以实现研学旅行课程设计的完整性。

第三节 研学旅行产品设计的方法、原则和要求

自2013年印发的《国民旅游休闲纲要（2013—2020年）》中提到"逐步推行中小学生研学旅行"，到2016年印发的《关于推进中小学生研学旅行的意见》（以下简称《意见》）明确提出将研学旅行"纳入中小学教育教学计划"，我国研学旅行迎来了快速发展的机遇期。在相关政策的出台和指导下，各地纷纷实践，推出各种研学旅行产品。但是，从总体看，我国研学旅行产品开发尚处于初级阶段，存在着研学旅行产品定位模糊、产品类型单一、产品内容有名无实、产品质量无保障等问题，严重制约着我国研学旅行教育的有效开展。因而，深入探讨研学旅行产品开发及高质量发展具有重要的现实意义。

一、研学旅行产品设计的方法

研学旅行产品是一个集课程、线路、研学导师、辅导员、基地，以及配套服务要素等于一体的综合服务体系。这些构成因素相辅相成，缺一不可，共同服务于研学旅行活动，促使研学旅行活动顺利开展。其中，研学旅行课程是前提和基础，旅行线路是载体和形式，而研学导师、辅导员等人力因素是产品价值实现的推进者，研学基地、景区、餐饮、住宿、交通等配套服务要素是研学旅行产品的保障体系。研学旅行产品打造要综合考虑这些因素及其相互之间的关系。

研学旅行承办方应根据主办方要求，紧密结合不同学段特点、教育目标和地域特色，多层次、分梯度、多维度地设计研学旅行产品。

（一）定位上"了然于心"

不少人对研学旅行的本质及内涵存在误解。例如，暑期组织中小学生集体参观北大、清华等名校，集体参观博物馆、历史人文古迹等，严格来说并不能称为真正的研学旅行。

研学旅行是从校内延伸至社会的大课堂，其核心是研学（即研究性学习、探究性学习），旅行只是形式和载体。研学旅行产品是适应我国研学旅行教育需求，针对学生的不同学段特点和教育目标而设计的，是以校外探究式学习、综合实践体验为主要内容的产品与服务。

研学旅行产品本质上是一种"教育＋"产品。研学旅行产品区别于传统游学、修学旅游、观光考察等旅行形式，研学旅行是由旅游部门、教育部门和学校有目的、有计划地组织安排，通过集体旅行、集中食宿的方式开展的研究性学习和旅行体验相结合的校外教育活动，是学校教育由校内向校外延伸的一种创新教育形式，是综合实践育人的有效途径。本质上，研学旅行是以教育为主要目的，以研学内容为主题，以校外旅行为载体的"教育＋"产品，而非"旅游＋"产品。

(二)设计上"量体裁衣"

1. 注重教育性和知识性

研学旅行产品本身是一种教育行业向旅游行业延伸的产品。研学旅行产品设计除了要求具有传统旅游产品设计思维外,要立足教育层面,以实践育人为导向,把课本知识活动化,把活动教育化;要遵循教育内在规律,既要注重旅行形式的趣味性、旅行过程的知识性、旅行内容的科学性,还要注重培养学生良好的人文素养、品格习惯,尤其是需要教师/研学导师全程参与,引导学生通过活动真正获得知识、提升认知。

2. 注重层次性和梯度性

以《意见》为指导,针对不同学段特点和教育目标,设计研学旅行产品。

(1)小学一至三年级参与研学旅行时,宜设计以知识科普型和文化康类型资源为主的产品,并以乡土乡情研学为主。

(2)小学四至六年级参与研学旅行时,宜设计以知识科普型、自然观赏型和励志拓展型资源为主的产品,并以县情市情研学为主。

(3)初中年级参与研学旅行时,宜设计以知识科普型、体验考察型和励志拓展型资源为主的产品,并以县情市情省情研学为主。

(4)高中年级参与研学旅行时,宜设计以体验考察型和励志拓展型资源为主的产品,并以省情国情研学为主。

3. 注重地域性和体系性

针对当前研学旅行市场产品同质化现象,各地应充分发挥本地研学资源优势,设计主题化、体系化的地域研学旅行产品。例如,武当山道教文化、太极文化与武当山风景结合起来,开展国学主题研学;将神农架国家级自然保护区与当地人文、地理、非物质文化遗产结合起来,研发自然科学探索主题研学等。

4. 注重开放性和灵活性

培根在《论旅行》中提到"旅行是年轻人教育的一部分"。研学旅行的国际化理念倡导人们通过教育旅行活动,理解、尊重不同国家和地域的文化差异,提高认知能力和理解能力。注重开放性、灵活性的研学旅行产品设计,改变了学习的一般形态、方式,开阔了学生视野,能激发他们的创作热情和创新意识,提升他们的创新能力,适应国家培养创新型人才的内在需求。

(三)内容上"精心打磨"

教育机构和学校要与专业研学机构分工协作,将研学旅行和学校课程有机融合,要精心设计研学旅行活动课程和研学线路,做到立意高远、目的明确、活动生动、学习有效,避免"只旅不学"或"只学不旅"现象。

1. 紧抓"四环节",打造研学旅行优质课程

研学旅行课程是研学旅行教育产品的核心。参照美国教育学家泰勒的现代课程理论,研学旅行课程的设计可分为明确研学课程目标、选择研学课程资源、组织研学课程实施、开展研学课程评价四个环节(图2-4)。

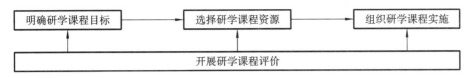

图 2-4 研学旅行课程设计的"四环节"

(1)明确"1＋1＋n"研学旅行课程目标体系。

课程目标是研学课程设计的首要环节,在整个研学旅行活动中具有导向作用。

研学旅行课程目标体系中的第一个"1"是指研学教育目标,即研学旅行课程的设计要以激发学生爱国主义精神、提升学生综合素质、培养学生文明旅游意识为根本目标,以培养学生动手动脑能力、生存生活能力、社会交往能力,促进学生身心健康、体魄强健、意志坚强,以及形成正确的世界观、人生观、价值观为具体目标。

研学旅行课程目标体系中的第二个"1"是指综合考虑学生需要、年龄特征、学校的育人目标和课程规划、当地社会资源、学科专家建议等多方面信息,而确定的研学旅行课程目标。

研学旅行课程目标体系中的"n"是指在国家研学教育目标的引导下,围绕课程目标和主题,设计的若干教学子目标及细分方向。

课程目标设计有两条思路:一是结合学生当前学科知识进行延伸拓展来设计研学旅行课程目标及方向,这样设计的研学旅行课程目标与学科目标一致,二者相互补充,在强化学科教学目标的同时,也有助于帮助学生进一步巩固学科知识;二是围绕学生综合素养发展,结合当地研学课程资源的类型、特点设计研学旅行课程目标与方向,这种方式可形成具有地域特征的个性化研学旅行产品。例如,杭州西湖研学旅行课程充分结合西湖特征,将研学旅行课程的主题分为自然、历史、人文、科学、艺术等不同方向,同时根据学生身心特点、接受能力和兴趣需求等,设计出多层次、多时段、多主题的西湖研学旅行课程体系。

(2)多主体参与选择设计研学旅行课程资源。

研学旅行课程资源是研学旅行课程设计的支撑要素和实施载体。一切具有教育价值、研究价值、科学价值、社会价值,并且可开发运用于研学旅行课程设计的资源都可以成为研学课程资源。一方面,在研学旅行课程目标确定后,研学旅行课程设计者可通过研学旅行资源实地调研、专家评价、模拟游线设计等方式,精心选择研学旅行课程匹配资源,确定研学旅行目的地和研学旅行线路,并在此基础上,根据研学旅行课程子目标选择和设计供学生以小组为单位进行探究的课程资源,从而完成以课程设计者为主导的课程资源选择。另一方面,课程设计者还可以鼓励学科教师、研学导师和学生参与,引导他们适当参与研学旅行整体产品设计,把课程资源的设计权交给对方,让学生在研学旅行过程中自主生成课程资源,从而形成一种更高层次的以学生为主体的课程资源开发设计方式。

(3)明确研学导师在课程实施中的主导作用。

研学旅行课程实施的关键是研学导师。区别于传统学校的教师与一些培训辅导机构的教师,研学导师要参与制定学校研学旅行产品,负责制定研学旅行教育工作计划,并在领队教师、辅导员等人的配合下为学生提供优质的研学旅行教育服务。这在教师的教学技能水平和综合素质水平方面都提出了更高的要求。在研学旅行课程实施中，研学导师要带领学生严格按照课程目标要求及工作计划内容，深入到研学旅行目的地进行实地参观、亲身体验、探究学习，避免"走马观花""旅行暴走"等伪研学行为。

(4) 全方位、多角度开展研学旅行课程评价。

课程评价的目的是要全面检验研学旅行课程设计及其实施情况与效果，它贯穿研学旅行课程的课前、课中、课后的全过程。研学旅行课程评价的过程实质上是一个确定课程与教学实际达到课程目标程度的过程，主要由教育部门或学校主导进行。研学旅行课程评价，可分阶段针对课程内容、课程准备、课程推进情况、研学导师表现、学生研习效果等进行多角度评价。常用的课程评价方式有研学心得的分享、研学成果的展示、研学成绩的认定等。

2. 强化"三要素"，打造研学旅行精品线路

如果说研学旅行课程是研学旅行活动的理论和内核的话，那么研学旅行线路就是研学旅行活动的实践和形式。研学旅行线路的设计要以研学旅行课程为指导，强调线路的主题性、内容的创新性和行程的安全性三个要素。

(1) 课程为纲，强化研学线路主题。

研学旅行课程是研学旅行活动开展的重要行动指南，直接决定着研学旅行线路的设计和研学旅行资源的选择。研学旅行线路的主题、内容及环节的设置，目的地的选择，甚至人员的配备、服务的支撑等，均要以研学旅行课程为基础并在其指导下进行。按研学旅行资源特征，研学旅行线路主题可以分为知识科普型、自然观赏型、体验考察型、励志拓展型和文化康乐型。实际操作中，根据地域研学资源情况，还可形成各种专业主题线路。例如，区域层面的，重走长征路红色研学线路、探秘三江源之旅、丝绸之路研学线路；地区层面的，西安大唐文化研学游、广东岭南文化游，以及各种场馆或某个研学基地中的自然教育线、科技参观线、文化游览线等。

(2) 创新内容，深化研学独特体验。

区别于一般旅游线路，研学旅行线路是建立在知识启发性、深度体验性、团体配合性等活动内容基础之上的，以探究性学习为目的旅行过程。这就要求研学旅行内容设计要有创新性和开拓性。

① 科普探秘类线路，注重思维启发。

通过科教融合、全感体验的产品形式激发学生的科学兴趣和热情，培养他们的动手及动脑能力，提升想象力和创造力，使他们热衷于科学探究，善于提出问题、解决问题。

② 历史文化类线路，强调浸入式体验。

针对具有独特地域文化特征的地区，可综合运用现代科技、文创手段，通过文化氛围营造、互动式活动体验，提升历史文化研学的代入感、体验感。在线路设计时可采用系统—要素法，如北京明清文化就是一个系统，在这个系统下有明清皇宫游、王府游、胡同游、京剧、皮影、景泰蓝等要素，这些要素共同构成了北京明清文化研学旅行线路体系。

③ 自然生态类线路，注重课堂知识的植入。

在线路设计时，要充分发掘地质地貌、动植物、气象水文等生态旅游资源的自然、历

史、文化、科学信息,与学生的学科知识有机融合嫁接,充分释放自然生态类线路的知识性和美学观赏性。

④爱国主义教育类线路,强调古今对比融合。

让学生在了解革命先烈们的英勇事迹、触摸可歌可泣历史的同时,看到现代国家的富强、繁荣,油然而生民族自豪感、历史使命感和爱国主义精神。

⑤励志拓展型线路,强化情感自我认同。

以强身健体、健康心志为根本,通过名校参观、典型学习、志愿者活动、集体户外拓展等活动形式,强化学生自我价值认同,帮助学生树立正确的人生观、世界观和价值观,培养其积极的人生态度,提升其集体生活能力、自我学习能力和社会交往能力。

(3)强化安全,保障线路实施。

安全第一是旅行活动开展的首要原则。旅行活动中难免会遇到自然因素或人为因素所引起的,造成旅行者人身或财产损失的情况。在研学旅行线路设计的过程中,要谨记"安全第一、预防为主"的旅游安全管理工作方针,做好前期实地考察,将安全防范贯穿整条旅游线路。

研学旅行线路的实施要做到行前有预案、行中有保障、行后有总结。行前要有线路备选产品、突发事件应急预案;行中要有安全保障、交通保障、住宿保障、餐饮保障、游览服务保障及教育服务保障;行后应及时汇总分析各方面反馈信息,明确产品中的主要缺陷及出现质量问题的原因,持续优化研学旅行产品设计和服务质量。

(四)质量上"严格把关"

通常情况下,教育机构开发一项新的教育课程,会依据一定的课程评估标准对课程进行前测和后测,然后运用统计学方法来检验学生课程学习前后的差异是否显著,从而评判该课程是否有效。目前一些研学旅行产品没有一定的评估标准,也没有任何系统的监督机制和评估体系,学生参加完研学旅行活动后,在自我认知能力、生活能力、思想道德、组织纪律等各方面的成效单纯地通过研学心得分享、研学成果展示、研学作业完成等方式来呈现,不能客观地论证,也不足以说明研学旅行产品的好坏。因而,为保证研学旅行产品质量,规范研学旅行市场,建立完善的研学旅行产品质量监督体系和研学效果评估机制显得尤为迫切。

1. 建立健全过程监督指导机制

围绕研学旅行的全过程,落实责任领导和阶段实施任务,对标课程目标及相关标准,从政府、行业、学校、企业等层面,建立健全以教育部门为主导,行业组织、学校和企业积极参与的研学旅行服务监督机制,实行一事一报、即事即报,及时纠错、杜绝影响扩大的监督指导工作机制。

要实现对研学旅行全过程的有效监督与指导,必须要建立健全相应的指标考核评价体系。从主体上,考核指标要求包括政府、学校、研学机构、旅行社、学生、教师等参与方;从内容上,考核指标要求覆盖细分课程目标制定、课程资源选择、实施步骤、操作方法、实施效果等方面,以全面掌握研学旅行的开展过程及实施效果。

2. 完善研学效果反馈评估机制

研学效果评估关系到研学旅行产品是否成功,研学旅行课程是否有效。一味强调过程而忽略后期的反馈检查与总结,很难评判研学旅行是否取得了实质性效果,也不利于研学旅行产品的优化升级。目前,针对研学旅行产品服务效果的后期评估尚没有权威的指导和测评机制,多是行业机构从整体运营角度对研学旅行产品进行评估和调整,而教育机构和学校无法真正评估一次研学效果的好坏。尤其是面对这种既涉及教育又涉及旅游的跨行业产品,如何保证研学达到效果?达到一个什么效果?如何衡量是否达到这种效果?要解决这一系列的问题就需要考虑教学目标的细化、行业标准的制定、反馈机制的建立等问题。

研学效果反馈评估机制是建立在全过程监督指导机制基础上的,每个阶段只要发现问题和缺陷,就要及时反馈,及时纠偏,使研学旅行尽快回到课程目标这个正确的轨道上来。除了阶段性反馈评估外,作为研学教育主导方,活动结束后学校应结合学校教育教学目标、研学服务规范要求、学生和学科教师实际反馈情况,对研学效果进行综合评价,并将相关信息反馈给承办方;承办方除出于运营角度对研学旅行产品进行评估外,还应综合考虑学校的反馈信息、研学活动的社会反响及评价,认真分析研学旅行产品及服务存在的问题与缺陷,从而有针对性地优化并提升研学旅行产品质量。

二、研学旅行产品设计的原则

研学旅行产品的设计应侧重于培养学生的实践能力和创新思维,让学生在实践中探索,在探究中发现,从而提高学生自主、合作、探究的能力。同时,必须注意实践的梯度,要由易到难、由近到远地开展研学旅行活动。还应关注学科之间的融合,化单一的旅行为综合的研学活动,在活动结束后要对研学成果进行展示和反思,从而提高研学旅行的实效性。因此,研学旅行产品的设计应该遵循以下六大原则。

(一)实践性原则

人的思维能力的发展源于实践,而人的创造性思维也必须在实践中接受检验并得到发展。学校开展研学旅行的目的是给学生提供更多的实践机会,从而激发并提高学生的创新能力。如果没有实践,学生思维的发展就失去了动力,创造就可能变成空想。正如求异性思维可能变成主观臆想,跳跃性思考可能变成随意的胡乱联系一样。因此,实践性原则是创造性思维的根本,它直接关系到其他原则是否能够贯彻落实,同时还统领着其他原则。因此,学校、研学基地也应把制订研学旅行产品关注的重点放在实践性原则上,多设计一些让学生参与实践的内容。只有让学生亲自动手实践,才能使他们有所得,使思维得到发展,进而提高创新能力。因此,可以根据不同地域,因地制宜地设计研学旅行产品。例如,在福建省龙岩市(在闽西革命红土地上),可设计"重走长征路"的研学旅行活动,而且产品的设计要突出学生的实践体验。具体来说,可以设计一个20公里的徒步拉练,让学生在行走中体验当年红军战士的艰难,认识团结与互助的重要性,从而锻炼意志,培养团队合作精神;可以设计"品尝红军饭"的实践活动,通过挖红薯、找野菜、熬稀粥,让学生体验红军战士革命的艰辛、生活的困苦;可以设计参观古田会议旧址的活动,让学生的心灵得到洗礼。红军战士不畏艰辛、百折不挠的顽强意志,信念坚定、排除万难的革命乐观主义精神,为了人民的幸福不畏流血、不怕牺牲的英雄品质,便自然而然地通过外化的研学旅行内化于学生心中。

(二)探究性原则

探究性原则是指学生通过研学旅行的科学探究活动获取知识,并在探究过程中学会科学的方法、技能和思维方式,从而培养科学精神,树立正确的科学观。调查显示,有70%以上的中小学生在遇到问题或难以解决的事情时会退缩和逃避,即有畏难情绪。而探究性研学旅行则有利于学生针对具体问题进行探究活动,从而培养学生的自信心。学生在面对问题时,需要做出各种猜测,想尽办法解决问题,在解决问题的过程中,要进行推理、分析、判断,从而找出问题的症结,然后通过观察、实践来进一步验证。研学旅行恰好能提供一个很好的验证机会。

例如,学生对大自然中的声、光、电的认识模糊,并只停留在表面,这时教师就可设计一个"走进科技馆"的研学旅行活动,让学生在科技馆中探究声的传播方式、发现光的秘密、理解雷电产生的原理,体验视错觉的奇妙并认识其应用等。这样,学生的求知欲与创新思维就会得到激发。又如,在开展"寻找春天足迹"的研学旅行活动前,可让学生先做好如下功课:设计问题如何寻找春天;了解所处地域的春天有什么特点;为什么会产生这样的现象;如何展示春的美等。让学生针对这些疑惑寻找答案,通过探索问题、解决问题,以此消除学生逃避、退缩的思想,进一步提升学生的探究能力。

(三)梯度性原则

梯度性原则是指针对不同年龄学生的特点设计研学旅行产品,其难度应有层次性,范围应有延展性,形式应多样化,注意要避免一刀切、难度相当、形式相近、训练能力模式化、活动开展机械化、研学方式简单化等情况。例如,针对小学生年龄小,掌握的文化知识、生活技能有限的特点,较适合就近开展一些生动有趣的乡土乡情类研学旅行活动;对于初中生,则可更深入地开展一些有关县情、市情的研学旅行活动,而且应侧重于实践性、探究性;对于高中生,可开展有关省情、国情的研学旅行活动,对学生进行爱家乡、爱国家的教育。在设计小学生的研学旅行产品时,也应充分考虑到低、中、高年级不同年龄阶段学生的兴趣爱好和知识技能等。

针对小学低年级学生好奇心和求知欲强、认知能力较低、自我防护意识较差等特点,在设计研学旅行产品时就应考虑在学校附近开展研学活动,如优先考虑去城区内的动物园、植物园、主题公园等地进行研学旅行,并邀请家长共同参与设计亲子互动游戏,既有利于亲子互动增进情感,也有利于家校融合,更有利于学生的安全保护。针对小学中高年级学生的知识储备较多、能力相对于低年级学生有所提高,则应侧重于培养他们的独立性、自主探究能力和创新思维。因此,在设计研学旅行产品时应有梯度性,这样有利于研学旅行活动的深入开展,也有利于提高学生的实践探究与创新能力。

(四)融合性原则

融合性是指研学旅行应与学科相结合,不能把它当成一种简单的旅游。例如,将研学旅行与语文学科相融合,可结合新课标人教版小学四年级《语文》下册第六单元里的一个综合性学习题目——"走进田园"开展活动。虽然部分学生有过在乡村生活的经历,但并未有意识地去调查了解、深入感受田园生活。因此,教师可设计一个"走进田园,热爱乡村"的研学旅行活动。首先要确定研学目标,采用多种方法观察、领略田园四季景色的变化、农作物及农家生活的变化,采用各种方式感受、体验乡村生活,培养学生收集信息、观察探究、团队协作、解决问题等方面的能力。此后要针对目标选定主题,如以"领略田园风光""体验农村生活""畅想未来新农村"等为主题。

再如,在开展"关爱母亲河"的研学旅行活动时,可将研学目标确定为:采用各种形式调研排查母亲河的污染源,了解水污染造成的危害,形成调查报告;开展"我为母亲河净化"的宣传活动;捡拾河边垃圾,体验护河工人的艰辛;举办有关母亲河的过去、现在、未来的摄影书画展。通过以上内容培养学生探究调查、团结合作、解决问题等能力。还可将研学主题确定为:通过母亲河净化活动的开展,成立母亲河"三小员"活动小组,即"我是小小调查员""我是小小宣传员""我是小小守护员";开展"我心目中的母亲河"主题活动,通过摄影作品、手抄报、书画作品等展示"我心目中的母亲河"。

如上所述,要把研学旅行与语文、科学、艺术、品德与社会等学科融合起来,让研学旅行真正凸显出"研学"这一特征。

(五)有效性原则

有效性是指完成策划活动和达到策划结果的程度。判断研学旅行产品设计是否体现了有效性原则,主要是看能否完成事先设定的目标,并进行验证展示评估,以强化研学所得。因此,为了提高研学旅行的有效性,研学目标一定要明确。可设定任务单,要求学生在研学过程中做好记录,研学结束后进行成果汇报答辩,进一步巩固并深化研学成果。

例如,在设计开展"走进田园,热爱乡村"的研学旅行活动时,可将研学目标设定为:走进农村乡间,开展拍摄美丽的田野风光、农民生活劳动场景、家禽家畜的活动;开展田园诗歌朗诵活动,搜寻描写田园风光的诗歌;参与农民生产劳动,体验农村生活的乐趣,了解农作物生长和家禽、家畜养殖等情况,收集农业谚语;了解农村生活的变化和风俗习惯,对未来的新农村进行畅想、描绘。

还可通过以下四种途径,对研学结果的有效性进行验证。

一是"田园风光"图片展。通过举办田园四季风光和农民生活劳作图片展,让学生了解农作物生长常识,同时培养学生的观察能力、语言表达能力等。

二是"田园诗"诵读。通过该活动提高学生欣赏古诗的能力,让他们在领略诗歌意境美的同时,增进对乡村的了解,培养对古诗词的热爱之情。

三是"乡村故事会"比赛。通过收集乡村生活中喜闻乐见的故事,感受乡村生活的质朴与纯真,培养学生口语表达和书面写作的能力。

四是畅想未来新农村。培养学生从小热爱农村、热爱大自然之情,树立为未来新农村建设与发展作贡献的信念。

(六)安全性原则

安全是研学旅行的第一要务,若没有安全保障,一切就无从谈起。为了提高研学旅行的安全性,在设计研学旅行产品时就要充分考虑每个环节的安全问题,要分工明确、责任到人、职责落实到位。同时,要制订好安全预案、突发事件处置预案等,确保活动顺利进行。为保障师生安全及消除后顾之忧,学校应为每位师生购买意外伤害保险,保额不应低于所在地的平均水平。

研学旅行产品设计,除了要注重以上原则外,还应遵循教育性原则、公益性原则等。总之,研学旅行产品设计是一门学问,只有设计周全,才能确保研学旅行活动高水平、高效率、高质量地开展。

三、研学旅行产品设计的要求

研学旅行作为一种综合性实践课程越来越受到各级各类教育教学机构的青睐和重视。想要充分发挥研学旅行的作用,推动培养全面发展人才,促进教育高质量发展,研学旅行产品设计必须满足以下要求。

（一）产品基本理念要求

研学旅行产品设计以全面落实立德树人根本任务为宗旨,帮助学生了解乡情、市情、省情、国情,使中小学生开阔眼界、提升家国情怀;着力提高他们的社会责任感、创新精神和实践能力;促进学生培育和践行社会主义核心价值观,激发学生对党、对国家、对家乡、对人民的热爱之情;创新人才培养模式,引导学生主动适应社会,推动全面实施素质教育;增强学生对中国特色社会主义的道路自信、理论自信、制度自信和文化自信,全面落实教育立德树人的根本任务。

（二）产品设计要求

1. 需求调查

应了解委托方和学习者的研学需求,掌握学习者的认知特征,获取本次研学活动需要的相关信息。针对中小学生的研学旅行产品还需深度了解学校、教师、家长和学生对研学的期望和要求。

2. 产品定位

应与委托方一起研讨确定研学目标和主题。研学目标应包括价值体认、责任担当、问题解决、创意物化等。研学主题可包括自然类、历史类、地理类、科技类、人文类、体验类等多种类型。

3. 资源考察

应基于研学目标和主题,现场考察比对适合的研学资源,明确研学目的地、旅游交通、研学服务接待等情况,确保提供高品质研学旅行产品的资源基础。

4. 课程开发

应基于研学目标和主题拟定研学内容和方法,设计开发课程知识点、能力素质训练内容、态度塑造和改变过程;从出行前的前置课程、研学中的核心课程和研学后的提升课程三个方面进行设计;配置能够胜任的研学导师、讲解员、辅导员以及志愿者;开发制作研学手册、研学教具、教学指南等。

5. 行程策划

应根据研学目标、研学主题和研学内容确定线路和行程,合理配置交通、住宿、餐饮等各方面资源。

6. 产品测试

应从学习者的角度进行产品体验感、流畅感和安全性的测试,确定各项设施设备运转正常,保证教具用品的数量、质量,及时处理测试发现的问题。

7. 活动实施

应按策划要求实施研学活动,在研学过程中认真观察,收集信息,监控研学品质,保证达到预期的效果。

(三)产品保障要求

1. 建立安全责任体系

各地要制定科学有效的中小学生研学旅行安全保障方案,探索建立行之有效的安全责任落实、事故处理、责任界定及纠纷处理机制,实施分级备案制度。做到层层落实,责任到人。教育行政部门负责督促学校落实安全责任工作,审核学校报送的活动产品(含保单信息)和应急预案。

2. 纳入中小学教育教学计划

学校根据教育教学计划灵活安排研学旅行时间。一般安排在小学四到六年级、初中一到二年级、高中一到二年级,尽量错开旅游高峰期。学校根据学段特点和地域特色,逐步建立小学阶段以乡土乡情为主、初中阶段以县情市情为主、高中阶段以省情国情为主的研学旅行活动课程体系。

3. 加强研学旅行基地建设

各基地要将研学旅行作为理想信念教育、爱国主义教育、革命传统教育、国情教育的重要载体,突出祖国大好风光、民族悠久历史、优良革命传统和现代化建设成就,根据小学、初中、高中不同学段的研学旅行目标,有针对性地开发自然类、历史类、地理类、科技类、人文类、体育类等多种类型的活动课程。教育部将建设研学旅行网站,促进基地课程和学校师生间有效对接。

4. 健全经费筹措机制

各地可采取多种形式、多种渠道筹措中小学生研学旅行经费,探索建立政府、学校、社会、家庭共同承担的多元化经费筹措机制。交通部门对中小学生研学旅行公路和水路出行严格执行儿童票价的优惠政策,铁路部门可根据研学旅行需求,在能力许可范围内积极安排好运力。

5. 规范研学旅行组织管理

各地教育行政部门和中小学要探索制定中小学生研学旅行工作规程,做到"活动有方案,行前有备案,应急有预案"。学校组织开展研学旅行可采取自行开展或委托开展的形式,提前拟订活动计划并按管理权限报教育行政部门备案,通过家长委员会、致家长的一封信或召开家长会等形式告知家长活动意义、时间安排、出行线路、费用收支、注意事项等信息,加强学生和教师的研学旅行事前培训和事后考核。

本章小结

本项目的主要内容包括三个方面：一是研学旅行产品设计的理论、研学旅行产品设计的概念和研学旅行产品设计的战略；二是研学旅行产品设计的内容、研学旅行产品设计的要素、研学旅行产品设计的流程和研学旅行产品设计的意义；三是研学旅行产品设计的方法、研学旅行产品设计的原则和研学旅行产品设计的要求。

学习思考

1. 理解研学旅行产品设计的概念。
2. 了解研学旅行产品设计的理论。
3. 简述研学旅行产品设计的内容。
4. 简述研学旅行产品设计的要素和流程。
5. 简述研学旅行产品设计的意义。
6. 简述研学旅行产品设计的方法和原则。

第三章
研学旅行产品课程设计与实施

学习目标

1. 了解国内外研学教育的发展实践。
2. 了解国内研学的相关政策指导和理论基础。
3. 熟悉研学旅行课程设计的主要内容和具体分类。
4. 熟悉研学旅行课程设计的策略。
5. 掌握研学旅行课程设计的性质、理念和目标。
6. 掌握研学旅行课程设计的过程和构成要素。

知识框架

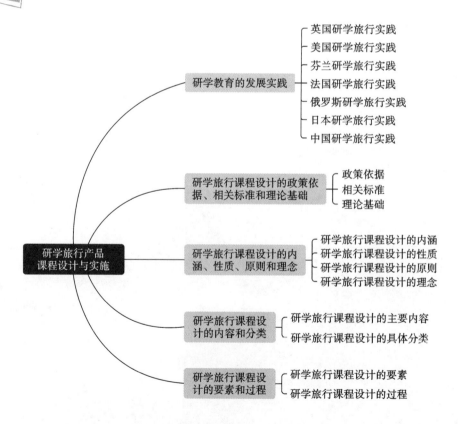

第三章 研学旅行产品课程设计与实施　　051

1. 研学旅行课程设计的过程和构成要素。
2. 研学旅行课程设计的策略。
3. 研学旅行课程设计的性质、理念和目标。

　　遵义会议纪念馆是全国红色旅游经典景区，国家 4A 级旅游景区，国务院公布的全国第一批重点文物保护单位，全国青少年教育基地，全国爱国主义示范教育基地，是中国革命纪念博物馆。遵义会议纪念馆为纪念 1935 年 1 月中国共产党在遵义举行的中共中央政治局扩大会议而设立，位于贵州省遵义市红花岗区子尹路 96 号，1955 年 10 月对外开放。

　　馆舍介绍：该馆馆址是遵义会议会址，会址为全国重点文物保护单位。位于老城杨柳街的红军总政治部旧址，以及位于新城幸福巷的遵义会议期间毛泽东、张闻天、王稼祥住处，均属于遵义会议会址的组成部分。遵义会议纪念馆以复原陈列为主，先后复原展出了会议室，军委总司令部一局（作战）办公室，毛泽东、朱德、周恩来、张闻天、王稼祥、刘少奇、刘伯承、彭德怀、杨尚昆、李卓然等同志住室。1984 年，恢复了红军总政治部旧址全貌，利用旧址房屋，开设了遵义会议辅助陈列室。陈列内容有红军长征，进军贵州；遵义会议；四渡赤水之战 3 部分。展线长 160 米，展出革命文物、历史照片、图表资料 236 件。

　　历史沿革：1953 年筹建，1955 年对外开放。馆藏文物 500 余件；历史资料 3978 份；资料图书 1426 册。1964 年 11 月，毛泽东为遵义会议会址题字；1984 年，邓小平为红军总政治部旧址题写了匾牌，为遵义红军烈士陵园纪念碑题写了"红军烈士永垂不朽"八个大字；1993 年，遵义会议纪念馆被国家文物局选定为"全国优秀社会教育基地"；1995 年，遵义会议纪念馆被团中央命名为"全国青少年教育基地"；1996 年 9 月，遵义会议纪念馆被国家教委、团中央、国家文物局、文化部、民政部、解放军总政治部联合命名为"全国百个中小学爱国主义教育示范基地"；1997 年 6 月 11 日，遵义会议纪念馆被中共中央宣传部公布为 100 个爱国主义教育示范基地。

　　馆藏文物：据有关资料显示，该馆馆藏文物 1551 件。其中原物 726 件，复制品 667 件，仿制品 158 件。

第一节　研学教育的发展实践

　　国外研学旅行的历史与思想可追溯至 16 世纪英国的贵族教育。16 世纪法国思想家卢梭的自然教育理论提出自然教育,认为自然人应当服从自然的法则,符合人的身心发展的自然规律,倡导儿童进行自然而然的学习。自然教育的思想还可以追溯到古希腊亚里士多德的自然适应原理与教育效法自然的思想。17世纪英国哲学家斯宾塞的自然教育理论,在肯定尊重儿童身心发育自然过程的自然教育原则基础上,引申出"大自然的教育"的观念。他认为,大自然是世界上最伟大的教师,在本质上,大自然是任何教育的源头,既可以培养儿童的美感,又可以启发儿童的悟性。20世纪初,英国童子军、英国女童军、美国童子军、世界童军运动组织相继成立,童子军课程包括童军智能、露营技能和森林知识三大方面,极大地提高了他们的综合素质。20世纪至今,在联合国的倡导下,以环境教育为代表,自然教育广泛发展。1972年,联合国人类环境会议正式提出"环境教育"理念。1975年,《贝尔格莱德宪章》提出应在正规教育及非正规教育中开展环境教育,环境教育应是所有人的普及教育。相比较而言,国外研学旅行的发展虽不如我国研学旅行历史悠久绵长,但这种通过旅行实现特定教育目的的方式和举措,已成为美、英、日等国家现代教育体系的重要组成部分,其发展迅速并带有各国特色,可为我国研学旅行的发展提供重要的参考和借鉴。

一、英国研学旅行实践

英国历来崇尚研学旅行,"the grand tour"专门用于指英国大学生毕业前的大陆旅行。早在17世纪,英国王室就有教师带领王子们周游列国的先例;到了18世纪,这种游学普及到英国上流阶层;到19世纪,倘若当时英国的青年学生,尤其是贵族子弟没有海外研学旅行经历的话,往往会被人瞧不起。如今,很多英国家长会选择在暑假带着孩子一起旅行,那些没有家庭出游计划的学生也会参加学校组织的旅行,在旅途中学习知识。因欧洲各国间距离较近,所以英国学生赴欧洲地区其他国家研学旅行要比非欧洲国家学生更便利一些。英国的中小学研学专家和教师普遍认为,评价研学旅行的方法之一是征求反馈意见。教师可以向参与者和其他陪同人员发送意见调查表,了解他们对此次活动的评价意见。学生通过反思,提交学习日志进行反馈。

二、美国研学旅行实践

研学旅行在美国中小学是一项普遍开展的教育教学活动,主要以营地教育形式开展。

美国是营地教育的起源地,发展至今已有一百多年的历史。据美国营地协会统计,美国拥有1.4万个营地,每年有1000万左右儿童和青少年、100万成人参加营地教育。营地教育以体育运动、创作、创意思维和户外技能为主要内容。营地教育的理念深深影响着美国的一代又一代,许多美国人祖孙三代的成长都受益于营地环境,甚至每年都会找固定时间回去,看看自己发生的巨大改变。如果从营地教育兴起的1861年开始,到2021年,30位美国总统中,共有19位曾参与营地教育;1969年,12位登月宇航员中只有1位没有在童年时期参加过营地活动。哈佛大学前任校长查尔斯·W.艾略特认为:夏令营活动是美国为教育界做出的最大贡献。在营地精心组织的活动里获得的几周的教育,其价值也许比得上在常规学校整整一年的学习。

"去哪里？研学什么？"是美国中小学安排研学旅行时重点考虑的问题。制定研学方案时，他们会注意结合学生的兴趣，在学生参与讨论后做出选择，使研学旅行从一开始就变得生动有趣，具有吸引力，成为学生向往的、挑战心灵、激发想象力的教育和教学活动。在增长知识、开阔眼界的同时，收获课堂上所没有的刺激、兴奋和愉悦，这正是研学旅行活动受到学生普遍欢迎的重要原因。研学旅行归来，总结和评价是一项必不可少的环节。评价是美国学校和教师引导学生开展研学旅行的一种重要手段。科学而得体的评价，使参加研学旅行的学生明白过去做得怎么样，今后应当怎么做。应用学习五项考查评价标准为问题解决、交流的手段与技巧、信息首选与技巧、学习与自我管理手段与技巧以及与他人合作的手段与技巧，与此相关的九大能力考查评价标准为信息收集和整理、思想和信息的交流、资源的安排与组织、团队协作、问题解决、数据的运用和技巧、技术的运用、学与教的应变能力、系统的理解和设计能力。评价贯穿于研学的整个过程，即问题的提出、立项、实施、总结、表达和交流等各个环节。

三、芬兰研学旅行实践

芬兰是世界前沿创新教育的代表，领航全球的创新教育。芬兰是一个拥有五百多万人口的国家，国土面积33.8万平方公里，但却拥有上百家营地。可以说，芬兰的教育系统就是一个大营地概念。芬兰教师始终秉持一个教育观念："如果你评估数据的话，你就会忽视人性。"对于芬兰青少年而言，整个营地环境都是他们的开放式教室。这种"现象式教学"（跨学科学习模块）同时贯穿不同学科和领域，需要具备横贯能力。

芬兰《基础教育法案》规定，除掉在校上课、往返学校及完成家庭作业之外，应让学生有足够的时间休息、放松和发展爱好。据2011年国际数学与科学趋势研究（TIMSS）调查，芬兰是对学业成绩关注度较低的国家之一，而英国、美国、澳大利亚是关注度较高的国家。97%的俄罗斯教师表示他们每两周左右会对学生进行一次数学测试，美国为77%，而芬兰的这一比例只有1%。芬兰中小学生校内学习时间短、作业与校外培训负担轻，能够自由支配的闲暇时间自然而然较多，这为参加丰富多彩的课外教育活动，发展兴趣特长、发掘展现天赋提供了必要的时空保障。

芬兰认为中小学课外教育具备多方面育人价值，是家庭教育和学校教育的重要补充。尊重和发掘儿童"天赋"，让儿童有足够的时间与空间来认识和探索自我，激发、培养儿童的兴趣和潜能，促进五育均衡和多元发展，让之后的人生道路多些选择与乐趣。因此，全球公认教育水平第一的芬兰，时常把课堂放进森林里。儿童在大自然中，在教师的带动下，有目的地调动自己的视觉、嗅觉、味觉、听觉、触觉，认真地去观察、倾听、触摸、感受，通过感官的接触，对大自然形成亲切直观的认识。

四、法国研学旅行实践

在法国，研学旅行并未形成系统的教育理念或者教学方式，但在法国的基础教育领域，研究性学习得到了普遍的认可与推广，法国的这种类似于课题系统研究的、独特的研究性学习，实际上也包含研学旅行的成分，特别是他们的TPE模式。研究性学习是引导学生从学习和生活中获取课题，自主思考、研究设计、调控制作与总结评价，目的是培养学生发现问题、解决问题的能力,激发学习主动性,以便更好地获得文化知识和科研方法,以多元、开放的思维来面对未来社会挑战。在法国,这种学习方式被称为TPE模式,即有指导的学生个人实践课程。法国教育局认为,学科教学的分隔影响了学生对基础知识的获得,阻碍了学科与周围环境的联系。主张学生根据兴趣组成小组自主学习,是巩固所学知识的有效教学方式。开展"多样化途径"教学,目的是强化学科知识综合,引导学生在实践中更好地运用所学知识。"多样化途径"教学实验得到了学校和社会各方面的好评。1999年法国政府进一步规定,从2000年9月起"多样化途径"教学实验从初二推广到初三,在初三新增综合实践课作为必修课。对初三学生,除了强调多学科综合和学生的自主学习外,还要求学生要有个人成果,成果可以集体完成,评分计入毕业成绩中。

五、俄罗斯研学旅行实践

俄罗斯是世界上拥有营地数量最多的国家,全国有55000个营地,每年为600万青少年提供服务,75%的学生都会参加营地教育,其营地教育模式是全世界最成熟的。世界上面积最大的营地——阿泰克,位于俄罗斯克里米亚南部,占地218公顷,可以同时容纳3000多名营员。阿泰克每年都会开展数十个主题营,每个营期共21天。每个营区的风格也不同,包括海洋营地、蔚蓝营地、森林营地、湖泊营地、水晶营地等。营地所有营员都是通过严格选拔出来的并且是某一领域的佼佼者。与阿泰克营地一样,俄罗斯其他青少年营地,无论是过去还是现在,都是国际教育合作交流中亮眼的名片。

六、日本研学旅行实践

日本的研究旅行称为修学旅行,这一活动可追溯到明治时代。1882年,栃木县第一中学的学生在教师的带领下,参观了在东京上野召开的第二届劝业博览会,被认为是日本学生修学旅行的开始。在日本,普遍主张修学旅行不是游山玩水,而是一种学习活动,选择主要目的地去修学旅行,需要安排进场工作、地域调查、采访活动、总结活动等。为了更好地了解社会,日本初中的修学旅行通常以小团体的方式,组织学生参观出版社、报社、电视台等,以便学生开阔视野、了解社会。在高中,为了帮助学生了解升学、促进就业,通常把大学和研究设施作为参观目的地。具体做法是,大城市圈外的学校以大城市圈为参观目的地,大城市圈内的学校则组织学生去北部地区,以加深对农业等大城市圈外的产业、社会、文化的理解。此外,若在大规模博览会举办期间举行修学旅行,很多都会以参观博览会为主要内容,如参观大阪世博会、爱知世博会等,同时结合组织到周边地区的观光地、产业设施等开展修学旅行。东日本大地震后,也有学校为了使学生认识地震灾害,学习防震知识,组织学生去受灾地修学的。为了减轻监护人的负担,在组织修学旅行时,通常设置旅行期上限。有的设置总行程的上限,小学原则上是两天一夜,中学原则上是六天五夜。

1996年,日本文部省(教育部)研究会在关于充实青少年的野外教育的报告中,将自然体验活动定义为在自然中,充分利用自然所开展的各种活动。日本促进"自然教育"的政策有《环境教育等促进法》《自然公园法》《环境教育指导资料》等法律法规。日本全国 3700 多所自然学校,其中国立自然教育学校 28 家,县立青少年之家 300 多家。每年日本政府会向国立、县立青少年之家划拨专项资金,并设定每年青少年使用设施的人数。日本大多数自然教育学校以"公益性"为主,自然学校的活动一直集中在"青少年教育、环境教育、自然保护、地方振兴"四大主题上。

七、中国研学旅行实践

中国古代的游学可以追溯到公元前 770 年,以先秦诸子百家的游学活动为代表。游学是最为传统的学习和教育方式,被历代各阶层人士所重视,在中国古代社会产生重要影响,真正实践了"读万卷书,行万里路"的古训。"游学"一词较早见于《史记·春申君列传》的"游学博闻",后见于《论语》的"志于道,据于德,依于仁,游于艺",《庄子·刻意》的"教诲之人,游居学者之所好也",陶渊明《饮酒》诗中的"少年罕人事,游好在六经",《辞源》上的游学即"周游讲学,外出求学"。所谓游学即行为主体通过旅行、旅游的方式,以提高道德修养、陶冶情操、增长见识、实现政治抱负等为主要目的的异地求知、修身、交友、救国等性质的积极活动,是传统学习和教育的一种方式。"游"与"学"二者存在着辩证关系,游是途径,学是目的,游学是求知、修身、入仕、交友、救国等的重要途径,是在非惯常环境下的体验式学习。中国古代游学活动时间跨度从春秋战国时期至今,游学内容丰富,游学目的明确,游学规模不断扩大。

春秋战国时期百家争鸣,士人游学络绎不绝,游学活动逐渐兴盛起来。孔子、孟子、荀子周游各地,宣传仁义礼乐。游说之盛的四大公子——赵国平原君、齐国孟尝君、魏国信陵君、楚国春申君纳贤养士,游说治国平天下。

秦汉时期游学和经学密切联系,出现了士家子弟通过游学学习经学,获取仕途。游学丰富了众多学子、士人的知识和阅历,也成就了许多名人名著,代表人物有司马迁等。

魏晋南北朝时期,形成了独具特色的"玄游""仙游""佛游",游学寄情、寄理于自然,代表人物有阮籍、嵇康、向秀、刘伶、陶弘景等。

隋唐时期,游学演变为漫游南北、山水田园游以及佛游的求学、求仕、体验游,代表人物有李白、杜甫、王维、玄奘。

两宋时期的游学奉行"游中未敢忘忧国""景物理趣、明性见理"的游学理念,代表人物有王阳明、朱熹等。

元代出现了盛行一时的游学之风,儒学之游、从师之游、书院义塾之游兴盛起来。

明代形成了求知自然山水和探索科学奥秘的游学之风,代表人物主要有李时珍、徐霞客等。

清代形成了重实学、讲致用的游学之风,同时游学国外也是当时典型的游学方式,代表人物有顾炎武、潘耒、张之洞、胡适等。

20 世纪 30 年代,著名教育家陶行知抱着教育救国理想,积极倡导"知行合一"理论,认为"行是知之始,知是行之成",推行"生活即教育,社会即学校"的新教育理念。新安旅行团就是践行陶行知教育理论的先行者,是儿童生活教育的典范,开创了我国研学旅行的先河。

游学发展到近代演变成了有志之士探索救国救民的游历,造就了一大批出色的政治家、科学家及团体,如康有为的旅游实践与维新变法运动、毛泽东的游学活动等。这一阶段的游学也表现为学工学农实习、爱国主义教育、野外考察等，都是学校自发组织的，并无校外机构参与组织，教学内容缺乏标准化、专业化、体系化。受当时的社会经济发展水平、教育管理体制以及宏观管理政策限制，国内旅游市场还没形成，从学校到学生家长都没有研学旅行的需求，国家对于研学旅行也没有制度性安排。

进入新世纪，伴随着国内旅游的兴起，第一代研学旅行的学生家长群体出现，研学旅行热持续升温，旅游主管部门和教育部门共同发力，协同推进，引导市场发展。

第二节 研学旅行课程设计的政策依据、相关标准和理论基础

一、政策依据

《国家中长期教育改革和发展规划纲要（2010—2020年）》的内容主旨是推进素质教育改革试点、义务教育均衡发展改革试点等。研学旅行作为我国全面推行素质教育的一项重要内容，对于促进中小学生全面发展，推动基础教育改革，促进经济社会发展具有重要意义。国务院、教育部、文化和旅游部等有关部门相继出台了一系列有关研学旅行发展的重大方针政策。

2012年12月，教育部印发了《关于开展中小学生研学旅行试点工作的函》，确定了安徽、江苏、西安、上海为第一批研学旅行试点地区。可以说，2012年是我国研学旅行发展的元年，随后研学旅行工作进入了发展的快车道。

2013年2月，国务院办公厅印发了《国民旅游休闲纲要（2013—2020年）》，首次提出"逐步推行中小学生研学旅行"的设想。

2014年7月，教育部发布《中小学学生赴境外研学旅行活动指南（试行）》，对中小学学生寒暑期赴境外游学团体的教学内容、时空跨度和安全责任机制等做了规定，其中特别指出，境外研学旅行的教育教学内容和学习时长所占比例一般不少于在境外全部行程计划的1/2。

2014年8月，国务院办公厅发布《关于促进旅游业改革发展的若干意见》，首次明确了"研学旅行"要纳入中小学生日常德育、美育、体育教育范畴。要"按照教育为本、安全第一的原则，建立小学阶段以乡土乡情研学为主、初中阶段以县情市情研学为主、高中阶段以省情国情研学为主的研学旅行体系。"

2015年8月，国务院办公厅印发的《关于进一步促进旅游投资和消费的若干意见》包含有以"支持研学旅行发展"为主题的整条意见（第十五条）。

2016年12月，教育部、发改委、财政部、文化部、旅游局等11部门联合印发《关于推进中小学生研学旅行的意见》（以下简称《意见》），进一步明确研学旅行的内涵，对推进中小学生研学旅行工作的重要意义、工作目标、基本原则、主要任务、组织保障等做了具体部署，成为指导近些年研学旅行发展的纲领性文件，标志着我国中小学研学旅行已从试点探索转入全面推开。

2017年5月1日，国家旅游局发布的《研学旅行服务规范》正式实施。《研学旅行服务规范》对研学旅行服务的术语和定义、总则、服务提供方基本要求、人员配置、研学旅行产品、研学旅行服务项目、安全管理、服务改进和投诉处理等，均做了相应的界定。规范要求研学旅行的承办方提供的产品必须结合实际教育目标以及不同学段的特点进行设计。规范提出，小学低年级应以乡土乡情研学为主，小学高年级应以县情市情研学为主，初中年级应以县情市情省情研学为主，高中年级以省情国情研学为主。《研学旅行服务规范》将研学旅行服务项目具体细化为教育、交通、住宿、餐饮、导游讲解以及医疗救助等，促进了研学旅行服务流程的标准化，为研学旅行活动的规范化提供了蓝本。

2017年9月，教育部发布《中小学综合实践活动课程指导纲要》，明确要求要将包括研学旅行在内的综合实践活动与学科课程并列设置，列为中小学生必修课程，作为基础教育课程体系的重要组成部分。在研学旅行中，学生通过集体旅行、集中食宿等方式开展研究性学习与旅行体验相结合的校外教育活动，自小学一年级至高中三年级全面实施。至此，中小学研学旅行正式进入中小学生必修课程行列。

各地区积极贯彻落实《意见》，纷纷出台相应的政策。浙江、黑龙江、江西、广东、海南、四川、甘肃、湖南等省份制定了推动中小学生研学旅行的实施意见，天津下发了《关于认真做好研学旅行工作的通知》，山东青岛制定了《中小学研学旅行工作管理办法(试行)》，江西的南昌、赣州，重庆的黔江、渝中等地也出台了实施意见。这些具体实施意见的出台，推动了以中小学生为主体的研学旅行在更大范围内开展起来。

二、相关标准

伴随着研学旅行成为旅游市场的新热点，为了规范研学旅行服务流程，提升服务质量，引导和推动研学旅行健康发展，2016年12月，国家旅游局发布了《研学旅行服务规范》(LB/T 054—2016)，该标准规定了研学旅行服务项目、旅游产品类型、人员配置、安全管理等方面的内容，适用于国内组织开展研学旅行活动的旅行社和教育机构。

为了规范和引导研学旅行指导师队伍的健康发展，为了规范和提升研学旅行基地(营地)服务质量，2019年2月，中国旅行社协会、高校毕业生就业协会等联合发布《研学旅行指导师(中小学)专业标准》(T/CATS001—2019)、《研学旅行基地(营地)设施与服务规范》(T/CATS002—2019)，前者是研学旅行指导师培养、准入、培训、考核等工作的重要依据，后者是引导旅行社正确选用合格研学旅行基地(营地)供应商的参考依据。有关研学旅行相关标准的出台，有助于引导研学旅行向着标准化、规范化以及高质量化的方向发展。

三、理论基础

(一)课程理论

拉尔夫·泰勒是美国著名课程理论专家和教育学家，也是科学化课程开发理论的集大成者。他对教育评价理论和课程理论做出了卓越贡献，被誉为"当代教育评价之父"。他的代表作品《课程与教学的基本原理》被誉为"现代课程理论的圣经"。泰勒原理被公认为课程开发最完美、最简洁和最清楚的阐述，开启了科学化课程开发理论发展的新历史阶段。

泰勒原理主要围绕以下四个基本问题展开：一是学校应该达到哪些教育目标？二是需要提供哪些学习经验才能实现这些目标？三是怎样才能有效地组织这些学习经验？四是怎样才能确定这些目标正在得到实现？

围绕这四个基本问题，泰勒提出了课程编制的四步骤：确定教育目标、选择学习经验、组织学习经验和评价结果。

(二)生活教育理论

生活教育理论是陶行知先生于20世纪30年代提出的。他以当时中国的教育实情为出发点，对美国教育学家杜威的实用主义教育理论进行吸收与改造，逐步形成中国本土化的生活教育理论。

生活教育理论内涵极其丰富，主要可以概括为"生活即教育""社会即学校""教学做合一"三大思想。"生活即教育"是陶行知生活教育理论的中心思想。陶行知的"生活即教育"思想主张把学生从学校这个"鸟笼"中释放出来，从实实在在的生活中获得教育。"社会即学校"实际上是"生活即教育"思想的一种具体指导。同样"社会即学校"是对杜威"学校即社会"的改造，"社会即学校"体现出陶行知摒弃了杜威狭隘的学校观，将传统意义上的学校的范围扩大，将学校的教育理念、教育资源、教育环境、教育方法等丰富化。"学校即社会"有两层含义。一是社会含有教育的功能，教育不再局限于学校这种固定场所，社会也可以是教育的阵地，教育内容可以源于自然万物，而不仅仅是书本。只有拆除学校教育与社会生活之间的隔墙，才能将社会办成一所伟大的学校，这样可以自然而然地动员社会的教育力量，吸纳社会资源来推动学校的发展。二是学校含有社会的意味，学校培养的人才终究要回归到社会，服务于社会，那么以此通过学校的力量也在帮助社会进步，促进社会的快速发展。"教学做合一"是针对传统课堂脱离实践活动、重教过度、忽视学生的主体地位提出的，是对"生活即教育""社会即学校"思想的贯彻实施，是生活教育理论中的一种创造性教学方法论。陶行知曾指出教育应当培植生活力，使学生向上长。"教学做合一"旨在培养有生活力的人，倡导让学生通过"做"，培养解决生活问题、担当社会责任以及改造社会的生活力。"教学做合一"的基本内涵主要是厘清"教""学""做"三者的关系。"教""学""做"是生活的三个方面，而不是三个各不相谋的过程，"教"和"学"围绕"做"这一实践中心来实现有机统一。

(三)建构主义学习理论

建构主义学习理论认为学习是一个积极主动的建构过程。学习者不是被动地接受外在信息，而是根据先前认知结构主动地和有选择性地知觉外在信息，建构当前事物的意义。知识是个人经验的合理化，而不是说明世界的真理。因为个体先前的经验毕竟是有限的，在此基础上建构知识的意义，无法确定所建构出来的知识是否就是世界的最终写照。知识的建构并不是任意的和随心所欲的。由于学习者的建构是多元化的，学习情感存在一定的特殊性、个人的先前经验存在独特性等特征，在建构知识的过程中不可避免地会受到当时社会文化因素的影响，需要与他人磋商并达成一致，不断地加以调整和修正。

(四)多元智能理论

20世纪80年代,哈佛大学的教育学家霍华德·加德纳在《智能的结构》一书中提到了一种关于智力与其性质的理论,即多元智能理论,简称为MI理论。它源于加德纳在哈佛大学教育学院负责的"零点项目",主要研究人类潜能的本质和开发。他认为,智力并非为少数人拥有的东西,也不可用检测来衡量,每个人都不同程度地拥有一些智力并表现在生活中的各个方面。它是一种在社会中或是在特定文化背景下制造产品和解决问题的能力。智力的基本性质是多元的,不是一种能力而是一组能力。多元智能理论的产生有着复杂的社会背景。在传统智能测试引发的学术思考和批判、优质教育追求的社会氛围、加德纳本人多年的研究积累经验等诸多因素影响下,促使了多元智能理论的产生。与此同时,对智能类型和符号系统关系的研究,对不同智能领域需要不同操作系统和神经机制的研究,以及对某种能力迁移性的研究等都为多元智能理论奠定了基础。

第三节 研学旅行课程设计的内涵、性质、原则和理念

一、研学旅行课程设计的内涵

研学旅行课程是国家规定、地方指导与管理、学校开发与实践的必修课程,是一门与学科课程有着本质区别的使学生长远受益的课程。研学旅行课程是促进学生全面发展、落实学生发展核心素养的一种创新型综合实践课程,既有传统课堂教学的一些教育特征,又有户外教育的某些特有功能。它把课堂搬出学校,通过户外的游览、体验与交流活动,让学生在阅览风土人情中提升认知,是培养学生探究精神和合作意识的重要手段。从研学旅行的课程属性和研究性学习方式上来看,它具有教育性、系统性、实践性、科学性、知识性和趣味性等特点,其学习内容新颖、学生主体性强、学习方式灵活,并且注重多种知识与能力的综合培养以及提升学生的道德品质与家国情怀,使学生能够在未来更好地适应社会,懂得如何生活、如何做人做事。在研学旅行课程设计中,既要牢牢把握研究性、体验性和计划性三大根本特点,又要确定明确的育人目标,如此才能深入、扎实和卓有成效地开展好这一具有鲜明时代特色的教育教学活动。

二、研学旅行课程设计的性质

从课程的性质和特点来看,研学旅行课程具有区别于其他课程的独特性。研学旅行课程设计的根本出发点是学生发展的内在需要,从改变学生的学习方式入手,培养学生的创新精神与实践能力,关心国家命运、关心社会问题和社会需要,积极参与社会生活,培养学生的爱国主义精神和社会责任感,加强学校教育与社会、与学生生活的联系。

从课程形态看,研学旅行课程是研究性学习和旅行体验相结合的校外活动,是教育

活动,是拓展性课程。研究性学习和旅行体验相结合是研学旅行课程最本质的特征。如果没有研究性学习,研学旅行就成了旅游。如果没有旅行体验,研学旅行就是研究性学习,而研究性学习是综合实践活动的一种活动方式。

从课程地位看,研学旅行课程是教育教学的重要内容,是综合实践活动课程的校外延伸形式。把研学旅行纳入学校教育教学计划,与综合实践活动课程统筹考虑,是必修课程的一部分。综合实践活动是国家义务教育和普通高中课程方案规定的必修课程,与学科课程并列设置,是基础教育课程体系的重要组成部分。在国家义务教育阶段,综合实践活动及地方与学校课程占课时总量的16%~20%;在普通高中课程中,综合实践活动的学分为14学分。

从课程类别上来看,研学旅行课程是一门综合实践活动课程。2016年教育部等11部委印发的《意见》指明了研学旅行应归属于基础教育课程体系中综合实践活动课程的范畴,2017年教育部出台的《中小学综合实践活动课程指导纲要》再次强调了这一点,研学旅行是综合实践活动课程的一种活动方式,体现了研究性学习的基本精神。根据《中小学综合实践活动课程指导纲要》,综合实践活动是从学生的真实生活和发展需要出发,从生活情境中发现问题,转化为活动主题,通过探究、服务、制作、体验等方式,培养学生综合素质的跨学科实践性课程。同时,它也是我国义务教育和普通高中课程方案中规定的必修课程之一,与学科课程并列设置,二者都是基础教育课程体系的重要组成部分。

从课程管理看,研学旅行课程由教育部门和学校共同开发、实施和管理。

三、研学旅行课程设计的原则

(一)教育性原则

研学旅行作为教育教学的重要内容,得遵循基本的教育规律,具体包括以下内容。

第一,学生成长规律。按照学生不同年龄段的体力、精力、智力合理安排行程,既达到锻炼身心的目的,又在安全可控范围内。

第二,学生认识规律。按照不同学段学生素养要求系统设计课程,巧妙地融入知识,讲究科学,增强趣味性。

第三,教育教学规律。研学旅行不能是"放羊式"的,而是要把它发展为第二课堂,教育内容的设计应既系统、适量,达到教学相长的效果。

(二)实践性原则

研学旅行以世界为教材,引导学生亲近自然,了解社会,参与生活,理解各地文化,开展科学考察,在实践中检验真知、产出真知,提高学习效率,丰富知识与体验,感知知识的力量和人生的意义,这是与学校生活和书本学习相互补充的方式,意义非凡。

(三)安全性原则

安全无小事,尤其是外出旅行学习,会遭遇各种安全问题,除了预防常规性安全事件,还要预防意外。安全性原则的具体内容包括:通过模拟出行树立安全意识;健全各种安全保障机制;明确包括学生在内的所有人的安全责任;研学线路安全性的评估与事前考察;出行期间所有安全环境的全天候监控与反馈;行程中的应急预案与事后的安全评价。

(四)公益性原则

研学旅行是一种普惠性教育,是公益事业,社会要为学生设置优惠性政策,学校及组织方要为学生的出行提供便利,争取资金,特别是对贫困家庭的学生要予以扶持,减免相关费用。

四、研学旅行课程设计的理念

(一)以全面落实立德树人根本任务为宗旨

研学旅行课程目标应以培养学生综合素质为导向。引导学生在研学旅行过程中树立正确的世界观、人生观、价值观,培养良好的行为习惯和品德修养,强调学生综合运用各学科知识,认识、分析和解决现实问题,提升综合素质,着力发展核心素养,特别是社会责任感、创新精神和实践能力,促进学生德智体美劳全面发展。帮助学生了解乡情、市情、省情、国情,使学生开阔眼界、提升家国情怀;促进学生培育和践行社会主义核心价值观,激发学生对党、对国家、对家乡、对人民的热爱之情;创新人才培养模式,引导学生主动适应社会,推动全面实施素质教育;增强学生对中国特色社会主义的道路自信、理论自信、制度自信和文化自信,全面落实教育立德树人的根本任务。

(二)以真实问题情境为学生素养培育的课程内容

研学旅行课程开发面向学生的个体生活和社会生活,从学生日常学习生活、社会生活或与大自然的接触中提出具有教育意义的活动主题,使学生获得关于自我、社会、自然的真实体验,建立学习与生活的有机联系。避免仅从学科知识体系出发进行活动设计。因此,研学旅行课程设计要以真实问题情境为导向,走出校门,学生面对的不是传统课堂中抽象化的知识点和虚拟环境,而是现实世界的真实问题情境。研学旅行在课程建设、基地规划、线路选择、课程实施、教学设计、课程评价等各个环节,都要以培育学生发展核心素养为主线,促进课堂学习与旅行探究深度融合,获得对自然、社会的真实体验,启发学生发现问题、分析问题,依靠集体合作,解决现实问题。

(三)以引导探究和合作学习为课程教学方式

研学旅行从教育均衡和学生发展核心素养出发,强调集体旅宿、集体研学,在改变学生个人接受性学习方式的同时,也注重学生独立探究和个性发展,鼓励学生从自身成长需要出发,主动参与并亲身经历研学旅行实践过程,体验并践行价值信念。在实施过程中,随着活动的不断展开,在教师指导下,学生可根据实际需要,对活动的目标与内容、组织与方法、过程与步骤等做出动态调整,使活动不断深化。在实践活动中,能够突破学科界限,突破学生个性差异的局限,推进多学科融合、主题式学习,倡导研学课程资源共享、研学创意和成果分享,发展团队合作精神,培育学生主动学习的态度和多样化的学习方式。

(四)以思维品质的培养作为重要的课程目标

研学旅行课程具有开放性,在研学活动过程中将发散思维与收敛思维相结合,将辩证思维培养作为重要的研学目标,不追求任务结果和呈现方式的一致,而是注重培养学生思维的深度和广度,思考解决同一问题的不同路径和表现方法。研学旅行课程要基于一定的主题开展,要精心挑选适宜学生发展的活动内容并加以整合。实践活动不能停留在表面的操作层面,必须以综合思维引导操作,从实践中实现思维进阶。研学旅行的学业评价必须兼顾研究的深度和操作的合理化程度。

(五)以主张多元评价和综合考察作为课程考核方式

研学旅行课程要求突出评价学生的发展价值,充分肯定学生活动方式和问题解决策略的多样性,鼓励学生自我评价与同伴间的合作交流和经验分享。提倡多采用质性评价方式,避免将评价简化为分数或等级。要将学生在研学旅行活动中的各种表现和活动成果作为分析考察课程实施状况与学生发展状况的重要依据,对学生的活动过程和结果进行综合评价。

第四节 研学旅行课程设计的内容和分类

一、研学旅行课程设计的主要内容

(一)设计依据

1. 社会转型发展的需求

当前我国正处于社会转型发展关键阶段,经济增长方式和社会政治体制发生深刻变革,社会文化自信不断提升,且文化日益多样化。时代背景对当前和未来的人才需求体现出重质量和多元化的趋势。研学旅行课程设计必须顺应社会发展,提供现实的、探究价值高的研学资源,满足学生深入探究和多元化学习的需求,帮助学生培养生活技能和集体观念,养成自理自立、文明礼貌、互勉互助、吃苦耐劳、艰苦朴素等优秀品质和精神,拓宽人才培养渠道,为培养高素质人才奠定基础。

2. 学科融合教育的趋势

研学旅行课程具有多学科交叉融合的特征,主要包括地理类、自然类、历史类、科技类、人文类、体验类等多种类型。这些不同类型的课程内容丰富,涵盖中小学各个学科。学生在研学旅行过程中会面对自然和社会复杂情境,需要综合运用不同学科的知识和方法去解决。

3. 学生核心素养的培养

切实将学生发展核心素养的培养贯穿在研学旅行课程的设计和实施中。研学旅行课程建设围绕德、智、体、美、劳全面发展的主线,体现德育为先、能力为重、认知为基础,强调社会责任感、创新精神和实践能力,注重研学活动的文化性、科技性、自主性和社会性,让学生通过研学旅行,在自然和社会的大课堂中提升个人发展所需的情商和智商,做全面发展的人。

(二)课程结构安排

研学旅行课程需要在小学四到六年级、初中一到二年级、高中一到二年级三个学段七个年级实施,原则上要逐步建立和完善小学阶段以乡土乡情为主、初中阶段以县情市情为主、高中阶段以省情国情为主的研学旅行活动课程体系。完成规定的研学旅行课程后,结合本地本校的实际情况,各学段的研学旅行范围可以适当拓展,比如小学阶段的研学旅行活动范围可以拓展到乡土乡情以外的地方。

小学阶段的研学旅行课程设计应以游览、观光、体验为主,重视游戏性、艺术性内容,减少讲授,以满足这一年龄段学生好玩、喜动的天性。初中阶段的研学旅行课程应设计更多理解性内容,适当增加竞赛、参与、探索性内容,以满足这一阶段学生强烈的求知欲、好奇心。高中阶段的研学旅行课程内容要以知识的拓展、理论的应用、综合性体验、研究性学习为主,辅之以观光、考察、游历等活动。

研学旅行的课程结构设计如表3-1所示。

表3-1 研学旅行的课程结构设计

学段	年级	研学旅行课程设计	研学旅行课程内容
小学	四至六年级	乡土乡情基础上的拓展	地理类、自然类
初中	初一、初二	县情市情基础上的拓展	历史类、科技类
高中	高一、高二	省情国情基础上的拓展	人文类、体验类

(三)课时设置

2016年,教育部等11部门联合印发《关于推进中小学生研学旅行的意见》提出,要将研学旅行课程纳入中小学教育教学计划。各中小学要结合当地实际,把研学旅行纳入学校教育教学计划,与综合实践活动课程统筹考虑,促进研学旅行课程和学校课程有机融合。2020年,教育部公布了《教育部关于印发普通高中课程方案和语文等学科课程标准(2017年版2020年修订)的通知》,明确劳动为国家规定的必修课程,共6学分,其中志愿服务为2学分,在课外时间进行,3年不少于40小时,其余4学分内容与通用技术的选择性必修内容以及校本课程内容统筹。校本课程不少于14学分。其中,在必修和选择性必修基础上设计的学科拓展、提高类课程之外的课程不少于8学分。

二、研学旅行课程设计的具体分类

教育部等11个部门联合发布的《关于推进中小学生研学旅行的意见》,将研学旅行课程内容划分为地理类、自然类、历史类、科技类、人文类、体验类六个方面。本部分不进行学段的细分,各学段开展研学旅行时可根据需要选择适宜的课程内容进行。

(一)地理类

地理类研学旅行内容包括地理位置与地名、地理要素与景观、地理环境、地理标志、人地协调观与地理审美等方面,主要体现地理、科学、艺术等学科在研学旅行中的作用,借助地图、地理信息技术等工具,依托自然和人文地理环境,通过自然考察、实验、社会调查等形式,探究地质地貌、气象水文、土壤植被等自然要素,人口、聚落、经济、文化、社会等人文地理事象,进而发现该区域存在的人地关系问题,并提出相应的解决方案。通过地理类研学旅行课程使学生认识到理论与实践相结合的重要意义,培育学生的综合思维、人地协调观、地理实践力等核心素养。地理类研学旅行的内容标准和活动建议如表3-2所示。

表3-2 地理类研学旅行的内容标准和活动建议

内容标准	活动建议
1.地理位置与地名 • 实地确定地理位置与地名,认知和评价区域地理位置特征,了解当地地名与政区沿革的关系。 • 实地确定旅行线路、区域范围,制作简易地图。 2.地理要素与景观 • 实地认知地理要素与景观,了解其区域特征及成因。 • 了解地理要素与景观对区域发展的影响。 3.地理环境 • 实地认知地理环境的整体性与差异性。 • 评价当地地理环境与区域发展的相互关系,对区域决策提出初步意见与建议。 4.地理标志 • 实地认知和应用区域地理标志。 • 实地了解和推广地理标志产品。 5.人地协调观与地理审美 • 践行人地协调观,检验和提升核心发展素养。 • 认知和实现地理审美。	• 遵循野外作业规范,使用地图、定位仪器、测绘、观察、观测等装备,获取第一手自然地理信息。 • 遵循社会调研规范,使用调查量表、统计工具等,获得身临其境的社会地理信息。 • 遵循取样、实验规范,使用取样、实验装备,采集岩矿、空气、水、土壤等实物样品,进行地理实验。 • 遵循图文收集规范,收集自然、人文、区域的地理资料等的纸质、电子版本。 • 走访社区、部门、机构、行业、企业等,开展观察、体验和访谈。 • 遵循有关规范,对实践活动进行文字记录、填图、简易地图和统计图表绘制、声像摄取录制等,使用地理信息技术等建设地理信息库。 • 参与生态、经济、文化、社会、政治等的建设实务。 • 遵循安全规章,使用安全防护、救护装备,保障研学旅行安全有序。 • 采取小组合作与个人分工独立作业相结合的方式,全面开展考察、调查、实验、体验、旅游、探究、讨论、辩论、分析、评价、鉴赏、发现、创作、交流、展示等活动。 • 提交考察、调研、实验、评价、建言等报告和绘制的地图、创作的作品等,展示、交流研学旅行实践成果

(二)自然类

自然类研学旅行内容包括欣赏自然现象与景观、自然资源与灾害、自然生态、自然规律等方面,主要体现地理、生物、科学、艺术等学科在研学旅行中的作用,借助生态、林草、地质、水利等学科的科学研究方法,依托自然保护区、风景名胜区、地质公园、矿山公园、森林公园、湿地公园、水利风景区、生态旅游区等自然保护地,深入了解自然环境与人类发展的关系,协调人地关系机制,进而宣传保护环境的理念,参与和体验环境保护志愿者工作,培育科学精神、社会参与等学生发展素养。自然类研学旅行的内容标准和活动建议如表 3-3 所示。

表 3-3　自然类研学旅行的内容标准和活动建议

内容标准	活动建议
1.自然现象与景观 • 现场识别自然现象与景观,认知其成因。 • 发现、欣赏当地自然现象与景观的美学特色。 2.自然资源与灾害 • 现场认知自然资源与灾害的价值与危害,了解其成因。 • 认知当地自然资源与灾害的区域特征,提出对当地对策措施的初步评价和改进建议。 3.自然生态 • 实地感受自然生态状况,了解区域自然生态特征及成因。 • 提出对当地生态建设的意见、建议。 4.自然规律 • 实地印证所学自然规律,分析综合性案例。 • 应用自然规律,发现、分析、解决具有当地特殊性的自然科学问题	• 遵循野外安全防护规范,通过考察、采样、实验等方法,开展合作学习,深入探究当地自然现象与景观。 • 借助电子数码设备,摄录自然现象与景观声像,经后期制作,加以展示。 • 走访发展改革、自然资源等部门,调查代表性企业,访问相关网站,收集当地文献资料、统计年鉴等,考察资源赋存地,召开模拟意见咨询座谈会,评估当地自然资源开发利用和保护现状,提出整改意见。 • 走访政府应急管理等部门,调查地质、气象、海关检疫等相关机构,访问相关网站,收集当地文献资料、灾害及救灾记录,考察灾害遗迹,访谈相关居民,举办模拟论坛,探讨当地自然灾害的成因,提出防灾、减灾建议。 • 走访政府生态环境保护等部门,实地调查生态环境破坏与修复问题,运用相关测量和实验设备实测和分析空气、水、土壤、植被等的理化性状,访问相关网站,收集当地文献资料,作为志愿者,参与生态环境保护工作。 • 以"空气负离子浓度变化""植物精气与人类健康""生物入侵及防治""蔬菜生产安全"等为主题,举行专题模拟听证会,提交会议备忘录。 • 开展"跟着物理/化学/生物/地理/语文课本去旅行"活动,通过考察、调查,比较课本上描述的与真实情境中的自然规律及其表现,应用自然规律,发现、分析、解决实际问题。 • 提交、展示、交流及相互评价研学实践成果

(三)历史类

历史类研学旅行内容主要包括历史遗迹、文物与非物质文化遗产、历史聚落、纪念场所、历史题材艺术、家国情怀等方面,主要体现历史、思想政治、社会、语文、地理等学科在研学旅行中的作用,借助历史考证、社会调研、人文探究、文艺鉴赏等方法,依托历史遗迹、革命遗址、博物馆、纪念馆、文艺展馆等场所,欣赏、体会中华优秀传统文化、哲学智慧、道德伦理、文学艺术特色、传统科技工艺创造、历史名人事迹等,引导学生坚定文化自信、传承和弘扬革命传统。历史类研学旅行的内容标准和活动建议如表3-4所示。

表3-4 历史类研学旅行的内容标准和活动建议

内容标准	活动建议
1.历史遗迹 • 现场识别历史遗迹,认知其年代。 • 还原遗迹的历史环境,了解名人名事。 2.文物与非物质文化遗产 • 现场识别、认知文物与非物质文化遗产。 • 感受、体验文物、非物质文化遗产的历史背景与文化传统。 3.历史聚落 • 了解历史聚落的文脉与文化价值。 • 体验历史聚落的文化传承与现代生活。 4.纪念场所 • 了解纪念场所的历史观念。 • 评价、弘扬纪念场所的精神和价值观。 5.历史题材艺术 • 感受、欣赏历史题材艺术。 • 初步学会历史题材艺术创作。 6.家国情怀 • 践行、提升家国情怀素养。 • 传承优良传统,树立文化自信	• 参观古聚落、古遗址,拜访当地居民,走访住房和城乡建设、侨务、民族、宗教、文化和旅游等管理部门及图书、方志、档案、谱牒、文史、建筑设计、文化创意、艺术创作和演艺等相关机构,访问相关网站,收集当地文献资料,实地拍摄、测量,复原历史,举办专题研讨会、模拟考古发现发布会等活动。担任志愿者,参与寻根恳亲、乡愁体验等活动。 • 参观革命根据地、革命活动和战争遗址、红色名人名事纪念场所,拜访当事人和相关人员,走访宣传、党史、民政、文博等部门及图书、方志、档案、文史、文艺创作和演艺等相关机构,访问相关网站,收集当地文献资料,实地体验生活,担任志愿者,参与革命文化整理、革命文物保护、革命根据地扶贫脱贫等工作,举办革命节庆或纪念活动、革命传统传承培训营、红色故事会、红色文艺创作班、红色文化采风展等丰富多彩、喜闻乐见的活动。 • 观摩非物质文化遗产和历史题材艺术展示和演艺,参与整理民间语言文学、故事传说,学习和实践工艺、演艺,举办文化遗产传习拜师,传统工艺、演艺宣传展示和传承学习汇报演示活动。 • 提交、展示、交流及相互评价研学实践成果,召开学校、学生和家长参与的总结、交流汇报会。 • 召开学校、学生和家长参与的恳谈会,以汇报、交流、展览等形式展示研学成果

(四)科技类

科技类研学旅行内容主要包括科技发展、科技研发、科技建设、科技伦理等方面,主要体现数学、科学、物理、化学、生物、信息技术等学科在研学旅行中的作用,借助现代人工智能、VR、AR、3D打印等技术、科学探究和实验方法,依托科技馆、科研机构、高等院校、现代产业园区等场所,通过参观、培训、实验等形式,培育学生的科学伦理、创新意识、劳动观念等素养。科技类研学旅行的内容标准和活动建议如表3-5所示。

表 3-5 科技类研学旅行的内容标准和活动建议

内容标准	活动建议
1.科技发展 • 实地认知科技发展过程及区域特征。 • 评价科技发展成果对当地社会发展的贡献。 2.科技研发 • 初步学会科技研发程序、方法。 • 参与、实践科技创新。 3.科技建设 • 现场体验重大建设项目中的科技应用。 • 参与科技建设,对当地科技建设提出意见建议。 4.科技伦理 • 评价现实科技项目中的科技伦理,在实践中提升科技伦理素养。 • 感受、创造科学美	• 参观科技场馆,体验科技实验、游艺设施,听取解说,参与互动,走访科技等管理部门及图书、科技情报、档案、方志等相关机构,访问相关网站,收集当地文献资料,调查科技重大项目的当地受众,撰写科技发展调查报告、科技实验报告,举办科技伦理讨论、辩论会,举办模拟科技立项论证会,结合校内设施开展小发明、小创新活动及举办成果展示汇报会。 • 参观高新技术开发区、高科技企业、高新农业园区、重大工程建设项目、科研机构和台站,体验实验、生产设施,听取解说,开展调查,走访政府科技工业与信息化、农业与农村、交通运输、生态环境保护、国防、教育等管理部门及图书、科技情报等相关机构,访问相关网站。 • 收集当地文献资料,调查科技成果的当地受众,撰写科技应用调查报告、举办以"科技与生活""科技与社会""科技与城乡""科技与环境""科技与海洋""科技与军事""科技与艺术""科技与人生规划"等为主题的讨论、辩论会,举办模拟科技立项论证会,结合校内设施开展与科研机构和高科技企业合作的科技活动,定期举办成果展示汇报会。 • 参加学校与社会合作举办的以物种培育、农产品二维码追溯、无人机、3D打印、机器人、绿色用品、互联网营销、艺术科技等专题科技竞赛。 • 参加国际、国家和地方科技社团、机构举办的各种专题科技考察、团队、课题、竞赛等活动

(五)人文类

人文类研学旅行内容主要包括人文特色、社会发展、人居环境、文化建设等方面,主要体现思想政治、历史、社会、地理等学科在研学旅行中的作用。借助社会科学调查、研究、评价、决策等方法,依托爱国主义教育基地、社会发展展馆、城乡聚落、战略发展项目、社会科学研究机构、高等院校、民族聚居地等社会研学基地,重点感知中华人民共和国成立以来,尤其是改革开放以来我国社会发展所取得的成就、国际地位的提升、人民生活水平的提高,探究当前我国转型发展的重大问题与发展战略。培育学生的家国情怀、世界眼光、社会责任感等素养。人文类研学旅行的内容标准和活动建议如表 3-6 所示。

表3-6 人文类研学旅行的内容标准和活动建议

内容标准	活动建议
1.人文特色 • 实地感知、欣赏人文特色，了解其成因。 • 初步评价区域人文特征及其发展前景。 2.社会发展 • 了解当地经济社会发展过程和现状。 • 初步评价区域社会的发展质量，发现其问题，提出意见和建议。 3.人居环境 • 体验当地生活条件及其与城乡建设的关系。 • 评价区域人居环境质量，提出改进意见。 4.文化建设 • 感受当地文化建设成果，欣赏文化艺术特色。 • 评价区域文化融合传承与发展创新及其与社会发展的相互影响	• 参观博物馆、文化馆、艺术场馆，开放的民族、宗教文化场所，拜访当地社区居民，走访文化和旅游、侨务、民族、宗教、台港澳事务等管理部门及图书、方志、档案、文史、建筑设计、文化创意、艺术创作和演艺等相关机构，访问相关网站，收集当地文献资料和艺术作品，实地摄录当地代表性人文景观与活动，参与民俗节庆、文化艺术活动，旅居当地民宿体验生活，参与中外交流活动并担任志愿者，举办文化交流会、文化专题研讨会、文化旅游展示会等活动。 • 游览市容乡景，参观城乡社区、城乡规划场馆、商业娱乐场所、休闲健身场所、地方特色服务餐饮场所、教育培训机构、医疗养生机构、体育运动场所、温泉服务设施等地，走访发展和改革、规划、园林、水利、住房和城乡建设、生态环境保护、文化和旅游、卫生健康、民政、人力资源和社会保障等部门，拜访当地社区居民，到图书、档案、建筑设计、文化创意等相关机构，访问相关网站，收集当地文献资料，参与当地社会活动、社区活动，举办社会、城乡、生态等建设的展示会、研讨会、辩论会，对当地社会发展进行评价，出谋划策。 • 观摩文化创意、工艺、演艺、竞技，收集文化艺术作品，学习和实践工艺、演艺、运动，举办艺术推介展示和学习成果汇报演示等活动。 • 参观各行各业的企业、专业市场、物流场站，乘坐各种交通工具，观摩各种业态的商务活动，走访政府发展与改革、工业与信息化、商务、农业与农村、财政、交通运输、水利等管理部门及图书、档案、生产性服务业、各行业协会等相关机构，访问相关网站，收集相关文献资料，实地摄录经济、商务活动，参与各行各业专业研讨、营销、交易等活动，参与体验开放的生产、服务工作，举办经济发展专题研讨会、模拟商务营销会、模拟投资洽谈会等活动

（六）体验类

体验类研学旅行内容主要包括体育与拓展运动、劳动与创业、集体生活等方面，主要体现劳动技术、信息技术、体育、艺术等学科在研学旅行中的作用，借助现代生产方法和技术，身心发展理论和方法，依托综合实践活动基地、劳动教育基地、团队拓展基地、国防教育基地、军营、体育训练基地、现代生产企业等场所，通过从事生产劳动、军事训练、团队拓展、职业体验、体育培训等形式，达到身心体验、精神提升和团队协同等目的，培育自我发展、健康生活、勇于拼搏、团队合作等素养。体验类研学旅行的内容标准和活动建议如表 3-7 所示。

表 3-7 体验类研学旅行的内容标准和活动建议

内容标准	活动建议
1.体育与拓展运动 • 参与、体验社会体育运动,学会减压放松,养成健康生活习惯。 • 参与、体验竞技体育、军事训练与拓展运动,锻炼刻苦拼搏意志,提升团队合作竞争意识以及相应能力。 2.劳动与创业 • 参与、体验劳动与职业训练,提升劳动与职业素养和技能。 • 参与、体验创业训练,激发潜力,提升创新意识和能力。 3.集体生活 • 体验、感受集体旅行、生活和研学活动。 • 培育集体荣誉、团结互助、遵守纪律等意识和习惯	• 走进体育场馆,观摩体验赛事和运动训练,参与体验运动,接受运动培训,组织团队进行集体竞赛。听取、体验、宣传健康生活和运动养生培训。 • 走进野外训练基地、营地,观摩、参加力所能及的野外拓展训练、军事训练、野外生存训练、山地运动、野外探险、定向行军、骑行驾驶等具有挑战性的活动,组织团队,集体竞赛。 • 走进劳动实践基地、营地,厂矿、乡村,亲身践行劳动过程,培育创业、工匠、团队等精神。 • 走进创意工作室、创业孵化基地等场所,观摩创业、创意工作,体验个性化创意、集体创新的过程。 • 集体参加志愿者活动,服务社会、社区、弱势群体。 • 应用体育、通用技术、信息技术等课程学习成果,学习、践行安全防范规则和措施。 • 举办体验活动实践成果汇报、展示会

第五节　研学旅行课程设计的要素和过程

一、研学旅行课程设计的要素

研学旅行课程设计主要包括课程主体、课程目标、课程内容、课程实施和课程评价五大要素。

(一)课程主体

研学旅行课程设计主体包括三个方面。
一是发挥高校力量,培养优秀的课程设计人才,为发展提供坚实的人才保障。
二是整合研学参与者,建立多主体联动的机制,发挥各主体优势,合作促进课程建设。
三是提高知识产权的保护意识,保护已开发课程,维护市场秩序。

(二)课程目标

为优化课程目标设计,应在全社会广泛宣传研学旅行,树立正确的研学旅行观,避免"只游不学"和"只学不游"的现象。应通过创新研学目标设计方式,充分调动学生积极性,满足学生个性化发展需求。研学旅行应具有明确的研学主题,课程目标围绕主题设计,最终建立系统的研学课程目标体系。

(三)课程内容

课程内容由学习经验所组成,学习经验是指学习者与环境中的外部条件之间的相互作用。当前研学旅行课程内容中仍存在忽视隐性课程,课程内容忽视经验的连续性、交互作用原则,因此,在研学旅行活动中应关注隐性课程,防止隐性伤害。同时,应积极开发地方课程、校本课程,建立一定的课程体系,同时保障课程内容的科学合理。

(四)课程实施

课程实施是确保研学旅行课程设计的重要阶段,针对当前研学旅行课程实施的不均衡、校际存在一定差异、不同家庭研学参与程度不尽相同的问题,可采取以下几项措施。

一是应该明确基本研学旅行课程的实施,把握研学课程实施核心应为集体出行。

二是应在资金上对研学旅行予以一定的支持,加大课程开发财政投入,建立健全资金保障机制。

三是应在师资条件上保障研学课程的顺利实施,建立研学导师的准入和定期考核机制,从思想到行动上,保障研学课程实施。

(五)课程评价

在课程评价方面,政府应成为研学旅行沟通的重要连接者、发展的重要推动者和坚定保障者。

一是针对研学旅行的供应者——旅行社、基地营地等承接单位,可逐步建立完善的研学市场准入、退出机制。

二是针对研学旅行的实施者——学校,可采取和推行相关的考评、奖励机制。

三是针对研学旅行的接受者——学生及其家庭,可增强社会对研学旅行的重视,推动其稳步发展。

总之,优化研学旅行课程设计,需要发挥多主体作用。社会、学校、家庭均应发挥各自作用,共同推进研学旅行,推进素质教育,促使研学旅行教育的不断优化升级,使教育面向全体学生,为学生的全面发展创造相应的条件。同时通过研学旅行,尊重学生身心发展的特点和教育规律,提高学生学习积极性,帮助学生树立正确的世界观、人生观、价值观,养成良好的社会公德,为实现中华民族伟大复兴的中国梦而不懈奋斗。

二、研学旅行课程设计的过程

科学合理的目标还应该是有层次的,并且有特定的分类框架,才能清晰地回答"选择什么教学内容""如何组织教学活动""如何进行评价"等问题。研学旅行课程的目标至少应分成三个层次:一是研学旅行教育目标;二是某一研学旅行课程的课程目标;三是某一研学旅行课程中各研学主题单元的具体目标。在目标的制定过程中,通常按照从高到低、从宏观到微观逐步确立各层次的目标。

(一)研学旅行课程设计目标设置

研学旅行课程的总目标是通过亲近和探究自然,接触和融入社会,关注和反省自我,体验和感受集体生活,使中小学生在价值认同、实践内化、身心健康、责任担当等方面有所得。研学旅行课程针对基础教育三个学段制定了不同的学段目标,主要覆盖小学四至六年级,初中一、二年级,高中一、二年级共七个年级,具体如表3-8所示。

表3-8 不同学段目标研学课程设计目标

目标\学段	小学四至六年级	初中一、二年级	高中一、二年级
价值认同	感受乡土河山之美,感知乡土文化中的优良传统,了解当地的革命史迹,了解家乡历史和发展与祖国的关系,知道并初步践行社会主义核心价值观,初步形成国家意识、文化自信和拥护党的意识	了解旅行目的地生态环境优势,体会地方文化反映的中国传统美德,认知地方历史演变和现实发展中的革命传统和改革理念,接受并践行社会主义核心价值观,形成国家意识、文化自信和拥护党的意识	认知旅行目的地体现的祖国大好河山、中国传统美德、革命光荣历史,理解旅行目的地历史和现实所反映的在中国共产党正确领导下中华民族伟大复兴的光辉业绩和宏伟前景,理解、接受并践行社会主义核心价值观,形成国家意识、文化自信和拥护党的意识和行动,培养家国情怀和人文底蕴
实践内化	在校外真实情境中,对于给定的简单问题,初步学会收集、处理简单信息,初步掌握研究问题、使用工具的简单程序和方法,参与集体生活、集体研学,能够初步提炼实践经验,整理、总结和展示研学成果,并从中获得体验乐趣,初步形成动脑筋探索、动手实践,以及与人合作、师生互动的习惯	在较为复杂的校外真实情境中,对于给定的较为复杂的课题,能够收集、处理相关信息,运用所学知识,发现其中较为简单的科学问题,初步运用科学研究方法和手段分析解决问题,能够主动接受教师指导,积极参与小组分工合作,学会整理、概括实践经验,获取新知识,掌握新技能,完成较为简单的研学报告或其他形式的研究成果,并能与人交流分享,从中获得成功体验,形成乐于实践、敢于质疑探索、实事求是的科学态度和初步的创新意识和能力	在复杂的校外真实情境中,面对现实问题,能够运用所学基本理论、基础知识,收集和处理有关信息,发现值得探究的实际问题,积极参与团队研学,制订科学的研究计划和路径,运用适合的研究方法和设备,主动争取教师和专业人员的指导,自主发现、分析和解决问题,完成研学成果的创作,展示和推广成果,获得成就感,养成科学态度和创新精神,培育科学伦理和人文素养,提升实践意识和能力

续表

目标\学段	小学四至六年级	初中一、二年级	高中一、二年级
身心健康	亲近自然,体验文明,放松身心。初步学会体验生态之美,初步树立中华民族文化自信心,初步养成尊重生命、热爱生活的态度和爱美情趣,初步形成投身生态建设、文明建设的意愿。在集体生活中敢于面对困难,克服困难。磨炼体魄,锻炼意志,初步形成健康生活方式、独立生活能力。初步形成安全意识和自我保护能力	走进自然,走进社会,开阔视野,缓解学业紧张压力。学会发现和欣赏大自然和社会中的美,形成生态文明意识,传承中华民族优良传统的意愿,应用研学成果为生态建设、文明建设做贡献。在研学旅行过程中培养吃苦耐劳和抗挫折的精神和能力,形成积极锻炼的态度和健康生活的习惯。形成安全意识和行为能力,能够保障研学旅行安全	培养热爱自然、热爱社会的情感和自然、社会审美情趣。学会自我放松和缓解学业紧张压力。理解生态文明、社会文明的美学实质,形成陶冶情操、创造美的意识和能力。能够积极评价和参与生态建设、文明建设。养成艰苦奋斗的精神、坚韧乐观的心态和良好的心理素质。养成健康的生活方式和积极的生活态度,提高生活质量和品位。具备安全基础知识、基本理论和基本技能,以及积极参与安全建设的意愿和能力
责任担当	置身大自然、社会和集体生活,初步了解乡情乡史及其所反映的家国关系,产生较强的爱乡爱国情感和努力学习建设家乡、报效祖国的初步志趣,初步感受到社会主义事业接班人的责任和荣誉。形成热爱集体、互爱互助、从小事做起表现自我价值的初步意识和能力。了解建设法治社会、和谐社会的基本内容,具有参与社区服务、保护环境的初步意愿和能力	融入大自然、社会和研学旅行团队,理解地方实情和发展问题以及地方与中央的关系,树立爱国理念和报国志向,具有社会主义接班人的意愿、学好建设家乡、建设祖国的本领并付诸研学行动。形成团队意识,自觉承担研学中的责任,在研学活动中服务社会,从中体验正确的自我价值和成就感。初步具有法治意识和生态理念,自觉维护法制、保护生态环境	学会在自然考察和社会调查中认知国情国力、国家发展前景和问题,形成热爱社会主义祖国、成为社会主义事业接班人的高尚情操和人生观。培养集体主义和勇于担当的精神,有意识、有能力取得解决现实问题、为社会发展做贡献的研学成果,并从中提升自身全面发展的素养。培养公民意识,履行公民义务,树立可持续发展观念,形成积极参加社会建设和生态建设的社会责任感

1.研学旅行教育目标

研学旅行教育目标是指在整个研学旅行课程领域内,由国家统一规定的需要学生通过参与各种各样的研学旅行课程学习而达成的总体目标和根本要求,总体目标是需要大量的时间与教学努力才能实现的复杂的和多方面的学习结果,这是对研学旅行应实现的教育功能的根本性要求,是研学旅行课程的第一级目标。《意见》已经清楚地规定了当前研学旅行工作的总体目标,即"让广大中小学生在研学旅行中感受祖国大好河山,感受中华传统美德,感受革命光荣历史,感受改革开放伟大成就,增强对坚定'四个自信'的理解与认同;同时学会动手动脑,学会生存生活,学会做人做事,促进身心健康、体魄强健、意志坚强,促进形成正确的世界观、人生观、价值观,培养他们成为德智体美全面发展的社会主义建设者和接班人。"

2.研学旅行课程目标

研学旅行课程目标是指在某一门研学旅行课程中需要达成的基本要求,相较于研学旅行教育目标而言,是更加具体的、更有针对性的目标,这是研学旅行课程的二级目标。研学旅行课程目标的设计需要以国家规定的研学旅行教育目标为准则,即保证大方向与总目标基本一致,再针对不同类型不同资源的研学旅行课程的实际情况,综合考虑学生、社会和学科的发展需求来设定。比如,在设计一个"五天四夜地方传统文化研学旅行"课程时,就需要针对这个课程设计明确的课程目标,即通过五天四夜地方传统文化研学旅行,学生大体应该学习哪些方面的知识和技能,提高哪些能力,获得什么样情感体验及其应达到怎样的程度,对于不同知识、能力水平的学生,目标的制定也应该给予弹性空间,不能要求所有学生都必须达到一样的标准。总之,研学旅行课程目标起着承上启下的过渡性作用,它不仅需要紧跟研学总目标的内容,同时也要贴近该课程的实际内容。

3.研学旅行主题单元目标

主题单元目标是指通过完成某一主题的研学旅行学习活动,学生普遍能达成的具体要求,是研学旅行课程的第三级目标。目标设计是研学主题单元设计的第一步,也是最重要的一个环节,它是研学旅行课程目标的细化与延展,研学旅行课程的主题单元目标直接指明了学生通过本主题单元的学习后具体应该能够学会什么知识,具体通过什么活动可以形成哪些特定的技能,以及通过什么样的行为表现可以体现学生在某一方面情感的升华。而目标的实际表现形式,即如何表述目标,则可依据基本的目标表征形式,即普遍性目标、行为目标、生成性目标和表现性目标来确立目标呈现形式的价值取向。在学科课程的目标陈述中,共有三个维度,即知识与技能目标、方法与过程目标和情感态度价值观目标,虽然这三者共同构成了一个整体,是不可分割的,但是彼此之间还是存在明显的功能界限。研学旅行作为一门综合课程,目标也必然具有综合性,不能直接采用三维目标的方式把知识、技能、方法、态度等价值内涵割裂开来。

在陈述具体目标的时候,一般可以采取以下两种方式。

一是采用结果性目标,即直接表明学习结果是什么。这种形式陈述的目标是可测量、可评价的,如"说出身边的环境问题及其产生的原因""能够说出铜加工的历史演变"等。

二是体现性或表现性目标,即描述学生自己的心理感受、体验或明确安排学生表现,指向学生的过程性体验,不需要有明确的结果,如"感受科技带给农业的巨大变化""认识到传承和弘扬伟大革命精神的意义"等。

(二)研学旅行课程设计的准备

泰勒在《课程与教学的基本原理》一书中明确指出,课程设计的四个主要步骤为确定课程目标、选择课程内容、规范课程实施、科学进行评价。研学旅行作为一门实践教育课程,应遵循泰勒的课程设计原理,同时也应满足活动类课程的属性要求,即在研学前确定指导本次研学活动的主题、规划线路。因此,研学旅行课程设计的流程是从主题出发,规划线路,确定目标,选择内容,设置适当的教与学的方式,完成学习活动,并对学习效果施以恰当评价。因此,研学旅行课程设计准备顺序如下。

(1)根据学校教学理念、《中小学综合实践活动课程指导纲要》、学科特色、学生兴趣,确定研学主题。

(2)根据研学主题选择研学地点,将研学地点用交通线路串成线。

(3)研学导师提前对研学地点进行走访勘察,依据研学地点资源属性和研学主题,结合时间和条件调整研学地点顺序,优化研学线路。

(4)以研学主题为指导,依据《中小学综合实践活动课程指导纲要》,挖掘研学地点的资源属性和教育价值,制定研学课程目标。

(5)为实现研学课程目标,依据《中小学综合实践活动课程指导纲要》和教科书,选择具备科学性、思想性、教育性、实践性、开放性的课程内容。

(6)依据课程目标,组织课程内容并对整个课程实施过程,包括对行前准备课程、行中实施课程、行后总结课程进行设计。

(7)制定能够评估学生学习情况和该课程整体实施效果的研学课程评价体系,形成评价量表。

(8)形成研学旅行课程设计方案,制作用于指导整个研学旅行团队和学生开展教学和学习的研学旅行课程手册。

研学主题的确定和研学地点的选择没有先后顺序:可根据研学主题选择研学地点;亦可先考察研学地点,串成研学线路,然后再简洁明确地提炼出既符合研学地点资源特色又能激发学生兴趣的研学主题。

(三)研学旅行课程主题设计

1859年,著名英国教育学家斯宾塞提出了"什么知识最有价值"的命题,约100年后,泰勒在《课程与教学的基本原理》中又提出了"如何选择有助于实现教育目标的学习经验"和"如何为有效的教学组织学习经验"的问题,直至今日,我们依然还在争论21世纪的学生所需要的核心素养到底是什么。可见,在一门具体的课程中,"到底要学什么""应该如何组织这些知识内容"是课程开发不可避免的一个永恒话题。对研学旅行课程来说,知识内容同样也是传递研学旅行价值的重要载体,但研学旅行不是一门具体的学科,它既没有规范统一的教材,也没有学科知识体系的系统性和顺序性,只能以主题形式将课程内容统整起来。

1. 主题的设计原则

在形式上,研学旅行活动是基于某个主题的研究性学习,一个大的主题又可以按照实际需求划分为若干个较小的单元,以便于学生逐步完成,如果该主题的内容比较单一,也就不需要再做过细的划分。

在内涵上,研学旅行课程要立足学生的终身发展和全面发展,既然我们将其作为一种重要的教育手段,在主题及其内容的设计上,应具备全面性、综合性,实现校内和校外生活的统整、跨学科知识的统整。

2. 主题的优化组织

研学旅行的主题和内容是从旅游文化、社会生活、学科课程等资源中挑选出来的,不像学科知识有明确的学科逻辑和体系,那么该如何将这些零散的知识组合成一门完整课程呢?其实,不同类型的研学旅行课程之间有非常大的差别,并没有统一的、普适的固定模式。

3. 设计案例

宜昌位于长江北岸、三峡东口,因"水至此而夷,山至此而陵"得名夷陵。其境内以长江干流为主脉,河流众多,峡谷、溶洞、瀑布、阶地等河流景观丰富。从古代的"大禹治水"到现代葛洲坝、三峡水利工程的兴建,宜昌孕育出了历史悠久的水文化,典型的河流地貌与独特的治水文化使其成为研学旅行的重要一站。下面以"走读长江水,品悟三峡情"为例,解析研学旅行主题设计。

(1)分析具体环境,选择研学地点。

环境包括物理环境、社会文化环境和资源支持环境。

物理环境主要由研学活动场所及其基本设施等组成;社会文化环境包括学习者的思维模式、学习兴趣、班级合作氛围、师生关系等要素;资源支持环境是学习者进行有意义学习的支架与桥梁,主要包括学习资料、学习工具、互动媒体等。物理环境分析是通过资料收集和实地考察,综合分析不同地点所属的物理环境类型以及研学活动的可实施性等,本案例的研学地点物理环境分析如表 3-9 所示。

社会文化环境方面,由于本活动面向高二学生,该阶段的学生基本具备自主学习、合作探究、反思评价等综合学习能力和较稳定的价值判断能力,可结合具体的物理环境开展具有一定深度的多学科融合活动。

对于资源支持环境,教师为学生提供的研学资料和现场指导是学生研学旅行中的重要资源。此外,各类搜索引擎和社交媒体等网络工具为学生获取信息、远距离互动、分享学习感悟等创造了条件。

表 3-9 宜昌研学地点物理环境分析

研学地点	研学地点简介	所属物理环境类型
宜昌水文站	国家一级水文站,主要开展流速、流量、水质等水文监测项目,收集记录了宜昌历年的长江水文资料	人文社会环境(教学科研实验场所)
黄柏河回水区	黄柏河是长江一级支流,被称为宜昌的"母亲河"。观测点位于由葛洲坝筑坝而形成的回水区,相当于一个人工湖泊	自然环境(湖泊)
横溪	长江中游北岸重要的一级支流,观测点位于莲沱村,河面宽约 14.4 m,最大水深 0.5 m,水流清澈见底,水质较好	自然环境(河段)
黄陵庙	为纪念治水英雄大禹而修筑的古代建筑群,保存有大量长江三峡特大洪水水位等珍贵的水文遗迹和实物资料	人文社会环境(遗址遗迹)
三峡大坝	主体为当今世界上最大的水利枢纽工程——三峡工程,包含坛子岭、185 平台、截流纪念园等观景点	自然环境(河流景观) 人文社会环境(现代工程)

续表

研学地点	研学地点简介	所属物理环境类型
白马洞	位于西陵峡峡口,全长1900 m,洞内发育有典型的岩溶地貌,因一组形似白马的巨型钟乳石而得名	自然环境(岩溶地貌)

(2)拟定情境主题,设计研学目标。

具身认知是情境化的认知,情境是具身活动实施过程中认知发生不可缺少的因素。案例以"水"为主线,围绕实施水文观测、解读人水关系、识别流水作用设计了三个情境主题与活动路线。根据中国教育学会地理教学专业委员会研制的研学旅行课程标准,定位本次研学旅行以地理类和自然类课程为主,选取符合主题的课程内容并制定具体的活动目标(表3-10)。

表3-10 研学旅行主题与目标设计

情境主题	活动路线	课程内容	活动目标	设计意图
实施水文观测	宜昌水文站—黄柏河回水区—横溪	实地认知地理要素与景观,了解其区域特征及成因	熟练掌握干湿球温度计、透明度盘、水色计等水文仪器的使用方法,并对黄柏河回水区实施水文观测;能够说出河流流速、流量的测量原理,并用流速面积法测量横溪的河流流量;分析观测结果,总结出所测河流、湖泊水文要素的空间分布规律	水文观测促使学生综合多学科知识、调动多种感官,在与真实环境的互动中解决现实问题、提升地理知识使用技能
解读人水关系	黄陵庙—三峡大坝	了解地理要素与景观对区域发展的影响;践行人地协调观,检验和提升核心素养	根据长江历史洪水的记载情况,阐述修建三峡大坝的现实意义;从综合的角度分析三峡大坝对区域环境的有利与不利影响;梳理宜昌人们对人与水关系的认识过程,培养人地协调观	通过近距离接触水文遗迹、现代工程,获得在场体验,深化对人水关系的认识
识别流水作用	白马洞	现场识别自然现象与景观,认知其成因;发现、欣赏当地自然现象与景观的美学特色	能够说出白马洞内石钟乳、石笋、石柱等岩溶景观的特征与形成条件;借助传统测量工具、地理信息技术等绘制白马洞内部的平面图和剖面图;学会欣赏自然景观,提高地理审美情趣	绘制白马洞形态图可强化身体对位置、方向、距离的直观感知;真实的自然景观能极大地激发学生的审美情趣

(四)研学旅行课程方案的撰写与评价

1.指导思想

全面贯彻党的教育方针,以《国家中长期教育改革和发展规划纲要(2010—2020年)》《基础教育课程改革纲要》《中小学综合实践活动课程指导纲要》《国民旅游休闲发展纲要(2022—2030年)》为指导,认真落实立德树人的育人目标,以培养学生的综合实践能力和创新能力为核心,以学生发展为本,全面提升学生综合素质。研学旅行为促进学生全面发展有着不可替代的作用,对提高学生的科学素养有着重要意义。学校要以研学旅行校本课程开设为契机,助推人与自然与社会的和谐发展,丰富校园文化活动,提高学生的生活质量,以适应21世纪社会可持续发展的需要,培养符合时代要求的高素质人才。

2.课程方案设计原则与内容

(1)课程方案设计原则。

①开放性原则。充分利用校内外资源体现目标的多元性,内容的广泛性,时间空间的广域性,展示的多样性和评价的灵活性。

②整合性原则。以研学旅行资源及教学内容、方法和师资情况为基础,结合学生认知能力和社会实际整合制定方案,保证课程的时效性,实现课程的生成性。

③体验性原则。尊重学生主体地位,以人为本,以学生活动为主,突出体验实践,培养学生创新精神和实践能力,变知识性的课堂教学为发展性的体验教学。

④生活性原则。着眼于生活实际,把学生从简单熟悉的生活层面引领到更加广阔的社会生活舞台,加强教育的生活性,突出生活的教育化程度。

(2)课程方案内容。

①了解社会状况。通过研学旅行活动,了解当前社会实践活动中迫切需要解决的现实问题,如交通、卫生、网络、饮食、环境、动植物保护以及人口老龄化、就业压力、就医、入学等现实社会状况。

②探究学科问题。探究学科问题包括物理、化学、生物、地理、数学、语文、英语、政治、历史、通用技术、信息技术、体育、音乐、美术以及学科交叉知识的探究,发现一些值得研究的新问题。

③研学科技应用。在研学活动中,学习和研究科学技术在生活、生产实践和科学实践领域的应用,如环境保护、生态建设、节能、新能源的开发和利用、纳米技术、灾害预报等。

④进行校外实践。在旅行活动中,各学科可开展实践活动,年级和班级可开展学生社团活动、爱心活动、安全演练活动、校外义务劳动等。

⑤加强文化熏陶。学校可以结合实际,开展祭扫革命烈士墓活动;文化寻根活动;参观纪念馆、档案馆、科技馆和博物馆活动;与市内外、省内外、国内外友好学校互访;访问知名专家、学者等成功人士以及其他研学旅行活动。

⑥普及国防知识。在研学旅行活动中,可学习军事知识,加强国防教育,参与军事训练,接受组织纪律教育等。

2. 课程方案实施

（1）实施原则。

①主题明确。研学旅行校本课程是基础教育课程的校本化，它可以与学校课程相衔接。研学旅行校本课程强调以学生发展为本，突出学生的主体性，在保证安全的基础上为学生提供多样的、可供选择的课程套餐，为学生未来的发展奠定基础。研学旅行校本课程有利于学生体验研学探究的过程，学会科学探究的基本方法，加深对自然、社会、文化、历史的认识；有利于学生形成科学的自然观和严谨求实的学习态度，更深刻地认识学科知识和社会知识的相互关系；有助于培养学生合作、信任、良好的人际关系，促进师生共同成长。

②自愿参加。学校组织研学旅行前，召开家长委员会议，充分研究活动方案，公布活动详细计划及收费标准，学生自愿报名参加，并且由学校和家长签订自愿报名参加协议，费用收取和支出公开、透明。

③食、宿、学统一。研学旅行的根本目的是让学生接触社会和自然，在体验中学习和锻炼，培养学生刻苦学习、自理自立、互勉互助、艰苦朴素、吃苦耐劳等优秀品质和精神。研学旅行期间集体住宿、集体就餐、集体学习，杜绝铺张浪费。

④安全第一。各学校在组织开展研学旅行活动前，要针对活动内容专门对学生进行安全教育，做好安全保障措施，把活动可能的安全风险告知学生和家长。

（2）实施的活动范围。

研学旅行活动范围分为市内、省内、境内和境外，原则上小学（幼儿园）只开展市内研学，初级中学只开展境内游，且以省内游为主，普通高中以境内游为主，条件成熟时可开展境外游。小学（幼儿园）市内研学旅行需在一日内完成，省内研学旅行以2日为宜，境内以3～4日为宜，境外以5～7日为宜。

（3）实施过程。

①充分宣传。通过致家长的一封信、召开专门会议等方式，告知家长研学旅行的意义、时间安排、出行线路及注意事项。把活动可能存在的安全风险告知学生和家长，并把安全内容纳入自愿报名协议和活动全过程。

②成立组织。建立研学旅行校本课程开发与实施领导小组。精心挑选责任心强、有组织协调能力的学校管理人员和教师作为领队，承担学生管理工作及安全保障工作，并加强事前培训和事后考核。

③自愿报名。公布活动详细计划和收费标准，学生自愿报名参加，由学校和家长签订自愿报名参加协议，费用收取和支出要公开、透明。领队教师所需费用从学校公共经费中列支。家庭经济困难的学生，以学校统筹、争取适当减免等方式给予照顾。

④考察精选旅行社。要公开、公正选择有资质的旅行社。旅行社要有资质，有固定经营场所、有专门服务研学旅行的部门以及专职的研学旅行导师队伍；旅行社应具备100万元及以上的注册资金和50人及以上的员工队伍，在近三年内无重大质量投诉记录、不良记录、经济纠纷及安全责任事故；投保责任险保险额不低于60万元/人、旅游人身意外险保险额不低于25万元/人等。

⑤确定研学主题。要选择安全性高的研学旅行线路。结合研学线路，按活动主题安排一名学科教师作为研学导师，围绕研学旅行开设专题讲座，同时要求学生查询和了

解当地的自然风光、人文习俗及历史文化等相关内容,指导研究学习方法。

⑥统筹安全问题。要制定安全应急预案,应急预案中要有详细的安全保障举措和安全责任日报告制度。对参加的学生要进行安全教育,强化安全意识。要确保交通及用车安全。长途旅行尽可能选择火车、飞机等交通工具。选择汽车作为交通工具时,要确保车辆营运手续完备,车况、车龄和安全性能良好,司机驾驶技术好、经验丰富和综合素质高。需保证每人都有独立座位,禁止超员。要强化保险意识,承办旅行社必须购买旅行社责任险,所有参加研学旅行的师生必须购买旅游意外险。

⑦强化过程管理。学校要加强对承办旅行社服务承诺落实的监督,对活动中吃、住、行、购等细节都要提出明确要求。随行教师和研学导师要全程跟团活动,每车至少安排2名随行教师和1名研学导师。

4.评价

明确对学生研学旅行成绩的评定,涉及评定方式、记分方式、成绩来源等。评价主要是发展性评价:一是看学生在研学过程中的表现,如情感、态度、价值观、积极性、参与情况等,可分等级记录在案,作为"优秀学生"评比条件;二看学生的学习成果,学习成果可通过实践操作、作品鉴定、竞赛评比、演出展示等方式呈现,优秀者记入学生成长记录袋中。

本章小结　通过回顾国内外研学教育发展实践,梳理研学旅行课程设计的政策依据与理论基础,了解并掌握研学旅行课程设计的性质和理念,对研学旅行课程设计中所涉及的具体内容、分类、设计过程和要素等进行系统阐述,便于系统掌握研学旅行课程设计的要素和过程。

学习思考

一、研学旅行线路考察

(1)重温红军长征的光辉历程,绘制历史年代尺。

(2)探访遵义会议会址,寻找革命先辈的生活与战斗足迹,拍摄遵义会议会址照片,并简要介绍会址各组成部分。

(3)在研学旅行过程中,边走、边听、边看,寻找红军的英勇事迹和民间英雄故事。

二、研学旅行课程方案设计

中国阳明文化园是以全国重点文物保护单位、贵州省重点名胜古迹——阳明洞为核心的文化旅游园区。中国阳明文化园集心学传播、培训、讲学、体验、休闲养心、度假及商业开发为一体,以国家形象创新传播共建基地、中华国学文化名片、中国阳明心学文化地标、全国低碳国土实验区、世界心灵旅游目的地五个高端定位为核心。

中国阳明文化园由阳明洞遗迹景区、龙场驿站综合区、梦回故里风情小镇、养心度假区等部分组成。其中阳明洞遗迹景区是整个阳明文化园的核心和灵魂。阳明文化园核心景区涵盖了知行合一牌坊、正心池、亲民台、阳明洞遗址、龙岗书院、游客服务中心等景点，主要以乡土石作景观的方式来呈现阳明心学的精神风貌与历史价值。

　　搜集中国阳明文化园的相关背景资料，结合本章所学内容，撰写一篇"传承传统文化·走进阳明文化园"研学旅行课程方案。

第四章
研学旅行产品线路设计与实施

学习目标

1. 学习和把握研学旅行产品线路的相关概念、特征、研学旅行产品线路设计的方式。
2. 掌握研学旅行产品线路设计、研学旅行讲解词撰写。
3. 了解研学旅行产品线路设计的发展、研学旅行讲解词的发展。

知识框架

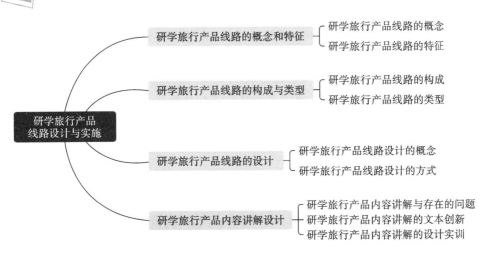

学习重点

1. 研学旅行产品线路的概念和特征。
2. 研学旅行产品线路的构成与类型。
3. 研学旅行产品线路的设计方法。
4. 研学旅行讲解内容设计与技巧。

"花漾新津·梨花季"2022四川花卉（果类）生态旅游节暨成都·新津第22届梨花（杜鹃花）节今日（8日）在梨花溪核心风景区拉开帷幕。本届梨花节首发研学线路，以研学旅行助力文旅产业转型结硕果。

在当天举行的梨花节开幕仪式上，带着浓郁青春气息的《青春之光》歌曲表演、《梨雅新韵》国学表演，让现场的观众和游客体验到了春来梨花溪别样的精彩，新津老码头商圈进行现场招商资源推介，国家金牌导游、首届"天府旅游名导"集中推介"津津乐学""花漾新津"2大新津研学旅行产品线路，据悉这是新津成立研学旅行业发展工作领导小组、研学旅行产业联盟后首次正式发布研学旅行产品线路。其中，"津津乐学"线路是一条津津乐道、孜孜不倦的求学之旅，串联九莲梦奇地、宝墩遗址、天府农博岛和白鹤滩国家湿地公园等点位；"花漾新津"亲子研学线路是一条亲子互动、其乐无穷的童趣之旅，串联"礼乐少年郎"国学课堂、当代少年劳动研学实践基地、蕃薯藤TINA庄园和诺威骑士马术中心等点位。

据新津区文体旅局相关负责人介绍，目前，新津正在开展首批研学旅行示范基地（营地）评选活动，下一步，新津将持续深入推进"教育＋旅游"协同发展，建立"领导小组＋产业联盟＋专家智库"的运行机制，以研学旅行推动旅游产业转型重塑，开展宝墩研学、梨花研学、农博研学及文创开发，打造"花漾新津·津津乐学"研学品牌，促进文旅消费场景化、情景化。

（资料来源：成都商报红星新闻）

思考：根据案例，分析研学旅行产品线路设计的原则和思路，以上线路设计会受到哪些因素的影响。查阅相关资料，撰写以上研学旅行线路的研学旅行讲解内容。

第一节 研学旅行产品线路的概念和特征

近年来兴起的研学旅行活动，是一种综合性的、涵盖德智体美劳全面素质的一类学生活动，是一次复杂的学习历程，需要制订产品线路，预设一个周密完整的行程。

一、研学旅行产品线路的概念

研学旅行是衔接学校教育与校外教育的创新形式，更是培养学生核心素养不可缺少的重要方式与途径。研学旅行产业线路设计是研学旅行内容体系中必不可少的一个环节。

研学旅行产品线路的理论研究极少，当前主要集中于研学线路中课程的研究设计部分。

根据对研学旅行、研学旅行产品、研学课程等概念的解析,结合研学旅行的特点,将研学旅行产品线路的概念界定为:以青少年为主体对象,以学科知识的获得、学科核心素养的培养为目的,规划研学旅行地点而形成的探究线路。

二、研学旅行产品线路的特征

研学旅行产品线路具有旅游线路的一般性特征,如综合性、不可储存性、不可分割性、分权性、可代替性、脆弱性和后效性,也具有以下代表性特征。

(一)集体性

研学旅行产品线路具有集体性,为支撑研学旅行活动的开展,在研学导师的指引下,在校外指定地方开展的集体活动,共同探讨知识经验,通常以年级或班级为单位开展。

(二)目的性

研学旅行产品线路在研学旅行主题的确立下,具有明确的目标与方向,确定了具体的考核体系,重视研学旅行活动开展的有效性。

(三)体验性

与在校外举办的一些兴趣小组和校园文化活动不同,在研学旅行产品线路设计过程中,尤为重视体验项目的设计。学生亲自动手,从劳动中获取经验和知识点,才能和校内学习相互配合达到更优效果。

拓展阅读

第二节 研学旅行产品线路的构成与类型

一、研学旅行产品线路的构成

根据联合国《国际标准产业分类》(ISIC/Rev3),完整的旅游线路一般应包含旅游餐饮、旅游住宿、旅游交通、旅游资源、旅游购物以及旅游娱乐六项基本要素。研学旅行产品线路设计除包含上述构成要素外,还应考虑课程设计的内容。研学旅行产品线路各构成要素之间存在依存关系。其中,最为核心的要素是研学旅行课程,其贯穿于整个研学旅行产品线路当中,丰富和深化研学旅行产品线路的内涵,使研学旅行活动达到最佳效果。

二、研学旅行产品线路的类型

根据不同的划分标准,研学旅行产品线路可划分为以下几种类型。

(一)按研学旅行活动内容划分

1. 综合性研学旅行产品线路

综合性研学旅行产品线路所串联的各点研学旅行资源性质各不相同,整条线路具有活动内容全面性的特色。例如,"贵州西江千户苗寨、荔波、中国天眼科普基地五日四晚暑期研学游",既可以领略自然景区荔波大小七孔,又能体验苗族民俗文化,还能解锁天文科普,涵盖了不同类型的研学旅行资源。

2. 专题性研学旅行产品线路

专题性研学旅行产品线路是一种以某一专题为基本内容串联各旅游点而成的研学旅行产品线路。全线各节点的景点景区或活动有比较专一的研学主题,具有较强的文化性、知识性和趣味性,受到不同兴趣爱好的游客的欢迎。如针对中小学生设计的户外夏令营、以著名大学为节点的修学游、红色文化研学旅行、少数民族文化研学旅行等。

(二)按研学旅行主题划分

1."研学旅行+文化"

我国历史悠久,文化资源丰富,各类文化类研学旅行目的地众多,其中以传统文化类、红色文化类、民族文化类占据绝大多数。

(1)传统文化类。

传统文化类研学旅行产品线路主要充分挖掘本地有价值、有特色的传统文化,集中在语言、文学、历史、思想等领域,具有较强的地域属性。传统文化类研学旅行产品线路一般选择传统文化凸显的景点,如曲阜孔庙、绍兴三味书屋等,以及专门为研学旅行打造的以传统文化为核心的研学小镇等。

(2)红色文化类。

以红色文化为主题的研学旅行活动是文化类研学旅行活动的重要组成部分,主要围绕典型的红色文化开展的研学旅行活动,红色文化类研学旅行产品线路一般选择井冈山、延安、遵义会议会址等。

(3)民族文化类。

民族文化类研学旅行产品线路一般选择民族博物馆、展览馆、少数民族村寨等,以举办少数民族特色民俗与民间节日等节庆活动丰富研学旅行活动。

2."研学旅行+农业"

这类线路主要依托以农业为主题的研学旅行基地开展,目前主要分为两大类型:一种是以现代化农业示范基地、农业研究院、农业示范园等为代表的农业研究型载体;另一种是以农庄、田园综合体等为代表的农耕体验型载体。

(1)农业研究型。

农业研究型研学旅行以参观游览、知识讲解为主要活动内容,通过直接观察现代农业的相关生产生活,进行农业知识科普教育。参观活动场所多以农业生产型基地为主,在生产种植的基础上,开展研学旅行。

(2)农耕体验型。

农耕体验型研学旅行是将生态农业与休闲观光相结合,让青少年亲身参与到农业生产活动中去,在实践中学习、在体验中游玩,在轻松愉快的氛围中完成农业知识科普教育。农耕体验型载体功能上多以旅游活动为主、农业种植为辅,除农业种植板块外,还配有农产品加工与交易、购物、游玩、手工、住宿、餐饮、教育等功能。

3."研学旅行+工业"

这类线路主要依托工业园区、工业城、高新技术园区、高新技术企业等开展研学旅行活动。因为国防科工旅游具有很强的知识性,开发过程中要融生产、观光、体验为一体,充分开发观光之外的参与体验项目和课程。

4."研学旅行+科技"

科技研学旅行活动主要是以 VR、AR、3D/4D 等高科技手段,通过展示与体验实现科技教育的目的地。一般依托科技研学旅行目的地开展科技研学旅行活动,主要包括展馆类、科研类和园区类。其中展馆类主要以知识普及类博物馆、科技馆为主,具有占地面积较小、投资金额适中、内容灵活、复制性强等特点;科研类主要以高科技企业、科研单位的实验室、生产工厂为载体,复制性差;园区类则主要是动物园与植物园,科技含量相对较低,占地面积较大。

拓展阅读

第三节　研学旅行产品线路的设计

一、研学旅行产品线路设计的概念

研学旅行产品线路设计,是根据现有研学旅行资源的分布状况、研学基地区域位置以及整个区域研学旅行发展的整体布局,采用科学的方法,确定合理的线路,使研学旅行者获得丰富的旅游经历的过程。

二、研学旅行产品线路设计的方式

(一)基于体验视角的设计方式

基于体验视角的研学旅行产品线路设计思路主要是:结合研学实践的经验和关联领域的知识,梳理研学旅行产品线路设计的知识框架,内容包括组织要素、组合方式、基本原则、过程步骤和注意事项,下面主要介绍前两项。

1.组织要素

研学旅行产品线路设计的组织要素主要有设计人员、设计经费、设计资料、设计创意和设计广告等。

设计人员作为开展研学旅行产品线路设计活动的关键能动要素,需具备足够的专业素养,要能够准确把握研学主体的需求,同时掌握研学旅行产品线路设计的原则、方式、步骤、衡量标准等内容,必要时可联合学校及教师等群体共同开展线路设计工作。

设计经费是研学旅行产品线路设计活动的条件保障,具体包括调研经费、劳务费等,这些费用作为定向支出,应严格控制成本。

设计资料是研学旅行产品线路设计活动的基础,对此需筛选特定范围内的研学旅行资源,依据学科相关性、学生素质培养等条件进一步精选研学旅行点,并通过资料查阅、实地调查、深度访谈等方式获取真实丰富的信息资料,建立线路素材资源库。

设计创意是研学旅行产品线路顺应时代发展的应对之策,学科知识的发展可谓是日新月异,学生们的研学需求也在不断地变化,因此在研学旅行产品线路的设计过程中应及时把握需求动态,注重新产品、新线路的开发与研究,在经典线路的基础上进行内容挖掘和形式创新,尽力做到人无我有、人有我优、人优我异。

设计广告是研学旅行产品线路走向市场的有力推手,一条好的研学旅行产品线路同样需要进行有效的市场营销推广,在这个过程中需要注意线上、线下相结合的市场推广方式,并做到发掘亮点、凸显特色。

2.组合方式

研学旅行产品线路设计的组合方式主要包括时间、空间、功能、项目和人员的具体组合。

时间组合是研学旅行产品线路长短节奏快慢的组合。在时间安排上,研学旅行产品线路设计应依据不同学段学生的身心发展特点,保证研学活动衔接紧凑但不紧张,快节奏和慢节奏的实践活动交叉变换,做到张弛有度,为学生预留反思和总结的时间。

空间组合是研学点在地域密度上的组合。研学点是研学旅行产品线路主题的集中体现,其分布要尽量保持均匀,不宜过于分散或集中。若某地区的研学点较为集中,则适合节点状研学旅行产品线路,若某地区的研学点较为分散,则适合环状研学旅行产品线路。

功能组合是针对特定研学点而言的。功能要素不仅包括常规的食、住、行、游、购、娱,还需配备与研究性学习活动相关的各种功能要素,诸如学习设备、场地、用具材料等,其组合关键在于营造身心一体的研学情境,设计动态化的具身研学环境。

项目组合是研学旅行产品线路中多样化的活动设计及其安排。该环节必须要找准活动与课程的结合点,将课程知识融入其中,才能充分激发学生的游览和学习兴趣,更好地实现研学旅行的教育目的。

人员组合是针对不同年级、不同学科的群体所进行的组合。人员组合的核心是需求导向,要求依据各学科内容和学习阶段的渐进性,为不同层次的学生群体匹配合适的研学旅行产品线路,以及相应的项目组合。

(二)基于关键能力培养的设计方式

研学旅行产品线路的打造是研学旅行课程建设的关键一环。学生能力发展的重点到底应该是什么?中共中央办公厅、国务院办公厅印发的《关于深化教育体制机制改革的意见》中明确提出,要注重培养支撑终身发展、适应时代要求的关键能力。在培养学生基础知识和基本技能的过程中,强化学生关键能力培养。早在古希腊时期,"强调理性"已成为课程与教学思想的四大特征之一;在教学论学科形成阶段,"主张人的全面发展"已成为教学目标。当前,应大力倡导培养四种关键能力,即认知能力、合作能力、创新能力、职业能力。

四种关键能力内涵比较如表 4-1 所示。

表 4-1　四种关键能力内涵比较

	认知能力	合作能力	创新能力	职业能力	
隐性素质（素养）	终身学习的意识	遵守、履行道德准则和行为规范	好奇心，勇于探索，大胆尝试，创新人格，创新思维	职业精神，知行合一	内化的
外显行为	独立思考、逻辑推理、信息加工、学会学习、语言表达和文字写作	自我管理，与他人合作，过集体生活，处理个人与社会的关系	想象力，创新创造	适应社会需求，动手实践和解决实际问题	具体的

四种关键能力是学生发展核心素养的凝练，是学生适应当今与未来发展的关键能力，这必须通过国家课程、地方课程和校本课程来实现，但是，目前研学旅行活动课程的课程标准尚未制定。因此，研学旅行产品线路设计应该紧扣四种关键能力培养，参照教育部等 11 部门出台的《关于推进中小学生研学旅行的意见》、教育部《中小学综合实践活动课程指导纲要》和《中小学德育工作指南》精神，参考中小学各学科课程标准要求，把握收集和处理信息，研究课题设立与选择、合作设计活动方案、实施实践活动、活动评价等关键节点，设置研学的活动目标、活动内容、实践形式和课时，使研学旅行产品线路安排得科学、规范、高效。

(三) 基于创新视角的设计方式

研学旅行产品线路是研学旅行产品的主要表现形式，它是吸引研学旅行者的关键。研学旅行企业只有精心设计出合理巧妙、有新意、有活力且有历史与文化内涵的线路，才能吸引研学旅行者购买，在确保优质服务中创新。那么，如何使旅游线路求新出奇、花样翻新、引人入胜是当前旅游市场应当认真研究和解决的问题。当一条线路从培育、成熟到达到顶峰时，研学旅行企业就应该设计新的线路，以便新旧交替，不断攀向高峰，这是不可抗拒的自然规律。创新研学旅行产品线路主要可以从以下几个方面进行。

1. 翻新式——旧线翻新，注入新意

旧路线之所以仍在沿用，这说明它还有生命力，它还能吸引游客来购买，如果做适当的改变，插入更多的新内容，就可以使其更加丰富，锦上添花。例如传统的"华东五市游"覆盖南京、无锡、苏州、上海、杭州五个城市。但随着研学旅行热潮的兴起，可考虑将其转化为研学旅行产品线路。

2. 多点式——一线多点，巧妙组合

以名景点为主，然后以此为中心进行延伸、组合，这样往往可以取得意想不到的效果。例如，在安排重点游览张家界的研学行程中，可将文化学习穿插其中。

3. 新景式——开辟新景，大胆尝试

研学旅行产品线路的设计者一定要有思想、有勇气、有活力，敢于在实践中大胆开拓与尝试，探寻各地可作为研学旅行活动开展的基地，丰富研学旅行者研学旅行活动。

4.拉力式——资源拉力,求奇探险

根据研学旅行者向往大自然,求新、求奇、求险、求趣的特点,可以适时推出资源吸引型旅游线路。只要肯学习,了解最新信息,注重调研,善于挖掘新景点,多掌握旅游资源,完全可以从实际出发,设计出具有新内容、新景色的新线路。

5.专业式——对口适度,流畅出新

研学旅行产品线路的特点表现在自选性强、个性化突出,异于事先定好的旅游线路。对此,在设计研学旅行产品线路时要根据上述特点,有的放矢地设计出符合专业化要求的特殊线路。应先按教育部门要求进行设计,再穿插精华景点,这样顺"路"成章,一举两得。

第四节 研学旅行产品内容讲解设计

一、研学旅行产品内容讲解与存在的问题

教育部等 11 部门发布的《关于推进中小学生研学旅行的意见》中明确指出了把研学旅行纳入学校教育教学计划,以便学生课程实践的完善。想要让学生在研学旅行中取得收获,并且达到旅行的教育意义,研学型导游的培养必不可少。研学型导游不同于传统的人民教师或者辅导教师,"导"既有着指导学生思想、心理与学习生活的意义,又包含了传统导游的含义,是一种教育与旅游的结合,这对研学型导游的讲解能力以及职业素质提出了更高的要求。

当前,教育与旅游相结合的研学模式正在火热升温中,然而,由于导游的素质不一,导致了研学过程中还存在很多问题。如旅游景区的开发,让越来越多学生选择去风景区展开研学,但是导游的解说词几乎都是由神话故事、历史故事等组成,让学生感觉不到新意,也难以起到教育作用。

当前研学型导游在讲解方面存在以下问题。

1.讲解出现千人一词的现象

地质公园的开发,使得学校经常组织学生去地质公园等风景区旅行,但是在这个过程中,很多导游都采用了一套几乎相同的解说词,缺乏新意,很少有导游能够主动结合自身知识经验和风景区特点二次创作,面对不同年龄层次、不同旅行需求的游客,景区永远都保持一套说辞,可见这种千人一词、一词千人的单一形式,无法满足现在研学旅行的需要。

2.讲解内容停留在观光旅游层面

当前,研学旅行行业的火热,让很多旅行社将以往的观光旅游模式转变为研学模式,发生了深层次的改变,让旅行变得更有深度,然而,虽然模式发生了变化,但是讲解内容却没有发生实质性的改变,一些景区的讲解词停留在低层次的神话故事讲解层面

上,而游客的旅游目的已经往探险求知、强身健体以及研究学习方向发展了,不同游客想要通过旅行增长见识,浅显的讲解内容难以满足游客的实际需求。

3.讲解过程缺乏引导性以及个性化

虽然研学旅行的行业规模正逐渐扩大,然而导游素质不一。导游证书的获取门槛比较低,导游的学历层次不一、专业素质也存在差别。而且导游考试中,往往是统一的规范性面试词,这种形式不利于导游对景区形成独特的理解,缺乏个性化、研学性质的解说词创作,同时,导游的语言能力、专业素质以及性格也会对解说词的二次创作产生影响。另外,地理知识匮乏的导游难以带领游客去发现研学旅行景区的地质美、景观美,难以引导游客发现美、感受美,使得研学游变为简单的观光旅游。

二、研学旅行产品内容讲解的文本创新

研学旅行产品讲解内容由引言、主体和结语三部分构成。

(一)引言

引言就是开场白。好的开场白,好比一出大戏的序幕、一篇乐章的序曲、一部作品的序言。教学也讲究第一印象,而引言是给学生留下第一印象的极佳机会。引言包括欢迎词和研学性行程两部分。

1.欢迎词

欢迎词是研学导师表示欢迎的简短用语,包括表示欢迎,介绍自己,预告节目,预祝成功几个要素。

2.研学行程概述

在研学行程概述中,研学导师向学生介绍本次研学的基本情况,是对整个研学行程的预告,起到纲举目张的作用。

(二)主体

主体部分是研学讲解的核心,其内容是把研学课程的具体内容向学生进行详细的介绍。这一部分大都是以研学课程教学设计为线索,按教学大纲要求用分述的方式一一讲解。如研学基地解说、红色文化旅游地解说等。

(三)结语

结语是简单的送别词。如果说欢迎词给学生留下了美好的第一印象,那么好的欢送词则给学生留下的最后印象是深刻的、持久的,甚至是永生难忘的。结语包含惜别、感谢合作、小结研学旅行行程、征求意见、期盼重逢等。

三、研学旅行产品内容讲解的设计实训

(一)实训项目

研学旅行产品线路设计及讲解内容撰写。

(二)实训要求

(1)组建项目小组,根据要求设计一条研学旅行产品线路。
(2)结合研学旅行资源特点,进行研学旅行产品线路设计,确定必到景点和选到景点。
(3)所设计的研学旅行产品线路符合设计原则并体现一定的设计技巧。
(4)分小组进行课堂展示,每组展示时间不少于10分钟。
(5)接受其他小组点评并答辩。
(6)撰写实训报告。

(三)实训内容撰写及评价要求

1.实训内容撰写

(1)研学旅行产品线路名称。
(2)研学旅行宣传口号。
(3)研学旅行目标人群分析:使用市场细分理论与方法定位目标人群,并做详细解释和说明。
(4)研学旅行产品线路介绍:使用表格方法对参考行程加以介绍,并提出行程注意事项。
(5)研学线路成本分析及报价。
(6)研学旅行产品线路创新性分析(特色)。

2.评价要求

(1)研学旅行产品线路主题是否鲜明?
(2)研学旅行产品线路要素是否齐全?
(3)研学旅行产品线路是否具有可操作性?
(4)研学旅行产品线路的目标人群是否准确?
(5)研学旅行产品线路成本预算、报价是否合理?
(6)幻灯片制作是否具有可视性?
(7)研学旅行产品线路创新性阐述是否清楚?
(8)是否能够回答其他小组提出的问题?

本章小结

本章内容包括四个部分:一是研学旅行产品线路的概念和特征,主要为研学旅行产品线路的概念和集体性、目的性、体验性三个特征;二是研学旅行产品线路的构成与类型,主要从研学旅行活动内容和主题进行划分;三是研学旅行产品线路的设计,主要有基于体验视角的设计、关键能力培养的设计和创新视角的设计三种方式;四是研学旅行产品内容讲解设计,主要为内容讲解与存在的问题以及内容讲解的文本创新和实训。

 学习思考

1. 简述研学旅行产品线路的概念和特点。
2. 简述研学旅行产品线路设计的概念。
3. 简述研学旅行产品线路设计的方式。
4. 研学旅行产品内容讲解的内容由哪几部分构成？

第五章
研学旅行产品主题设计与实施

学习目标

1. 了解研学旅行产品主题的设计原则与方法。
2. 熟悉研学主题产品方案设计要求和主题产品方案设计要素与过程。
3. 掌握研学主题产品方案实施的基本要求。

知识框架

学习重点

1. 旅行产品主题的选题原则和方法。
2. 主题产品方案设计要素与过程。
3. 主题产品方案实施的基本要求。

学习引入

为促进教育和旅游协同发展,武汉市落实市委市政府提出的开展"百万中小学生游武汉"活动要求,推进全国中小学研学旅行实验区建设,进一步加强中小学实践育人工作,制定《关于开展全市中小学研学旅行试点工作的方案》。相关人员应认真学习该方案,重点掌握研学旅行主题及线路设置,结合各职责分工、经费落实、安全保障、配套体系等方面,设计区域研学旅行实施方案。

第一节 研学旅行产品主题的设计原则与方法

研学旅行产品的主题设计是建立在科学理论基础之上的,与课程设计一样,需要充分理解并依托课程理论、生活教育理论、建构主义学习理论和多元智能理论。研学旅行产品的主题设计与实施应当与学校教育和学科课程设置统一并进行有机结合,提高学生的能动性和实践能力,促进"知行合一"。

一、研学旅行产品主题的设计原则

（一）教育性原则

研学旅行产品主题设计要结合学生的身心特点、接受能力和实际需要,注重系统性、知识性、科学性和趣味性,着力培养学生的社会责任感、创新精神和实践能力。把教育性原则放在第一位,避免研学旅行产品主题设计出现侧重旅游的现象。

（二）实践性原则

在研学旅行产品主题设计过程中,要充分考虑如何促进学生知与行、动手与动脑、书本知识和生活经验的结合和统一。研学旅行产品主题设计应更强调打破教材、课堂和学校的局限,在活动时空上向自然环境、学生的生活和社会活动领域延伸,密切学生与自然、社会、生活的联系,注重学生活动的实践性。

（三）整合性原则

研学旅行产品主题要以统筹协调、整合资源为突破口,从立德树人、培养人才的根本目的出发,站在综合育人的高度,基于核心素养的形成来进行统筹、设置和实施,在此过程中就要进行资源的梳理、整合。综合考虑区域情况、学校情况、学生情况,充分挖掘和整合利用自然文化遗产、红色文化、民族文化及博物馆、科技馆等的资源,提升研学旅行产品主题设计质量。

（四）操作性原则

研学旅行产品的主题设计应尽量做到工具简单、材料易得、花费节省、操作容易,所选主题尽量舍大取小、舍远求近、舍难求易。应充分考虑选题可能会涉及哪些问题,采用哪些研学形式,具体的设计内容能否得以实施,是否具备必要的资源支持等,提高研学旅行产品主题设计的可操作性。

二、研学旅行产品主题的选题方法

研学旅行产品主题的选题方法主要有整合学科资源的方法、融合学校活动的方法、教育目标达成的方法、依托重要资源的方法、运用社会热点的方法、生活与职业体验的方法、研学导师经验提炼的方法以及学生自主选题的方法。

(一)整合学科资源的方法

研学旅行活动的优势在于能更有效地引起探究,有益于学生综合能力的培养,有利于学生多种智能的全面开发。研学旅行产品的主题设计要综合考虑各学科蕴含的培养学生素养的问题,通过主题将它们统整起来,围绕这个主题组织、设计活动内容。

例如,在《语文周报》组织的"跟着课本游燕赵"活动中,西柏坡、狼牙山五壮士、白洋淀、小兵张嘎、地道战等课本中出现的内容均可整合成为研学旅行产品的主题。需要注意的是,在整合时应打破现有的文本常规格局,围绕主题整合学科课程资源。研学旅行产品的主题应当体现综合性、开放性、多样性等特点,使学生不只是"学习"知识,更要"学会""学懂",不仅要让学生"知"和"智",更重要的是促进学生"德"和"能"的全面发展。

(二)融合学校活动的方法

2017年教育部颁布的《中小学德育工作指南》在实施途径和要求中指出:"要精心设计、组织开展主题明确、内容丰富、形式多样、吸引力强的教育活动,以鲜明的价值导向引导学生,以积极向上的力量激励学生,促进学生形成良好的思想品德和行为习惯。"建议开展节日纪念日活动,如植树节、劳动节等主题教育活动,研学旅行产品的主题可以与校园德育主题有机结合起来。

例如,桂林某小学结合学校科学月活动,以"爱科学我能行"为主题充分发挥学校教育技术设备传播信息的优势,对科技教育资源进行设计、开发、利用、管理,运用校园网络系统、广播系统、多功能厅等视听设备为学生播放科普电影;开放学校图书室、实验室、科技活动室、劳技室,让学生读一本科普书、做一个科学小实验、讲一个科学家的故事、做一件科技小作品,并邀请各级专家、学者进入学校指导本次科技活动,组织青少年进入科研院所、实验室和科普教育基地参观。融合学校德育活动的方式不仅为学校德育育人提供新途径,促进其纵深发展,也可以为研学旅行产品的主题设计提供丰富的主题来源。

(三)教育目标达成的方法

立德树人、学生发展核心素养等是对当前我国教育目标的精练描述。培育学生核心素养,无论是学校课堂教学还是社会实践活动,在实施过程中都需要设立明确的主题,或者围绕教育目标优选研学旅行产品的主题。

例如,"创新设计夯实学生文化基础"的主题,可通过设计专门的文化线路,包括参观博物馆、古镇、历史遗址等具有深厚文化积淀的景点,让学生以史为鉴、以人为本,知兴替、明得失,在潜移默化中提高人文素养,汲取历史文化中的知识和智慧。教育目标的达成是一个综合、实践的过程,弘扬爱国主义精神是研学旅行产品的重要主题之一。尊重和传承中华民族悠久的历史文化,是培育爱国主义情感、厚植家国情怀的重要条件。以爱国主义为核心的研学旅行产品主题引领的核心要义可以是家国天下、人文特色,如水江南、中原、西安、齐鲁等地的研学活动可以聚焦升华为"江南探风骨""古朴中原寻历史""千年丝路忆汉唐""登顶泰山慕圣贤"的主题。

(四)依托重要资源的方法

学校周边和地方教育资源是研学旅行活动开展的重要资源依托,也是研学旅行主题生成的重要依托。中小学研学旅行在试点推行阶段主要以本地研学为主,因此学校在进行研学旅行主题设计时要充分挖掘学校周边地区教育资源,结合学校周边实际开发主题。

结合学校周边和地区教育资源设计研学主题的具体途径如下。

一是立足人文环境开发主题。利用学校周边的历史文化古迹和爱国主义教育基地来设计主题活动,如国家博物馆、革命军事博物馆、红色教育基地等。此外,还可以因地制宜发掘社区教育资源,确定研学旅行产品的主题。

二是结合自然环境资源进行主题设计。利用城市、城郊公园,依托湿地或森林,与当地环保、园林、气象局等部门联合,开展生态环保研学活动。

三是立足人力和教育资源进行主题设计。利用高校、科研院所、实验室等的平台和师资资源,设计以不同学科为主题的研学旅行产品。

(五)运用社会热点的方法

研学旅行活动面向学生的整个生活世界,学生的生活和整个人类社会都发生着变化,反映综合实践活动本质的活动主题已经不可能是固定的和绝对预期的,它与时代发展保持着密切的联系,始终处于不断变化和发展的过程之中,它是动态的、开放的、发展的,可以及时选取和挖掘社会热点资源作为研学旅行的主题进行产品设计。

例如,结合当前的热点,节能环保类的污水处理、垃圾分类与处理,农业类的温室蔬菜与花卉、农产品加工,高科技工业类的机器人智能车间、新能源工厂,新兴产业的无人机、AR、VR、数字工厂,服务业的餐饮、旅店、家政服务等社会热点,都可以作为研学旅行产品的主题。在设计过程中,要将文化熏陶与知识能力的发展有机结合起来,面向全体学生,遵循教育规律,注重知识性、科学性、文化性及趣味性,让学生有机会走出教室、走进社会。研学导师应精心设计、妥善安排,将自然文化、社会文化与学校文化有机融合,充分挖掘文化的内隐性和旅行的趣味性,让学生的核心素养在轻松愉悦的文化氛围中得到提升,使学生感受、吸收社会热点和时代最新进展,有利于教育目标的实践达成。

(六)生活与职业体验的方法

生活本身丰富多彩,职业类型也多种多样。要结合学生特点,将生活中的问题和职业类型有选择地设置为研学旅行产品的主题,并选定适合的主题开展研学旅行活动。例如,"旅商研学"实践教育基地按照实景一比一打造职业体验馆,四大主题涵盖小学至高中、从入门到高阶的研学课程,数十名行业大师和资深教师组成导师团队。在一天的研学课程中,每个学生都能"上岗实习"做一天的小小"实习生",在亲手制作、亲身参与中收获一日宝贵的"职业体验"。

(七)研学导师经验提炼的方法

在研学旅行产品主题设计过程中,不仅应当充分发挥学生的自主性,还要重视研学导师的经历、爱好和特长。研学导师在进行产品的主题设计时,可以从个人的经验出发,结合自身的兴趣和爱好设计研学旅行产品的主题。研学导师从兴趣出发指导学生开展活动,有利于发挥其自身的特长和潜力,使活动的效果更加理想。

(八)学生自主选题的方法

在研学旅行主题设计过程中,研学导师可以发动学生独立自主地发现和寻找问题,由师生共同来筛选,把问题转化成活动主题。研学导师通过创设情境,激发学生的创造性思维,引导和启发学生从多方面发现和寻找问题,鼓励学生在自己所处的自然、社会和生活环境中留心观察、用心体会、细心辨析,探寻自己感兴趣的问题或课题,将问题及时记录下来,经过讨论转化为研学旅行的主题。

例如,学科教学所涉及的与实践有关或学生非常感兴趣且想进一步了解的内容,学生个人生活和学习中遇到的问题,学校、家庭、社区生活中学生感兴趣的现象,科技与社会热点问题等,都可以作为研学旅行产品的主题来选择。对于自己选择的主题活动,学生参与的积极性和效果自然是不言而喻的。

第二节 研学旅行产品主题的设计要素与过程

研学旅行产品是研学旅行发展的直接体现与核心,一般包含能使研学旅行者(主要是中小学生)行前学习、行中研习、行后总结的完整研学旅行过程。研学课程、研学线路需要经过完整的流程设计才能成为产品(在行前准备、衔接流程、行后反馈和安全保障上有所设计),而真正优秀的研学旅行产品需要一个较为长远的多方联动体系,通常包含家长、学生、学校,具体互动者因实际承办开发方式而有所区分。

一、研学旅行产品主题的设计要素

(一)主题命名

为避免研学旅行产品缺乏特性和个性,产品开发之初便需要根据中小学生需求和特点、地区资源状况设计特色主题。研学旅行产品的主题要源于旅游地的文化形态表现,富有当地性和本土化特点,围绕特定主题,配备对应主题的研修课程、活动设计、研学导师来开展探究性学习的研学之旅。研学旅行产品的主题名称要做到特色突出,内容鲜明。研学旅行产品的主题命名既不能过于简略导致内容表述不完整,也不能过于复杂而使主题不够聚焦。

研学旅行产品主题的命名要遵循一定的规范性表述原则。

一是表达准确而简洁。研学旅行产品的主题表述要用陈述性语言,直观、简洁、准确地陈述特定主题,不用抒情性或议论性语言。比如表达故乡茶文化的研学旅行主题时,用"探秘茶文化,品味故乡情"就比"悠悠茶香远,浓浓故乡情"更符合研学旅行的探究性、教育性特点,也更能直观传递本次研学旅行的主题和宗旨。此外,研学旅行产品的主题命名一般不用疑问句。疑问句虽能起到引发读者兴趣并激发其进一步了解的动机和意愿,但作为主题名称,宜用陈述句,让读者一看名称便能确切了解本次研学旅行的主题内容。

二是要有行为动词。研学旅行是对传统课堂静态式学习的突破,强调在校外课堂中进行动态式的学习,讲求"做中学"。因此,在进行主题命名时,名称中一定要有行为动词,方能直观体现出研学旅行"做中学"的实践学习特点。如"溯源古皖寻梦徽州""历尽蜀道品韵天府"等主题名称中,溯、寻、历、品等行为动词生动形象地表明了本次研学旅行的实践性、动态性特征。

(二)主题目标定位

研学旅行产品不同于一般旅游产品只需要提供给消费者新奇、不同往常的旅行经历或休闲放松的功能,研学旅行有目标,即让学生在校园以外的环境中了解社会、培养人格、全面发展。研学旅行产品主题的目标定位要紧紧围绕研学旅行的目标,树立自己的功能定位和培养目标。目标的培养主要包括以下三点。

一是知识目标,让学生在研学活动中了解关于主题的基础知识和文化内涵。

二是情感目标,培养学生对主题文化的认同感和社会责任感。

三是素养目标,培养学生的动手能力和团队协作能力等基本素养。

(三)主题活动内容

根据教育部规定,研学旅行分小学、中学、高中三个教育阶段,研学活动和内容安排应尽量分级化。小学阶段的研学时间可以为两天一夜,学生群体为小学四到六年级学生;初中阶段的研学时间为三天两夜,学生群体以初中一或二年级为主;高中阶段的研学时间为四天三夜。从研学内容上,小学阶段的研学主题应以游览体验为主,增加游戏性的内容,比如参观博物馆或游览文化景区,参与主题文化的体验互动项目。初中阶段的研学主题可增加更多知识性、实践性的内容,如参加主题文化大讲堂,亲身参与制作技艺的练习。高中阶段的研学主题以研讨探究、主题文化实践的内容为主,比如以某一非遗为对象,探讨其保护传承现状、遇到的困难,参与到非遗保护传承宣传普及的实践中来。针对国际型的学生群体,应注重展示民族优秀文化,充分展现精彩的民族技艺,增加互动性、探讨性的课程,重视内容的丰富性,重点提炼一些民族精神、历史文化等内容。

(四)主题活动类型

研学旅行产品的主题活动应根据文化特征和学生参与研学旅行的实践特征进行细

分，一般可分为以下三种类型。

一是观赏型。观赏型主题活动主要是让学生欣赏感知主题文化的魅力，通过视觉感知文化的美学价值。

二是参与体验型。参与体验型主题活动是围绕学生与文化活动的互动而设计的考察体验型活动，如参与非遗工艺品（如陶器等）的制作。在亲身实践和感受中，可以更深刻地认识到主题文化的特征、技艺、内涵。

三是探究型。探究型主题活动是指以研讨、探究等形式深入认识、了解主题文化，通过探究型主题活动能激发青少年的文化自觉意识和责任感。

（五）研学导师匹配

一是研学旅行过程教育学生、指导学生的同时带领学生展开研学行动的随队教师。研学旅行不同于一般的旅游活动，由于参与的都是青少年儿童，不具备为自己独立负责的能力，需配备具有教育管理和带队能力的教师。研学导师全程带队，跟踪辅助学生完成研学旅行，同时做好应急准备。设计主题研学旅行产品，需要配备有教育背景和经验的研学导师，通过相关培训和考试学习研学相关安全事项知识，辅助青少年顺利开展研学旅行。

二是主题活动的研学导师。研学旅行产品的主题内涵需要优秀的研学导师传递给学生，传授主题文化知识，通过口传心授指导学生，提高学生的综合素养。

（六）研学场所（馆）安排

研学旅行产品的主题活动要依托于相关的研学场所（馆），根据研学活动的具体内容，选择相应场所（馆）。政府要根据研学旅行育人目标，依托地区的公共设施、场馆情况，积极遴选建设一批安全适宜的中小学生主题研学旅行基地。

二、研学旅行产品主题的设计过程

按照研学旅行产品主题的结构，可以把研学旅行产品主题分为系列主题和单一主题两种类型。通常而言，在进行研学旅行产品主题设计时，既要有持续性的系列主题，也要有独立性的单一主题。

（一）研学旅行产品系列主题设计

系列主题是在某一核心主题的统领下，按照活动范围逐级拆分和细化核心主题，进而形成围绕核心主题的一系列子主题，如基于学校制定的大主题，形成了从不同年级，到不同班级，到不同小组，再到每一个体研究层层细化的系列研学主题。系列主题的设计通常需包含三个阶段。

1. 主题确立与启动阶段

该阶段主要是发现问题、提炼形成相应的主题，并制定出详细可行的实施方案，以引导整个后续研学旅行活动的开展。主题的确立与启动关键在于把握好以下两个要素。

（1）发现问题并提炼主题。

通过对社会、生活以及大自然等自身所处的周围环境中存在的各种现象和问题保持好奇与探究的心态，主动发现值得深入探究的问题，并结合学生知识结构、兴趣爱好及教育目标等，对问题进行提炼并形成最终的研学旅行产品的主题。一般来说，高质量研学旅行产品的主题通常具有以下特点：对学生有吸引力；源自现实生活；学生已有一定的相关经验；便于学生展开探究以获得一手经验；对书本及成人不过度依赖；会衍生出许多相关问题；可从家长那里获得专业支持；能生成新的研究主题；有助于学生到校外寻找资源等。

(2) 提出假设并确定方法和工具。

研学旅行产品的主题确定之后，还需要制定初步的实施方案，在方案中明确主题研究假设，选取合适可行的探究方法和工具。不能仅仅局限于对研学主题的寻找和提炼，更重要的是要科学研判在主题实施过程中会出现哪些难题，如何解决这些难题，进而形成相应的假设。同时，基于主题内容和可能出现的问题，要科学选取适用的研究方法和工具，如现场观察、访谈、实验、社会调查等。

2. 主题实施阶段

该阶段主要是通过进入研学旅行主题实施现场，按照既定的研学旅行活动方案逐步推进，通过资料收集、资料分析、交流研讨等方式，分析问题，解决问题，并不断对之前提出的假设进行进一步检验。该阶段同样包含两个关键要素。

(1) 多方求证，获取证据。

学生要带着既定的问题和假设开启研学旅行的实践过程，通过在特定的研学基地、研学营地、经典景区等研学旅行目的地开展一系列的研学探究活动，包括观察、访谈、实验、调查、考察、研讨等，不断收集所需资料，以更好地理解和解决在上一阶段提出的预设问题以及在当前研学过程中生成的新问题。

(2) 得出结论，提炼观点。

在资料和信息收集完成之后，要对其进行适当的编码、分类、归档和整理，并对这些资料进行一定程度的分析处理。在分析处理时，可以采用文字描述、图标呈现、照片诠释、思维导图等方式，使研究资料的内容呈现更加丰富，条理更加清晰。同时，还需要进一步对以上资料进行解释，以提出自己的看法和观点，进而对之前提出的预设问题进行验证。如果预设成立，则将预设视为研究结论，如果预设不成立，那就需要做出相应的调整或改变，提出自己基于资料收集与分析之后形成的观点，并通过现有相关资料和证据或进一步收集相关证据来予以论证。

3. 主题总结与展示阶段

该阶段主要是对本次主题研学旅行活动进行总结、提炼、展示与评价，既是对本次主题研学旅行活动的回顾与反思，也是对未来进一步开展主题研学旅行活动的奠基与展望。该阶段包括以下两个基本要素。

(1) 交流与评价。

主题研学旅行活动结束后，要对本次活动成果进行一定程度和范围的展示与交流。具体而言，可以通过海报、板报、表演、绘画、音频、视频、图片、文章等多元化的方式对主题研学活动的成果、结论、心得等进行展示、交流与讨论。同时，应将每一位学生在整个研学旅行活动过程中的所有资料进行整理归档，既是资料保存之需，同时也可供教师、家长、同伴等学习、参考与评价。对研学旅行活动成果进行多主体性的评价是促进研学旅行活动高质量发展的关键一环，可根据事先设计好的各种评价表格，通过文字表述与打分的形式，对本次研学旅行活动进行多维度评价，评价内容包括知识与技能、过程与方法、情感价值观、学习态度等。

(2) 反思与改进。

研学旅行活动的主体是学生，研学旅行活动的目的是推动学生通过研学旅行实现综合能力提升和个体全面发展。因此，每一次研学旅行活动结束后，都应进行以学生为主体的反思与改进，具体内容包括本次主题研学活动质量如何、研学方案完备与否、研究工具是否准备妥当齐全、小组合作顺利与否、研究方法是否合理可行、资料收集是否全面、资料分析是否科学合理、研究结论是否合理等。通过对本次研学旅行活动的回顾与反思，让学生充分意识到本次活动中存在的问题，意识到自身学习能力和研究能力的不足与局限，进而提出改进提升的策略与方法，为未来的研究奠定坚实基础。

(二) 研学旅行产品单一主题设计

研学旅行产品单一主题设计强调主题设计的单一性，无需对主题进行层层拆分和细化，所有成员都在同一个主题之下进行探究和体验，不派生出系列性的子课题和细分主题，所有成员围绕同样的主题和任务，集体协作，相互帮扶，共同完成指定的任务，并在这一过程中实现自我提升。单一主题设计要求按照学段、年龄段对研究目标和研究内容进行针对性设计和安排。研学旅行产品单一主题的设计同样包含三个阶段，具体如下。

1. 背景知识学习和技能准备阶段

在该阶段，学生需要根据研学主题要求，通过资料查阅、聆听讲座、访谈交流等多种方式，提前熟悉即将开展研学的目标对象，了解其基本情况和背景知识，在头脑中形成对该目标对象的总体印象，为研学旅行主题活动的开展和研学任务的完成奠定基础。同时，若研学旅行活动涉及有关操作性活动的，还需要提前进行一些必要的技能准备，如简单绘图、基本软件操作等。

2. 主题活动开展与任务完成阶段

该阶段主要是通过在特定的研学基地、研学营地、经典景区等研学旅行目的地开展一系列的研学探究活动，包括观察、访谈、实验、调查、考察、研讨等，不断收集所需资料，通过小组合作，完成任务清单中涉及的各项体验与探究任务。

3. 成果展示与交流阶段

该阶段主要是以小组为单位，对各组在研学旅行过程中开展的体验与探究过程及其最终成果进行展示与交流。虽然各小组任务要求都是一样的，但是基于个体思考的差异性，在实际操作中呈现出来的每一个小组对任务的理解和解决方式往往存在一定的差别。通过任务完成过程和最终成果的展示与交流，有助于充分彰显每个小组的思考方式和解决方式，呈现出多元化的问题解决方案。同时，通过展示与交流，还能促进各小组之间的经验分享与交流，强化学生对研学知识和技能的理解与把握，并在这一过程中碰撞出新的思想火花。

第三节　研学旅行产品主题的实施

研学旅行产品主题的实施过程主要包括三阶段,分别为行前阶段、行中阶段、行后阶段。其中,行前阶段的准备工作是研学旅行活动的基础;行中阶段的一连串探究活动过程是研学旅行活动的关键;行后的总结和评价是研学旅行活动的升华。

一、行前准备

(一)教师准备

(1)研读课程标准,确定活动主题与目标。

(2)参考课程标准中的内容要求和教学提示,依据提炼出的研学旅行活动设计策略,同时结合相关资料以及学生的学情确定研学活动的地点。

(3)对研学活动地点开展2~3次实地考察,确定考察点、设计任务、制定研学线路。

(4)在实地考察的基础上编写研学课程手册,编制一份高质量的研学方案,然后通过线上和线下请教经验丰富的课程教师,特别是研学旅行活动经验丰富的教师,同时对手册上内容可行性、科学性进行系统分析。

(5)确定活动时间、开展动员大会,明确告知学生以下信息:一是研学活动时间、地点、活动目的、需要完成的任务、工具和物品准备,强调安全注意事项,让学生对研学实践活动有初步了解;二是让学生树立"安全第一"意识,购买旅行保险,发放安全协议书,提前和家长协商,同意后在协议书上签字;三是建立研学旅行交流平台,教师提前与学生沟通,以方便行前、行中、行后师生交流与联系。

(6)监督并检验学生的准备情况。教师应该及时检查学生的准备情况,例如,是否加入交流平台,是否及时接收通知,是否购买旅游保险,是否与家长确认并签订安全协议书等。安全是研学旅行最大的保障因素,安全的车辆及车技娴熟的司机至关重要,以保障往返途中师生安全。

(二)学生准备

(1)明确学习目标,分组。

(2)结合动员大会上的讲解介绍,复习目标课程教材相关的理论知识,了解研学手册内容,对即将开展的研学旅行活动有初步认识。

(3)准备工具及生活物品(如手机、笔、食品等)。

(4)学生按照要求,购买旅行社推荐的旅行保险;与家长协商是否同意参加活动,然后让家长签字后上交;树立"安全"意识。

二、行中实施

(1)活动开展中协作意识培养的要求。

研学旅行产品设计

（2）研学旅行是集体性的活动，为了提高实践效率，小组合作学习是研学实践活动中最为常见的组织形式，需要将群体分成不同的团队进行管理与实施，让学生在合作探究、分工协作、互帮互助中完成任务，因此，研学旅行需要师生充分利用目标学科的特点精心设计合作探究活动来启发教学、为学生发展助力。

（3）每个小组数量控制在 5~6 人，设置"头脑风暴"环节。借助信息技术，发挥手机 App 作用：一是针对研学内容，选择手机软件；二是巧用交互软件，实现合作交流。

三、行后总结

行后总结就是总结反思，积累研学经验。实地考察结束后，请学生针对研学主题内容进行总结和汇报展示、分享感悟。

（1）给学生预留时间做最后的查阅、求证、整理工作，并以 PPT 的形式，分享交流进行小组讨论。

（2）小组的分享交流内容包括研学手册的任务和自主设计的任务两部分。

（3）小组讨论结束后，教师应及时予以肯定和鼓励，并要求学生完成评价表，提出本次研学过程中存在的问题与建议，再次调整与完善研学旅行方案。

（4）活动结束后播放记录研学点滴小短片，再忆旅途、增进师生情谊，为研学旅行画上一个圆满的句号。

（5）对于本次研学活动出现的问题与不足，要及时解决和调整，同时也归纳总结研学旅行设计与实施的经验。

本章小结　本项目的第一项任务，导出了研学旅行产品主题选题的原则与方法，使学生熟知研学旅行产品主题设计的产品主题选题方法和主题类型；第二项任务落实在研学旅行产品的具体方案设计上，即通过综述和阐释主题产品方案设计要求和主题产品方案设计要素与过程，使学生能按照主题产品方案实施的基本要求独立设计研学旅行产品主题设计。

 学习思考

1. 简述研学旅行产品的主题的选题原则及方法。
2. 简述研学旅行产品的主题设计要求及要素。
3. 研学旅行产品的主题设计过程有哪些？

第六章
研学旅行产品方案设计与实施

学习目标

1. 了解研学旅行产品的多种类型。
2. 理解不同研学旅行产品的设计原则与方法。
3. 理解不同研学旅行产品的实施过程及重点。
4. 以分析研学旅行产品的方案设计与实施的具体案例为引领,在解决问题的过程中让学生获取和运用知识,培养学生的实践能力和创新意识。

知识框架

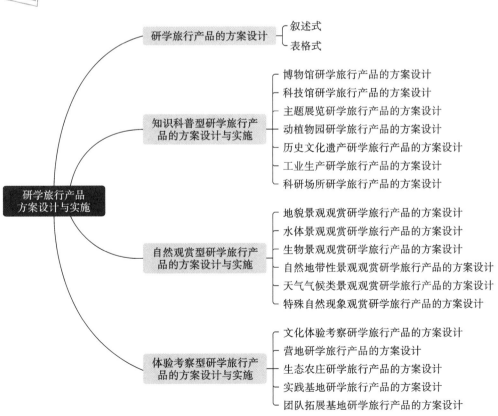

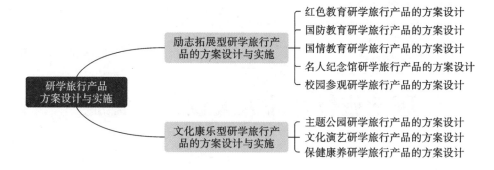

学习重点

1. 研学旅行产品方案设计的基本理论原则与实践目标。
2. 研学旅行产品方案的实施战略与过程。
3. 研学旅行产品方案设计的完整认知、具体的方案设计方法与关键。

学习引入

2010年以后，研学旅行进入了产品设计的发展阶段，尤其是近几年来中国研学旅行发展迅速，各省市纷纷出台研学旅行政和建议，特别是中小学的研学旅行得到了广泛关注。为深入学习贯彻习近平总书记系列重要讲话精神，秉承创新、协调、绿色、开放、共享的新发展理念，落实立德树人根本任务，帮助中小学生了解国情、热爱祖国、开阔眼界、增长知识，着力提高他们的社会责任感、创新精神和实践能力，教育部等11部门联合发布《关于推进中小学生研学旅行的意见》。2013年2月，教育部首次提出"研学旅行"，经过几年的发展，研学旅行从小范围的试点到如今各省市积极开展，并将研学旅行纳入中小学课程体系。研学旅行产品的方案设计包括知识科普型、自然观赏型、体验考察型、励志拓展型、文化康乐型五大类。

第一节 研学旅行产品的方案设计

研学旅行产品的方案设计是一个研究研学旅行产品方案实施的各阶段和各要素的综合过程。而研学旅行产品方案的最终呈现和编制撰写，实际是研学旅行设计的重要工序和书面总结，是教师对即将开展的研学活动进行的一种文本描述，也是具体实施研学旅行活动的方案或蓝图。

一、叙述式

叙述式研学旅行产品方案有详有略,可分为详案和简案,但研学方案六大组成要素必须体现在研学旅行产品方案中。

详案是将研学旅行涉及的研学内容、可能出现的师生对话、生生对话以及研学线路等按照研学旅行的开展顺序写入研学旅行方案中。

简案是用简洁的语言将研学旅行必要的研学内容、开展顺序等写在研学旅行产品方案中,另外也可附上研学旅行途中的讲解词。

二、表格式

研学旅行产品的方案设计的呈现形式有多种,最常用、最推荐的是表格式研学旅行产品方案。表格式研学旅行产品方案将各组成要素直观呈现,简明扼要,思路清晰,是最为提倡的编写形式,具体如表6-1所示。

表6-1 表格式研学旅行产品方案

学校		班级		教师		时间	
研学主题							
准备工作	学生分组						
	知识储备						
研学目标							
研学旅行组织形式	研学活动组织形式						
	学习活动组织形式						
研学路线	路线设计						
	研学地点						
研学内容							
研学地点		研学内容			设计思路		
研学成果交流汇总							
研学评价与反思							

第二节 知识科普型研学旅行产品的方案设计与实施

一、博物馆研学旅行产品的方案设计

下面以山东博物馆青少年研学旅行为例介绍博物馆研学旅行产品的方案设计。

近年来,山东博物馆不断完善和提升博物馆青少年教育功能,通过建立网络课堂让更多其他地区的青少年认识、了解该博物馆。通过博物馆青少年教育方案库的建设,拉近了馆校之间的距离,让学校更加了解博物馆的活动,使博物馆活动与学校课程进行了有效衔接。为进一步加强博物馆青少年教育功能的均等性,山东博物馆在调研研学(游学)方案需求状况基础上,结合中小学生的知识背景、博物馆的资源特色以及青少年研学(游学)的基本特点,研发出具有可复制性、可持续性、可传播性等特点的博物馆青少年研学(游学)方案。

(一)方案认知

在大众旅游时代,博物馆的旅游功能与教育功能的结合变得更加紧密。博物馆逐渐成为展示一个地区独特历史文化、提升区域文化旅游吸引力重要载体,同时,也成为青少年游学的必选之处。博物馆青少年研学(游学)是一种结合"游"与"学"的教育模式和学习模式,以求在"游"的过程中达到"学"的目的。博物馆青少年研学(游学)具有人数多、可参观、能体验、可带走、能分享等特点。其本质是依据一定的教育目标,经过精心的准备和设计,把学习的选择权还给学生,让学生遵照自己的兴趣,积极主动地投入学习。"游学"最基本的目的是让学生在"游"的过程中增长知识,能够有所学,有所思。博物馆青少年研学(游学)应是在博物馆专职教育人员的指导下,学生自主地运用研究性学习方式,获得和应用知识,发现和提出问题,探究和解决问题的博物馆学习活动。它是以问题为起点,以研究为中心,面向整个生活世界,充分发挥学生自主能力,强调团队合作,重视实践体验的一项活动。对于改变青少年单一的参观方式,培养创新精神和实践能力,形成健全的人格,促进青少年全面发展具有独特的作用。

(二)方案设计

博物馆青少年研学(游学)方案是对博物馆青少年教育方案的规范和提高,应按照"先规范、再提升"的思路,逐步实现博物馆青少年研学(游学)教育功能提升的建设目标。

1. 基础打牢

要求山东博物馆针对现有的青少年教育方案在原来规范的基础上,根据青少年的学龄层次和需求反馈信息进行再规范。

2. 重点突破

遴选具有博物馆特色、青少年普遍欢迎、活动成熟规范的教育方案,依据青少年研学(游学)特点进行针对性提升。

3. 链式衔接

将遴选出的博物馆教育方案与游学线路有效衔接或者将各博物馆类似的教育方案串成研学线路,将博物馆青少年研学(游学)主题进行纵向或横向延伸。

4. 典型示范

抓具有雄厚基础和广泛影响的博物馆和教育方案进行重点扶持,形成典型示范。

5. 互动研发

根据研学(游学)特点和博物馆特色,研发具有参与广、可体验、能带走、有意义的教育产品。

6. 标准推广

通过理论和实践相结合,探索具有山东博物馆青少年教育特色和青少年研学旅行特点的教育方案开发实施策略、方法和步骤,并将经典案例进行推广交流,为全省博物馆全面提升博物馆青少年教育功能积累经验。

在总体思路的指导下,山东博物馆按照以博物馆资源为基础,以旅游线路为纽带,将征集遴选出的具有研学(游学)特色或潜力的博物馆青少年教育方案嵌入到旅游线路中,建立主题鲜明、特色突出、游学结合的青少年教育研学(游学)方案。如博物馆青少年"书论语、抄经典"研学(游学)方案以隶书为载体,以《论语》为内容,以书法为特色,采取寓教于乐的课堂形式,将《论语》名句和以山东碑刻为载体的描红相结合,将山东书法文化的悠久深远和书法之美传递给观众,将孔子的教育理念、伦理观念、品德修养等思想传递给观众,使中华优秀传统文化在一系列的传递中得以传承和发扬,真真正正做到让历史"说话"。在临摹中,感悟中国书法的博大精深,感受汉字在发展中走向成熟,以及文字在传承文化的过程中扮演的重要作用。借助博物馆的展品资源,研究文字在演变过程中各阶段的特点,从中发现文字之美。让青少年在动手描红的同时,也从儒家经典巨著《论语》中学会做人做事的道理,将书法艺术与传统文化相结合,达到"写好汉字,做好文章"的目的。

山东博物馆根据博物馆青少年研学(游学)特点,充分发挥博物馆藏品的地域特色和山东的文化自然遗产资源,研发了相应的教育产品,提高了青少年对文物的兴趣,丰富了文化体验,创意性地诠释了陈列展览所承载的文化魅力。

此方案在山东博物馆孔子学堂、自然教室持续改进并推广。孔子学堂将馆内研学与馆外游学相结合,搭载旅行社的旅游线路,每年一个主题,层层推进,走进曲阜、邹城,将文化遗产和传统思想相结合,思维拓展与人文素养相衔接,将社会主义核心价值观通过孔子文化进行经典表达,取得了一定的效果,成为孔子学堂认知度、美誉度最高的教育活动。自然教室依托"非洲野生动物大迁徙展",围绕"一个主题,一场比赛,一次旅行"的思路,开展青少年自然科学挑战活动,备受欢迎。

(三)方案总结

博物馆青少年研学(游学)方案坚持"均等便利、机制创新"的原则,按照"重参与、重过程、重体验"的教育理念增强针对性。方案操作程序的核心思想就是通过标准化的程序和团队合作向青少年提供优质、稳定的教育方案。具体程序主要包括设定基本目标、现状分析、确定方案、制订详细工作计划、实施方案、检测评估、持续改进七个步骤。

方案应连接学校教育和文化旅游,实现学校课堂教育、博物馆实物教育和文化遗产实地教育三者的有机统一,让课堂教育积累知识,实物教育发展能力,实地教育完善情感,变博物馆参观为博物馆研学(游学),突出博物馆教育的连接纽带作用。下一步,方案除了要与学校教育相衔接外,也要拓展到户外文化遗产地教育。

好的博物馆青少年研学(游学)方案应该具备以下几点。
(1)主题明确,活动层次分明。
(2)人人参与,没有旁观者。
(3)注重体验,互动为主。
(4)注重分享,善于利用资源。
(5)依托文物,能创意、会思考。

博物馆在青少年馆内外教育中应该注意以下几点。
(1)发挥资源和场馆优势,凸显互动和参与。
(2)坚持公益,体现公平。
(3)体现教育差异性,找到衔接切入点。

博物馆青少年教育应保持开放的姿态,应具有跨界思维,主动融入学校教育,主动融入文化旅游线路,与学校、旅行社、社会文化教育机构合作开发教育方案,延长方案的生命周期,丰富博物馆青少年教育内涵。博物馆教育是社会教育的重要组成部分,不属于义务教育范畴,因此对青少年施教没有强迫性,它的吸引力更多来自孩子兴趣爱好和个性需求。只有做好馆内外教育的有效衔接才能够有效地促进青少年的全面发展。

二、科技馆研学旅行产品的方案设计

下面以四川科技馆研学旅行为例介绍科技馆研学旅行产品的方案设计。

(一)研学目标

立足科技场馆资源和优势方案,以中小学生为主体,以提高青少年综合素质为核心,以激发好奇心、培养探究精神、提升创新与实践能力为目标,培训一批善于利用科普场馆资源开展基础型、拓展型、研究型教学的学校教师,培养一批主动学习、敢于实践创新、富有科学精神的青少年。

四川科技馆的"馆校合作"是响应 2020 年教育部《关于利用博物馆资源开展中小学教育教学的意见》,充分利用科技馆现有的场馆环境、展品展项等资源,运用导览、研学、科学课、科学表演、科学夏令营等多种形式,充分培养青少年的创新能力,提升学校科技教师校外资源的开发能力,共同探索一条科普场馆与学校之间可复制推广的合作新模式。希望最终能够实现开发一批具有特色的馆校合作课程、培训一批具有科技创新能力的教师队伍、培养一批富有科学精神的青少年的总体目标,让科技馆不仅仅是亲子休闲的旅游景点,更成为孩子们"无边界"的科学课堂。四川科技馆研学旅行产品的具体目标如下。

(1)让学生实地感受科技魅力,走进科学世界,激发探索热情。

(2)在研学活动中培养学生动手实践、与人交往的能力,培养团队合作意识。

(3)在研学过程中突出注重实践、刻苦钻研的科学态度,激发学生爱祖国、爱科学以及为科学献身的精神。

(二)研学方案设计

四川科技馆"馆校合作"方案,将在科技馆原有的"科学工作室""团队定制""科技馆进校园""科学训练营"四个子方案的基础上,新增"科学研学""种子教师"两个子方案。

(1)"科学工作室"主要结合学校科创活动类型,开发"机器人竞赛"方案、"SCRATCH编程"的启蒙和衔接方案、"大自然的科学"方案等校本课。

(2)"团队定制"主要是基于科技馆丰富的展品展项,针对不同学龄段的学生团队参观,设计不同科普套餐。"团队定制"方案包括主题导览、科学课、科学游戏、动手制作等多种体验形式。

(3)"科技馆进校园"主要以科学课程和科普大篷车为载体,将科技馆活动、小展科技类互动展品引进校园,参与学校科学课程的教学,开展综合实践活动和研究性学习。

(4)"科学训练营"为寒暑假特色课程,结合各中小学实际需求,为学校提供定制化冬夏令营。主要通过讲解训练营、表演训练营、创客训练营等精心培养小学员。

(5)"科学研学"采用"一校一案"模式,以对接学校科学课标为主旨开展馆校合作。科技馆将根据不同学校、不同学生的需求量身设计研学课程,通过开展"前置性研究"和"多样化设计",利用科技馆资源开展"综合实践活动",实现"探究式学习",真正做到校内课程与校外课程相衔接。

(6)"种子教师"将招募科学教学相关的教学者或者爱好者,共同规划馆校合作课程、共同实施科学活动。"种子教师"方案的实施目的是希望教学者或者爱好者能成为科技馆资源的主动使用者、科技馆资源的传播者,把科技馆资源有机嵌入学校校本课程中,共同完善校内外优质科学教育资源整合。

三、主题展览研学旅行产品的方案设计

下面以济南市博物馆红色主题展览为例介绍主题展览研学旅行产品的方案设计。

(一)研学目标

为了庆祝中国共产党百年华诞,重温红色百年历程,大力推进红色基因传承,弘扬共产党人在革命历程中坚定理想信念、不忘初心使命的伟大精神,济南市博物馆推出红色主题系列展览活动。红色主题展览系列活动能使学生加强自身与社会的联系,并通过实践体验对知识技能进行迁移运用,从而达到深化学习感悟、开阔视野的目的,对学生的社会性发展起到指导作用,是培养学生人格品质、道德修养与终身学习观念的重要途径。研学旅行是一种突出探究性、实践性与开放性的综合型教学活动,其能够打破传统教学中的空间限制,将学生带入实际情境中进行探索与感知,使他们向社会与自然迈进。

(二)方案设计

1. 举办"百年风华 初心永驻——庆祝中国共产党成立100周年馆藏革命文物展"

展览充分发挥馆藏革命文物资源优势,展示馆藏的不同时期的文献资料、各种实物:战争使用的武器、弹药,群众支前物品,各类立功奖状、奖章和烈士遗物,还有缴获的战利品等,共计140余件,其中包括一级品6件。展览充分挖掘文物背后的故事,展出包括邓恩铭家书,首版《共产党宣言》中文全译本,济南战役李永江、滕元兴、于洪铎等战斗英雄的奖状、请战书、照片等相关藏品,按照历史发展的脉络,展示从1919年至今各时期济南共产党人的奋斗历程,着重诠释济南共产党人在革命奋斗历程中的不变初心——责任之心、信念之心、奋斗之心、为民之心。通过举办展览更好地传承红色基因,加强革命传统教育和爱国主义教育,传递理想和信仰的薪火,让革命精神代代相传。

2. 承办"济南红色街巷图片展"

济南市博物馆承办的"济南红色街巷图片展",展览推选了济南27个不为人熟知的红色地址,时间纵跨中共济南党组织筹备、建立、初期、大革命、土地革命、抗日战争、解放战争等各个历史时期。通过这些红色地址和相对应的红色人物,在济南的老街老巷植入红色元素,以期弘扬本土红色文化,使人们身处济南街巷,感受红色精神、传承红色基因。

3. 红色主题社教活动精彩纷呈

济南市博物馆坚持把党史学习教育作为德育和思政课的重要内容,精心组织策划了一系列红色主题社教活动,教育引导青少年铭记光辉历史,传承红色基因。

(1)红色主题拓片。

济南市博物馆将配合"百年风华 初心永驻——庆祝中国共产党成立100周年馆藏革命文物展"开展红色主题拓片活动。拓片内容精选具有红色教育意义的图案样式,让青少年学习传统拓片的同时,传承红色基因。

(2)红色视频展播。

济南市博物馆将在"百年风华 初心永驻——庆祝中国共产党成立100周年馆藏革命文物展"展览期间,开展红色视频展播活动,让青少年学党史、悟思想。活动精选党史名家讲座视频、济南红色遗址短视频和红色题材纪录片,让广大观众了解红色文化,学习党史知识,激发爱党爱国情怀,让红色故事深入人心,代代相传。

(3)红色遗址研学。

探寻红色遗址研学系列活动,带领青少年走进济南市考古研究所,观看"济南革命遗址主题图片展",走进济南解放阁、济南铁路大厂厂史馆等具有革命传统教育意义的红色遗址,引导青少年重温建党百年的风雨之路,激发青少年铭刻历史,从红色文化传承中汲取智慧和力量。

(4)红色小讲解员培训。

济南市博物馆结合"百年风华 初心永驻——庆祝中国共产党成立100周年馆藏革命文物展"开展"红色基因代代传 争做新时代好少年"小小讲解员培训活动,帮助青少年在红色小讲解员培训中学习历史、思考历史、感悟历史,争做时代新人。

4. 组织爱国主义学习教育

济南市博物馆开启"线上+线下"学习教育模式,开展"振奋民族精神,汲取前行力量,让爱国主义成为青春底色"主题党史学习教育,组织在校学生和社会团体、企事业单位工作人员七一期间走进蔡公时纪念馆缅怀革命先烈,传承革命精神。

5. 开展"为中华崛起而读书"线上读书会

为了加强对青少年的思想教育,激发他们的爱国主义热情,培育"全民阅读"的良好氛围,济南市博物馆老舍纪念馆采取线上阅读的方式,组织中小学生阅读《永远的九岁》《腾飞吧,中国巨龙》《致敬钟南山爷爷》《红领巾之歌》等一系列富有爱国主义精神的佳作。

四、动植物园研学旅行产品的方案设计

下面以昆明植物园为例介绍动植物园研学旅行产品的方案设计。

(一)研学目标

开阔视野,增长知识,走进植物王国,感受大自然的神奇,认识各种植物,热爱大自然;突破自我极限、打破旧的思维模式、树立敢于迎接挑战的信心与决心,磨炼意志,树立全局观;从容应对压力与挑战,在面对问题时,能够更充分地发挥领导才能,展现个人魅力;强化换位思考、主动补位的意识,使个人、部门间以及团队内部的沟通协作更为顺畅;增加团队人员的有效沟通,形成积极协调的组织氛围;树立互相配合,互相支持的团队精神和意识。

(二)研学特色

(1)集科学研究、植物保育、科学传播和植物资源利用于一体。
(2)贴近大自然的游玩场地:亲近自然,走近自然,学会保护自然。
(3)各种不同的拓展方案体验:锻炼班级团队的协助能力以及思考能力,在娱乐中充分地让学生感受团队的力量,践行玩中学,学中玩,收获精彩人生。

(三)研学方案设计

昆明植物园隶属于中国科学院昆明植物研究所,地处昆明北市区黑龙潭畔,是集科学研究、物种保存、科普与公众认知于一体的综合性植物园。昆明植物园所在的昆明植物所拥有植物学领域科学前沿高端的科普资源和平台,以及强大的科研积累和科学家智库,这些都是得天独厚的资源优势。昆明植物园的科普工作目标是致力于将丰硕的科学研究成果和高端科研资源转化为研学科普活动,使青少年在知识、态度、技能、意识和行为层面有所收获和提升,搭建科学与公众的桥梁、揭秘神奇的植物世界、传播保护自然正能量。

在科学家团队指导下,昆明植物园针对青少年策划了不同季节、主题丰富的具有科学性、互动性、体验性和探索性的植物学研学课程,如已组织实施的"科学营"和"西部营"科研探究系列科普活动,以及"自然观察员——小蚂蚁和大百部的友谊""小科学家探索生物的智慧""自然食客""极小种群野生植物——金线莲组织培养""自然观察员——追枫者""夜营植物园,聆听生命表"之旅等从提出问题、试验探索、推理归纳,到

成果汇报考核，激发学生体验的内驱力，拓展学生体验的活动空间，促进学生素质能力的养成，培养学生解决问题的能力。这些活动深受广大家长和学生的喜爱，提升了昆明植物园在植物学领域的科研科普影响力，建立了云南省内外研学推广的良好平台，培养了从事科普研学的专业人才和志愿者团队。

五、历史文化遗产研学旅行产品的方案设计

（一）开发原则

为了更好地开发非遗研学旅行产品，以适应青少年群体的生理特点和文化旅游消费需求，同时也要符合非遗活态传承的特点，非遗研学旅行产品开发要遵循以下开发原则。

1. 教育性

研学旅行本身是教育旅游的一种形式，即在自然和社会环境下，将教育作为旅游出行的第一或者主要目的。教育性是非遗研学旅行产品的首要特征，也是产品开发要遵循的"教育为先"的原则。在非遗研学旅行产品开发中要体现对青少年发展核心素养的提升，包括培养人文底蕴、科学精神、学会学习、健康生活、责任担当和实践创新六种素质能力。研学旅行是国家提倡的对室内课堂的补充，让广大青少年学生在室外开阔的空间中开阔视野、培养能力，是素质教育的另一种形式，具有教育目标性，这使得研学旅行产品要比普通的旅游产品更强调教育性。

2. 体验性

非物质文化遗产更多是无形的，需要我们在产品开发中尽量多地包含体验性的活动，才能在活动参与过程中将非遗内涵更好地传达给青少年群体。而就旅游来说，体验性也是它的核心属性之一。非遗研学旅行产品开发要注重体验性原则，将不能物质化呈现的非物质文化遗产通过体验性质的旅游活动，使青少年群体获得精神上的满足和文化内涵上的理解，将无形的非物质文化遗产可感知化。

3. 主题性

非物质文化遗产种类丰富，非遗研学旅行产品开发要抓住特定主题和线索，诸如工艺美术研学之旅、传统手作——非遗艺术学习之旅、国粹曲艺探访之旅等。围绕特定主题，配备对应主题的研修课程、活动设计、研修导师，开展探究性学习的研学之旅，避免泛泛了解。一方面可体现研学旅行的专业性、教育性，另一方面主题明确才容易让非遗研学旅行产品出彩。

4. 活态性

活态性是指要尊重非物质文化的本质属性，即活态流变性。非物质文化遗产的活态性从非遗表现及传承角度考虑，要经过口传身授，通过传承人亲身示范，将这些技能、技艺传承给下一代。同时它的文化内涵也是通过人的活动表现的，即通过人的活动传达给受众。这让我们在非遗研学旅行产品设计过程中，要注意"非遗传承人"的重要载体作用，同时在研学活动设计中要注意参与性、互动性活动的设计，避免照本宣科式的单纯参观讲解。

(二)开发思路

下面以江苏非遗研学资源和研学市场为例进行分析。江苏非遗资源丰富,种类繁多;研学场所支撑力量较强和非遗传承人师资力量雄厚;尤以苏州、扬州、南京等地区优势资源集中。从整体来看江苏研学市场发展尚且稚嫩,优质研学品牌亟待树立。

1. 初期立足于优势非遗资源

江苏非遗资源丰富,但并不是所有的非遗资源都可以供非遗研学开发,要选用优质有特色的资源,重点是要选择体验感好、互动性强、文化美学价值高的方案,立足于这些优势和优质非遗资源,才能打响江苏非遗研学的品牌,给中小学生良好的研学体验感,比如古琴、昆曲、金陵刻经、南京云锦织造技艺、苏州桃花坞年画、苏州刺绣、苏州缂丝、无锡惠山泥人、宜兴紫砂陶艺、常州梳篦、扬州漆器髹饰技艺、扬州剪纸、扬州雕版印刷技艺等是高品质、高价值、高美誉度的优势非遗资源。此外,初期开发要选用有市场影响力和号召力的非遗资源,比如苏州的昆曲,由于其自身的影响力,自带庞大的受众群体,方便打开研学市场,吸引人群。

2. 整合研学资源,统筹开发

非遗研学旅行产品开发不仅要依赖优质的非遗资源,还需要整合提供空间载体的场所(馆)资源、提供优质师资力量的非遗传承人,以及打造出相应的研学旅行手册和标准化的非遗研学课本,需要我们在产品设计的过程中,整合相关的资源。另外,江苏非遗研学旅行产品开发需要统筹考虑,分层次和重点开发,先开发优质非遗资源和打造两三个具有影响力和市场号召力的非遗研学目的地。

3. 树立优质非遗研学品牌

江苏作为拥有着数量、种类众多非遗资源的大省,其本身就具有资源优势,在江苏非遗研学旅行产品开发的过程中,我们要树立品牌意识。在开发相应的优质非遗研学资源的同时,打造优质非遗研学品牌。依托于我们的非遗研学资源和产品,打开中小学生非遗研学旅行的市场,打造国内非遗研学品牌,打开研学旅行的市场。

(三)开发类型

非遗研学旅行产品类型的分类依赖于非物质文化遗产种类的划分。我国非物质文化遗产种类繁多,内涵丰富,表现形式多样。非物质文化遗产名录中将非遗方案分为十个类别:分别是民间文学,传统音乐,传统舞蹈,传统戏剧、曲艺、传统美术、传统体育、游艺与杂技,传统技艺,传统医药,民俗。每一类别下都有相应的江苏省优秀非遗方案。根据这十个类别,非遗研学旅行产品开发也划分了相应的类型(图6-1)。

1. 工艺美术研修类

针对非遗中的传统美术和传统技艺类别,可以开发工艺美术研修类的非遗研学旅行产品,传统美术和传统技艺都属于技术含量较高、适合研究学习的非遗类别。青少年可以参加特定类别的工艺美术研学之旅,学习精妙的民族手工技艺和欣赏感知传统的中华美学。江苏由于历史上身处江南地区,文化繁荣,手工业兴旺发达,民间留存了大量珍贵的手工技艺和传统美术作品,并世代传习下来,成了珍贵的民族和地区财富。江苏工艺美术尤以苏州、扬州、无锡、南京较为发达。依托于相应的非遗资源、非遗传承人

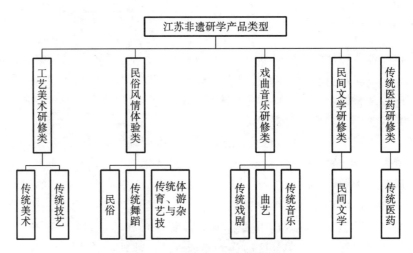

图 6-1　江苏非遗研学产品类型

和非遗场所,可以考虑开发如下主题的工艺美术类研修产品。

• 苏州传统服饰及织造技艺研学之旅。

苏州传统服饰及织造技艺研学之旅以苏绣、宋锦织造技艺、缂丝织造技艺、甪直水乡妇女服饰制作等非遗方案为基础,以中国苏绣博物馆、镇湖刺绣博物馆及镇湖刺绣产业基地,甪直古镇为依托,了解苏州传统服饰知识和古代织造技艺,体验织造技艺。

场所依托:中国苏绣艺术博物馆、镇湖刺绣博物馆、镇湖刺绣产业基地、甪直古镇。

研学活动:参观中国苏绣博物馆,了解苏绣历史和知识;参观镇湖刺绣产业基地,了解非遗的产业化;参观、体验缂丝工艺,重点体会"一寸缂丝一寸金"。

适合人群:中学生群体。

研学时间:三天两夜。

研学导师:缂丝制造技艺传承人、苏绣非遗传承人等。

• 扬州工艺美术研学之旅。

扬州手工艺在历史上有着悠远的传统,其工艺美术记载时间长、种类多、技艺水平高超,是江苏工艺美术研修的不二之选。扬州著名的工艺美术方案包括扬州剪纸、扬州玉雕、扬州漆器髹饰技艺、雕版印刷技艺、扬派盆景技艺等,扬州工艺美术研修之旅以上述非遗方案为基础,让参加研学的青少年学生对于有悠久的传统的扬州手工艺有所了解和研习。

场所依托:扬州剪纸博物馆、扬州中国玉器博物馆、扬州漆器厂、扬州中国雕版印刷博物馆、扬州博物馆、扬州园林。

研学活动:参观扬州中国剪纸博物馆,欣赏感知剪纸的镂空艺术;参加扬州剪纸的非遗大讲堂,由非遗传承人授课,学习扬州剪纸的特点、民间剪纸风俗,在非遗导师的指导下自己动手制作剪纸作品;参观扬州玉器博物馆;参观扬州漆器厂,欣赏扬州漆器的美学价值;参观中国雕版印刷博物馆,了解中国的雕版印刷历史,探究扬州雕版印刷特点;游览扬州园林,欣赏扬州盆景。

适合人群:中学生群体。

研学时间:三天两夜、四天三夜。

研学导师：扬州剪纸传承人、扬州漆器传承人。

- 宜兴紫砂陶研学之旅。

宜兴是与江西景德镇齐名的"中国陶都"，宜兴紫砂陶技艺是一种传统的制陶技艺，产生于宋元，成熟于明代，距今已有600年以上的历史。宜兴紫砂陶技艺也是颇具有江苏特色的一个非遗方案，是江苏的名片之一。开展宜兴紫砂陶研学之旅可以满足一些对于陶器有着兴趣爱好的青少年学生，同时让更多的青少年了解这一珍贵的传统制陶技艺。

场所依托：中国宜兴陶瓷博物馆、中国陶都陶瓷城、宜兴紫砂艺术研究院。

研学活动：开展紫砂陶非遗知识大讲堂，学习紫砂的人文历史；由紫砂陶大师教导品鉴紫砂陶器；在宜兴紫砂学校学习制作紫砂陶器；学习中国茶文化知识。

适合人群：中学生、高中生群体。

研学时间：三天两夜、四天三夜。

研学导师：宜兴紫砂陶传承人。

2.民俗风情体验类

针对非遗分类中的民俗、传统舞蹈、传统体育游艺与杂技可开展民俗风情体验类非遗研学旅行产品。江苏民俗是江苏地区的民众在长期的生产生活实践中形成的代代相传、稳定的文化事项，也是江苏地区民间传统的风尚、习俗。青少年学生群体要立足于乡土乡情，充分了解本地区的民间传统习俗及背后的文化内涵。

- 溱潼会船体验研学之旅。

溱潼会船是国内唯一的、保存最为完整、最具原生态特质的水上庙会，被誉为"世界上最大的水上庙会"。溱潼会船节一年一度，于清明节的第二天举办，国家旅游局（现更名为中华人民共和国文化和旅游部）定名为中国溱潼会船节，属于国家级非物质文化遗产，被列入全国十大民俗节庆活动。青少年学生可以开展溱潼会船体验研学之旅，调查访问，亲自体验溱潼会船的风俗习惯。

研学目标：通过调查、访问了解姜堰地区的民俗，了解溱潼会船的文化传统；在活动中培养中小学生的交往能力、合作能力、课题研究能力，以及主动探究的精神。

研学活动：确定民俗研究课题（溱潼会船的来历与传说、会船的演变与种类）；分小组由研学导师带领进行课题调研；体验溱潼会船大型节事活动。

适合人群：中小学生群体。

- 秦淮灯会体验研学之旅。

秦淮灯会是历史上流传于南京地区的民俗文化活动，又称金陵灯会，主要在每年春节至元宵节期间举行。秦淮灯会的历史源远流长，根据文献记载，早在南朝时期，都城南京就出现了举办传统元宵灯会的习俗，其盛况堪称全国之冠。可以开发设计青少年秦淮灯会体验研学之旅，让青少年感知南京传统民俗，了解南京传统民俗文化。

研学目标：调查、感知了解老南京的特色民俗，了解秦淮灯彩的传统习俗和文化内涵；在活动中培养中小学生的团队合作能力、独立自主能力、主动探究精神。

研学活动：参观民俗博物馆，参加南京民俗大讲堂，了解南京灯彩的传统习俗和文化内涵；在灯彩传承人的指导下学习制作灯彩；参观灯彩非遗体验观，参与秦淮灯会。

适合人群：中小学生群体。

3. 戏曲音乐研修类

戏曲是中国民族文化的重要组成成分之一，拥有着富有艺术魅力的表演形式，为人民群众喜闻乐见。中国戏剧（戏曲和话剧）与古希腊悲喜剧、印度梵剧并称为世界三大古剧。江苏拥有丰富的地方戏曲资源，有闻名全国的昆曲艺术、苏州和扬州的民间评弹、淮剧等珍贵戏曲非遗，此外还有一些民间音乐种类，都是值得中小学生研学的资源。

• 苏州昆曲研学之旅。

昆曲是中国较为古老的剧种之一，也是中国传统文化艺术中的珍品。2001年，昆曲被联合国教科文组织列为"人类口述和非物质遗产代表作"。昆曲唱腔华丽婉转，念白儒雅、表演细腻、舞蹈飘逸、舞台背景美观，是中国戏曲的杰出代表。这般珍品，应该让青少年接触了解，让青少年成为其广大传习群体中的一部分，成为珍贵非遗的潜在传承群体。非遗研学旅行可以依托于昆曲资源，设计适合青少年了解学习昆曲的研学旅行产品。

研学目标：了解昆曲，学会欣赏昆曲的唱腔、表演、舞蹈；了解昆曲的发展过程和艺术特征；感知昆曲的美学价值和艺术价值；在研学活动中培养青少年的民族文化自觉意识、独立自主能力、探究精神。

场所依托：苏州昆剧传习所、中国昆曲博物馆。

研学活动：参观中国昆曲博物馆，了解昆曲的发展历史；参加昆曲大讲堂，了解昆曲的流变过程和艺术特征，以及经典昆曲剧目；欣赏昆曲经典剧目；在昆剧传习所学习经典昆曲剧目片段唱腔，体验昆曲装扮。

适合人群：中小学生群体。

研学时间：两天一夜、三天两夜、四天三夜。

研学导师：昆曲传承人。

4. 民间文学研修类

江苏因其独特的地理环境和历史文化，民间故事内容丰富，对中小学生理解不同时代的社会风尚、思想和民族色彩有着重要意义。

• 秦淮民间传说故事研学之旅。

南京作为六朝古都，历经东吴、东晋、宋、齐、梁、陈，留下了无数动人的诗篇和民间故事，尤其以秦淮河两岸传说故事最为丰富。秦淮河称作"南京的母亲河"，在历史上人文荟萃，市井繁华，两岸留下丰富的名人轶事和民间传说，著名的有乌衣巷、大报恩寺、桃叶渡、沈万三的传说，以及江南贡院的故事。了解研究民间故事，可以使中小学生更深刻地理解当地的民风习俗、地方思想和文化。立足这些民间文学资源，开展青少年研学之旅。

研学目标：了解地方民间传说和故事，研究地方民间文学的题材、主题、思想内涵、传达文化取向和体现的文学价值。丰富学生的知识，培养中小学生探究精神，锻炼青少年独立自主能力、合作能力。

研学活动：参加民间文学讲堂，了解秦淮民间传说；探访现存的民间传说的地点，参观乌衣巷、大报恩寺、江南贡院；了解不同时期的民间传说所承载的历史背景和文化取向、文学思想。

适合人群：中小学生群体。

研学时间:两天一夜。

5.传统医药研修类

江苏作为传统医药大省,是全国医药产业发展的重要组成部分。中国传统医药是发展较早且内容很丰富的学科,尽管现代其科学性受到质疑,但是不可否认,传统医药是具有中国传统文化特点和自身完整体系的知识与技艺,传统医药至今仍然在民众的生活中发挥着重要作用。青少年学生有必要对其有所了解,依托于丰富的传统医药资源,江苏非遗研学可开发传统医药研修类的研学旅行产品。

· 江苏传统医药技艺研修之旅。

江苏具有丰富的传统医药,但是散落在各个县市,目前比较成熟的实践是在各中医医院中。传统医药技术的研学实践,可依托于相关中医医院,开展中小学生传统医药普及和了解之旅。其中,无锡市中医医院的"龙砂医学诊疗方法""无锡丁氏痔科疗法""黄氏喉科疗法""刘氏骨伤疗法"作为富有盛誉的传统技术品牌,在2016年被选入江苏省省级非物质文化遗产代表性项目名录。

场所依托:无锡市中医医院、传统医药研究所、无锡市中医药博物馆。

研学活动:参加传统医药知识普及讲座,参观相关研究所,参观无锡市中医药博物馆,与代表性传承人交流。

适合人群:中小学生群体。

研学时间:两天一夜。

六、工业生产研学旅行产品的方案设计

(一)杭州工业研学资源

1.高科技企业

杭州正在打造全国数字经济第一城,建设国家新一代人工智能创新发展试验区并正在实施"新制造业计划"。杭州仅互联网高科技企业就有阿里巴巴和网易等大批高科技企业,具有得天独厚的高科技企业研学资源。2020年新年伊始,阿里巴巴的阿里云就荣获国家技术发明奖、国家科技进步奖两项国家大奖,实现了互联网公司此奖零突破。网易公司的在线游戏事业部目前已成长为全球领先的游戏开发与发行公司,网易自主研发了数十款热门端游和上百款备受玩家喜爱的手游,更独家代理了多款风靡全球的游戏,开展研学旅行的市场前景非常广阔。又比如海康威视作为以视频为核心的物联网解决方案提供商,为全球提供安防、可视化管理和大数据服务。近年来,海康威视还研发了泊车、分拣、仓储机器人和工业智能相机系列全线产品,并要求视频监控产品能从"看得见"到"看得清"再到"看得懂"。杭州高科技企业是杭州工业研学资源的高端产品。

2.制造加工企业

制造加工企业是主流的工业研学旅行产品,一般包含生产区、产品展区、体验区、互动区、智造区等;如典型代表杭州淳安县千岛湖啤酒小镇景区依托千岛湖啤酒厂建成的千岛湖啤酒博物院,充分发扬并展示了啤酒文化和啤酒产业链,是杭州千岛湖啤酒有限公司三十年底蕴积淀的心血结晶和创意之作,非常适合工业研学旅行。又比如杭州九

阳股份有限公司工业旅游基地拥有展示中心、厨房剧场、磨吧、智造工厂、测试中心、创意剧场、健康广场、食器食代、九阳之家等多处参观景点,将健康、创新深化为创意园区的灵魂,其豆浆机等多条生产线及全自动机器人生产线对外开放,通过生产流程参观可使参观者了解机械组装、自动化操作、结构、模具等生产工艺,通过机器人生产线,能极大地满足来访者对科技神秘感的探索需求,体验智慧工厂的智能化水平。而杭州众多的服装制造企业则可以通过服装制作流程,将设计、制版、打印纸样、打印净样板、裁剪、缝纫制作、成衣程序作为研学旅行的重要活动内容。而坐落在杭州桐庐分水妙笔小镇的杭州笔海旅游管理有限公司则以圆珠笔制造产业为现代工业典型代表,可为研学的学生提供包括原料供应、模具加工、配件制造、整笔生产、物流运输、贸易销售等各个环节的完整产业链的参观和体验,以满足研学旅行者观光观摩生产过程和体验制笔过程等研学活动的需要。

3. 医药保健企业

医药保健企业也是杭州市的特色工业研学企业。如杭州富阳药谷小镇位于杭州市富阳区胥口镇,小镇以葛洪医药文化为核心,培育了以海正药业为主导的医药保健工业产业资源,形成了医药工业和养生旅游产业聚集区。海正药业(杭州)有限公司是中国领先的集研发、生产、销售于一体的制药企业,按照国际最先进制药企业标准建造,共有"微生物发酵原料药""出口制剂""生物制药"三大板块,是杭州医药工业研学旅行的代表。又比如坐落在杭州余杭区瓶窑镇茶场路的浙江骆驼九宇有机食品有限公司,是集茶叶种植、生产、加工、销售、茶旅以及教、学、研于一体化的省级农业龙头企业,其"机器换人"精制车间见不到工人的身影,通过引入人工智能机械手、AGV 小车等智能系统,完成了茶叶从生产加工到管理销售的整条流水线的所有工作,大大提高了茶叶生产的品质与效益。

4. 生态环保企业

杭州市淳安县金峰乡西塘坞光大环保能源(淳安)有限公司,也是唯一坐落于国家5A 级旅游景区千岛湖畔的垃圾焚烧发电厂,该公司利用主厂房空间,建设了环保科普展厅、垃圾焚烧发电设备参观廊道、垃圾收运体系及设备展厅,通过环保展厅内实物样本、多媒体及参观通道内的图文说明,让研学旅行者对生活垃圾处理工艺流程(垃圾焚烧、烟气、废水、污泥、飞灰、炉渣)有直观透明的了解,同时宣传环保科普知识,大力开展公益活动,是杭州生态环保研学的重要基地。

(二)杭州工业研学资源开发方向

1. 以参与体验式活动为核心

工业研学企业和相关的研学旅行产品均应通过增设一些触感、投影设备、3D 体验方案、DIY 方案让研学旅行者可以身临其境体验工业生产或加工的产品,拉近与工业生产的距离。通过一些创新的方案来满足研学旅行者的好奇心,制笔厂可以通过"神笔马良"体验,如拿出一张画有鱼的图片,扫描后可以在大屏幕呈现,还能实现 DIY 定制笔制作、礼品笔展示及伴手礼售卖,以激发研学旅行者兴趣,陶冶性情,达到知行合一的效果。

2. 以探索知识培养能力和树立人生观为重点

工业研学资源的开发可以发挥工业产品的特点,弘扬传统和现代工业文明,挖掘研学旅行市场潜力、培养年轻人追逐梦想和实现人生职业生涯规划等优势。比如高科技工业研学旅行产品有助于培养青年学生科技报国的热情,制造加工业研学资源可以帮助青年学生探索知识奥妙,提高综合素质与能力,医药保健研学资源可以提高年轻人强身健体的意识,生态环保型工业研学资源致力环保产业,为创建美丽中国,承担更多社会责任。

七、科研场所研学旅行产品的方案设计

下面以武汉市农业科学院为例介绍科研场所研学旅行产品的方案设计。

(一)开发研学旅行的资源基础

研学旅行开发的基础是资源禀赋,科学合理利用各种研学资源,开发与之配套的研学旅行课程体系,并辅之以符合市场规律的运营模式,是研学旅行基地建设成功的关键。地方农业科研机构多是从中华人民共和国成立初期开始建立,具有较高素质的农业专业技术队伍和悠久的历史传承,在农业科技创新、技术推广服务、农业科普教育等方面开展了大量的工作,为区域农业发展提供了有力的科技和人才支撑。因此,地方农业科研机构在中小学研学旅行活动中能提供具有独特内涵的有形和无形资产。

1. 优美的农业田园景观

地方农业科研机构一般拥有较大的试验基地,科研管理、场地设施完备,动植物资源丰富,景色优美。武汉市农业科学院有建设运营的国家现代农业科技示范展示基地和武汉市教育局认定的首批全市中小学研学实践教育基地。

2. 丰富的研学实训资源

地方农业科研机构一般设置有专业化、特色化的研究学科,实验设备和实训资源丰富,部分科研机构还开展了青少年科普教育、市民休闲旅游等活动。例如,武汉市农业科学院设置有涉农专业研究室和农业展示中心,拥有全国最大的水生蔬菜资源圃,1万平方米的科普展示温室,上百部自主开发系列科普图书及相关挂图、展板、动漫、多媒体等科普制品。

3. 丰硕的科研技术成果

地方农业科研机构一般拥有自身特有的科研技术成果,多年积累的特色品种、专利、"四新"技术成果等均可以作为研学旅行课程设计基础。例如,武汉市农业科学院近年取得各类科技成果奖70项,获得专利及品种审定250余件,发表科技论文近千篇,每年推广种植业、养殖业等"四新"技术100余项。

4. 健全的农业研发队伍

地方农业科研机构一般具备优秀的科技人才队伍,师资力量较一般旅游景区或企业雄厚,如武汉市农业科学院现有各类专业技术人员300余人,占武汉市农业专业技术人才的2/3以上,中高级职称科技人员占比超过80%。

(二)重点内容设计

1. 编制建设规划

为满足研学旅行需求,就必须参照相关规范,积极开展研学基地建设规划编制工

作,合理布局研学基地的教学、活动、体验、休整场所,配套与教学活动相匹配的教学设施,建立涵盖教学计划、研学线路、课程体系、组织保障等完整的管理体系。就武汉市农业科学院而言,经科学规划和建设后,其应满足年接待能力不低于5000名左右的中小学生参加研学旅行活动。

2. 完善基础设施

研学旅行开发过程中,良好的基础设施条件是提高研学旅行活动效果的前提,也是维持各项研学旅行活动稳定运营的基础。一是基地规模方面,必须具备满足中小学生学习、体验、修整的场地,如武汉市要求场所面积必须不低于500平方米;二是设施设备方面,必须配备与研学旅行课程相配套的器材设施,同时还要安装监控、卫生、安全相关的设施设备;三是周边资源挖掘方面,要综合统筹基地内外优秀地域文化、教育、自然生态等多方面的资源,增强基地竞争力。此外,还要保证交通便利、安全,餐饮服务等必须符合相关政策要求。

3. 实施课程设计

在设计研学旅行课程时,必须对当地中小学生研学旅行课程需求进行分析,吸纳当地教育部门专业人士意见,制定科学合理的课程设计方案。一是对不同教育阶段课程进行研究,立足农业科研院所自身优势,设置特色鲜明、主体突出的研学旅行课程;二是结合基地研学线路,完善课程设计体系,形成教学合力;三是在课程设计和开发过程中,要统筹好教学与实践,理论与现实之间的联系,增强教学活动趣味性的同时,提高其教育性。

4. 强化人员配备

人员配备是否充足、结构是否合理,是研学旅行基地能否正常持续运营的关键,合理地设置和配备人员,能极大缩短基地试运营期限,也为今后基地进一步扩张奠定基础。一方面,研学旅行基地应配备研学导师、导游、安全员等工作人员;另一方面,配备的工作人员应持有相应的资格证书。同时,在研学基地运营过程中,应定期开展员工的业务培训,不断提高员工业务素养和能力。此外,研学基地还可以吸纳在校大学生、退休教师、干部等参与研学旅行志愿者服务活动。

(三)研学开发对策

1. 确保各项安保措施落实到位

安全是研学旅行开发活动首先要考虑的问题。地方农业科研机构改造现有基地、发展研学旅行基地时,必须做到预防为主、科学规划、合理布局、措施完善,消除各类可能安全隐患,保障研学旅行活动安全。建议地方农业科研机构加强与政府、消防、旅游、交通等部门的有效衔接,借助社会力量,确保各项安保措施落实到位。

2. 鼓励农业科技人员积极参与

地方农业科研机构开发研学旅行资源,发展研学旅行的最大阻力往往来自其内部,来自管理者和科技人员的认知不足。因此,地方农业科研机构必须转变观念,统一思想,开门办院,正确认识开展研学旅行的社会价值,引导广大科技人员积极参与,加快推进研学旅行基地建设,促进地方中小学研学旅行工作顺利开展,为地方社会经济发展服务。就武汉市农业科学院而言,可以加大激励机制,鼓励一线科技人员积极参与研学旅行相关工作。

3. 提升农业科研机构研学品质

地方农业科研机构一般都拥有丰富的农业科技研学资源,但要将这些资源转化为研学旅行产品还需精心的规划和设计,特别是要设计出科学性、系统性、知识性、趣味性于一体,符合学段特色且寓教于乐的农业研学旅行课程体系,弥补学校课程缺失,体现农业科研机构研学旅行的价值,避免将研学旅行活动办成中小学生更换教室。对武汉市农业科学院而言,可以围绕设施化立体种植、水肥一体化、智慧农业、数字农业等主要设施,以及全院与各所开展的种业博览会、节庆活动来设置丰富多彩的研学活动。

第三节 自然观赏型研学旅行产品的方案设计与实施

一、地貌景观观赏研学旅行产品的方案设计

下面以江西省世界地质公园为例介绍地貌景观观赏研学旅行产品的方案设计。

(一)江西省世界地质公园研学旅行产品开发可行性

1. 独特多样的旅游地学资源

江西位于中国的东南部,江西常态地貌类型以山地、丘陵为主,地层发育较齐全并有断层,岩浆活动较频繁,拥有复杂的地质构造,复杂的地质作用下形成了许多独特的地质遗址,并且出现了丰富多彩的地质旅游景观。江西的三大世界地质公园中,庐山的地质构造景观、龙虎山的丹霞地貌景观、三清山的花岗岩景观都是不可多得的地质景观,科普性、观赏性极强。庐山以雄、险、奇、秀闻名于世,素有"匡庐奇秀甲天下"的美誉,是2004年第一批入选世界地质公园的公园之一;三清山多种不同成因的花岗岩地貌密集分布,拥有世界上花岗岩地貌分布最密集、形态最多样的峰林,是世界自然遗产地、世界地质公园;龙虎山是中国丹霞地貌发育程度最好的地区之一,2010被列入《世界遗产名录》,是中国第八处世界自然遗产。这些得天独厚的资源为研学旅行提供了有力的支持。

2. "研学旅行"春风的推动

随着我国教育改革的不断深化,社会上掀起了一股研学旅行的热潮,并得到了国家政策的大力支持。2013年初,国务院印发了《国民旅游休闲纲要(2013—2020年)》,提出逐步推行中小学研学旅行;2014年,国务院《关于促进旅游业改革发展的若干意见》提出积极开展研学旅行,将研学旅行纳入中小学生教育范畴;2015年,国务院办公厅印发的《关于进一步促进旅游投资和消费的若干意见》,提出要支持研学旅行发展;到2016年,教育部等11个部门联合发布了《关于推进中小学生研学旅行的意见》,明确提出将研学旅行作为必修课纳入中小学教学范畴。

江西省是教育大省，截至2017年末，江西省共有普通高中在校生96.7万人，初中学校在校生191.0万人，普通小学在校生422.9万人。在读的中小学生高达700多万人，根据国家政策的要求，将研学旅行纳入中小学教育范畴，这将是巨大的客源，为江西省旅游业的发展注入新动力。江西省政府积极响应国家号召，省第十四次党代会中，提出了"旅游强省、文化强省"，打造"美丽中国"江西样板的要求，为研学旅行提供了良好的发展机遇。2017年，江西省教育厅等11部门发布了《关于推进全省中小学生研学旅行的实施意见》，明确提出了"各地要高度重视，把研学旅行摆在更加重要的位置，推动研学旅行健康快速发展"，大力推动了研学旅行的发展。

地质公园以其拥有众多独特的学科知识为基础，使得其在开展科普教育上有着得天独厚的优势，地质公园应利用自己的优势，抓住现今国家政策支持的机遇，积极开发出独具特色的研学旅行产品。

(二)研学旅行产品开发

1.依托特色，打造地学研学旅行品牌

科普教育功能是地质公园建园的目的之一。近年来，地质公园发展较快，但其科普教育功能却没能较好地得到人们的认知。应该充分利用地文科普旅游资源的稀有程度高、美学观赏价值大以及种类齐全、规模庞大的优势，深入挖掘研学旅行资源的潜力，大力倡导、发展研学旅行。例如，丹霞地貌美景、花岗岩景观、珍稀动植物、让人陶醉的庐山云雾景观以及录入中小学课本的名言名句中的优美景观均是吸引游客，尤其是青少年群体的优势特色风景。应依托这些科普旅游资源的优势，打造以地学为特色的研学旅行产品，形成全国研学旅行的品牌。让景区的走廊、步道、台阶等旅游基础设施充分融入科学、文化以及知识普及的理念，使整个景区处处体现出科普的特色，并运用先进的科学技术增强研学旅行的体验度与参与度。下面以三清山地质公园内从金沙索道到三清福地这段必经的旅游线路为例进行介绍，作为花岗岩峰林地质地貌科普旅游线路，可以突出以下几个方面的科普知识。

高空栈道：本路段在1400～1590米的高空崖壁上修建了高空步行道，因其处于西坡，在悬崖峭壁的峡谷中穿行，春夏季节常见流云飞雾，酷似波涛无限的海洋，被命名为西海岸栈道。西海岸栈道是目前世界上海拔最高、最壮观的步行栈道，这条原生态通道是一个具有科普与美学观赏价值的花岗岩地质地貌和生态现象的展示平台。

花岗岩地貌：沿途可见类型多样、造型各异的花岗岩微地貌，如V形峡谷、嶂谷、峰峦、峰墙、峰林，险峻的峭壁，象形石及松石景观，特别是世界绝景之"东方女神"和"巨蟒出山"。可以讲解花岗岩柱状节理、板状节理与峰林地貌景观成因之间的关系。

花岗岩地质：沿途可以见到中粗粒花岗岩与中细粒花岗岩接触带、似斑状结构、矿物结晶分异现象。

花岗岩生态：本线路可以观察到明显植被类型垂直带谱。常绿阔叶林→常绿与落叶阔叶混交林→针阔叶混交林→针叶林→台湾松林、矮曲林和灌丛，最具特色的是古老而原生的猴头杜鹃和台湾松群落。

2.提高参与人员的科普讲解能力

研学旅行并不是玩，而是玩中的教学，是教学中的玩。因此，在研学旅行中要做实教学价值。研学旅行的过程就是学生能力提高、知识升华的过程,为了能使学生较好地完成研学旅行的目标,除了研学旅行产品本身的知识性外,带队教师的科普讲解能力也极其重要,带队教师应该让学生在愉快的研学旅行过程中升华对地球历史、地质资源的理解,他们对地质知识的了解程度直接影响研学旅行开展的效果。通过对特定教师进行培训、专家讲座等方式,教师能运用较简单的地理知识来解释复杂的地质景观,以期帮助学生学习和理解。

3. 加快地学类研学旅行实践教育基地建设

2018年8月,江西省教育厅正式公示江西省首批中小学生研学实践教育基地评审结果,拟命名64个单位为首批江西省中小学生研学实践教育基地,其中龙虎山风景名胜区作为唯一一所地质公园的代表,也在入选之列。打造研学基地能够使更多的学生更好地选择研学目的地,进而更好地开展研学旅行。应该充分利用这次机会,加快研学实践教育基地建设,例如,依托自身的地学资源优势,创新性地开发相关的地理研学课程;根据学生不同的年龄段、不同的研学目的,设计出不同的、有针对性的研学旅行产品;建立完善的景区旅游安全紧急救援机制;对研学旅行学生实行一定的优惠政策,加快研学旅行基地的建设。

4. 开发与保护并重

地质公园的建立是为了能更好地利用和保护地质遗迹,促进区域经济可持续发展。地质公园的实质就是地质遗迹的保护区,其主要任务是保护稀有的地质遗迹。因此,这些价值高、不可再生的珍稀地质遗迹资源,必须是在保护的前提条件下、严格按照要求进行旅游开发。地质公园内的地学资源是自然资源的重要组成部分,是不可再生的地质遗迹。我们在开发研学旅行产品的时候切记要确保稀有资源不被破坏,开发和保护并重。首先,由于研学旅行主体的特殊性,他们大多数是中小学生,年龄不大,对新奇的事物充满了好奇心,带队教师应该和学生强调不能随意乱动公园里的景观;其次,应该严格按要求限制公园游客以及服务设施的数量;再者,对于核心的地质遗迹地点应该妥善开发,以保护为主、开发为辅。

二、水体景观观赏研学旅行产品的方案设计

下面以武汉市蔡甸西湖流域水土保持科技示范园为例介绍水体景观观赏研学旅行产品的方案设计。

(一)研学资源概况

蔡甸西湖流域水土保持科技示范园位于湖北省武汉市蔡甸区的玉贤街鸽翅岭村,依蔡甸区西湖水系而建。园区地处江汉平原东部浅丘区,东靠炎山,南依西湖。山上林木苍翠,山下农田连片分布,水域面积广阔。多年来,园区致力于水土保持工作,采用现代科学技术积极探索与创新水土保持路径,现已建成水土保持监测室、人工降雨区、小型沟道观测站等水土保持研究项目,并分为科研实践、科普教育、生态能源示范、生态修复等功能区。园区于2011年被命名为全国第三批水土保持科技示范园区。2019年其旅游规划将蔡甸西湖流域水土保持科技示范园与研学旅行相结合进行旅游开发,致力

于打造国家级中小学生研学实践教育基地。因此,基于水土之美,以蔡甸西湖流域水土保持科技示范园为生态文明研学旅行开发的案例地,借鉴深圳市水土保持科技示范园建立水土流失模拟试验区、边坡防护展示区、模拟水土危害等多维开展水土保持科普教育户外课堂的经验,研究开发体现水土之生态美、水土之科技美和水土之知识美的研学旅行基地,以探索进行生态文明教育与建设的可行路径。

(二)园区研学旅行项目设计与开发

1. 水土生态之美与研学项目开发

根据水土体现的天然景观美和技术应用后形成的水土景观,结合案例地山水生态条件和技术手段,打造体现水土生态美的研学旅行项目。

(1)欣赏水土之天然景观美。

案例地临近武汉西湖流域的索子长河,区内湖水清澈,是天然形成的优美的湿地景观,体现了多样的自然水土生态系统。良好的生态环境和优美的湿地景观充分体现了自然水土景观之美。

(2)体验水土保持技术应用后的生态化景观。

利用工程治污,变污水为净水,设计与建设无边泳池、垂钓池及其他生态净化池湾,既让人们了解与学习污水处理过程,又能通过开展游泳、垂钓项目体验污水治理的成果;利用蓄水保土的等高耕作技术规划设计农田景观,如建设张湾等高耕作农田景观。水土保持技术不仅让学生现场了解等高耕作等知识,还让学生领略到通过技术实施后形成的壮美梯田景观,以调动学生对生态文明建设的兴趣与热情。

2. 水土科技之美与研学项目开发

依据案例地多年以来采用现代科学技术积极探索与创新水土保持路径的优势,通过科技与水土保持主要技术与措施的结合,基于水土之科技美进行工程技术美、生物工程美和蓄水保土技术美的研学旅行项目的开发。

(1)应用水土保持工程技术设计科普研学项目。

结合高科技手段,建设模拟水土流失产生与治理过程展示系统,给学生展示逼真的三维水土流失与治理过程,使学生了解水土流失的成因与治理技术。设计白湖小型水利工程模型项目让学生知晓水利工程在控制水流、调节和分配水量、防洪防涝等的作用。

(2)应用水土保持生物工程开展研学项目。

建设 3D 动态全方位模拟水土保持工程项目,还原树木的水土保持作用,同时育林育草和净化周围水体,规划炎山西湖生态圈,充分展现生物工程治理的核心,让学生了解树木对水土保持的重要性,感受水土之生物工程技术美。

(3)应用水土保持蓄水保土技术开展研学项目。

建立蓄水保土 VR 展示厅,应用 VR 技术使学生了解蓄水保土的过程和技术方法,让学生感受蓄水保土技术美。

3. 水土知识之美与研学项目开发

(1)生态思想与研学项目。

根据水土保持的生态思想与生态理念建设"土到农家"农家小院等项目。农家小院采用清洁能源、保土用土进行有机蔬菜生态种植,不施农药和化肥,构建零污染的生态环境,让学生知晓应用生态技术对提高农业生产效益及对生态环境保护的重要性,真正领会将水土知识的生态思想理念应用到实践中的价值。

(2)生态知识与研学项目。

根据水土保持工程设施的治沟知识建设全自动监测径流小区项目,以不同的水保措施进行水土流失监测试验,分析在坡度相同的多种水土保持状态下水土流失的产生过程及强度,以及氮、磷、钾的流失量,让学生了解水土流失的危害。设计护坡展示区展现水土保持中工程技术的应用,采用景观带沿主干道布设的水土保持综合护坡技术,通过牌示和语音解说等方式让学生了解水土保持综合护坡生态知识。

(3)科普教育与研学项目。

前文所述项目实际上均为科普而建的研学项目。另外,建设蔡甸西湖水土流失博物馆和科普知识长廊,介绍蔡甸所在的江汉平原等的水土保持工作,科普推广水土流失的产生、类型、危害及其治理等相关知识,培育学生水土保持的生态思想与生态理念,鼓励学生积极投身生态文明建设。

三、生物景观观赏研学旅行产品的方案设计

下面以江西上饶云碧峰为例介绍生物景观观赏研学旅行产品的方案设计。

(一)产品设计原则

1. 属地化原则

云碧峰是城市公园和国家公园集合体,资源环境虽好,但资源的等级与品位难以契合周边省市学生的研学旅行需求。所以,应更多考虑针对上饶区域市场进行延伸与拓展,尤以信州、广丰、上饶、玉山、横峰、弋阳中小学生为主。

2. 品牌化原则

近年来,上饶研学旅行主管部门也积极响应研学旅行发展政策而主动作为。2019年,40个单位拟选为上饶市首批中小学研学实践教育基地。面对本土基地的激烈竞争,基地品牌化是重要出路之一。云碧峰国家森林公园适宜以绿色资源为主,围绕森林科普课堂、户外自然教育等主题进行塑造。

3. 联动化原则

在同一区域内,云碧峰国家森林公园可与上饶集中营、鹅湖书院、方志敏纪念馆等资源点联动,以弥补自身资源不足,延展研学旅行产品设计广度与深度,形成绿色文化、朱子文化、非遗文化和高校人文融合共赢的格局。

(二)产品设计目标

充分发挥云碧峰国家森林公园绿色与人文资源优势,将城市森林公园的公益休闲属性与研学教育属性相结合,探索森林公园研学旅行乡土课程体系与实施模式,盘活公园存量资源,创造公园增量市场。

(三)产品体系设计

1. 园区内研学旅行产品设计

(1)森林科普类产品。

云碧峰国家森林公园动植物资源丰富,具有森林博物馆、落叶阔叶林与常绿景观林、药用植物园等场地依托,是天然科普之地,宜打造森林科普课堂。带领学生参观森林博物馆、了解森林的演变过程、传播动植物科普知识、开设动植物标本课堂、开展动植物寻踪大赛,让学生在研学实践中深化对自然的认识以及人与自然关系的理解。另外,应进一步完善森林博物馆的森林研学主题内容,运用全息投影技术、VR技术等高科技,强化人与科技的交互体验,并构造体系化的森林研学课程。

(2)营地教育类产品。

借助与营地教育的结合,提升森林公园的教育价值及其附加价值,如开展森林徒步旅行、森林探险、森林露营、森林环保、动植物观察、野外生存等体验类研学旅行活动产品。

2. 联动型研学旅行产品设计

(1)园校联动型产品。

与本地高校资源相互组合,建立研学实践合作发展中心,全方位打造多元特色课程,设计与开发园校联动型研学旅行产品。例如,将上饶师范学院茶艺、插花、鸡尾酒调制、园林花卉植物等资源与公园自然资源进行联动融合,形成完整的自然教育与体验类研学旅行产品;与上饶医学院的医疗医学急救培训以及上饶职业学校的金牌导游实践等各种特色课程进行联动,设计与开发生存救护与导游服务类研学旅行产品。与高校人文资源与精品课程的充分联动,有利于整合云碧峰森林资源,设计不同主题的生态研学旅行产品,衍生开展"野外生存遇险急救"的主题研学活动、"绿色迷界,我是柯南"主题的绿色科普研学活动、"导游能手"大赛等。

(2)四色融合型研学旅行产品。

上饶文化底蕴深厚,拥有红色文化、书院文化、非遗文化、朱子文化等各种文化元素。单一的研学产业链难以进一步发展,产品的丰富性、多元性、互动性成为发展态势。云碧峰公园应结合区域优势,联络上饶市周边文化资源形成组合式发展,即绿色资源、红色资源、古色资源、土色资源四色融合型研学旅行产品。其中,云碧峰国家森林公园代表绿色,上饶集中营代表红色,信江书院代表古色,周边乡村资源与景点代表土色。云碧峰国家森林公园应结合区域优势,充分整合上饶市周边其他各色资源,打造多彩研学旅行产品,形成短途的、多样的研学线路。

四、自然地带性景观观赏研学旅行产品的方案设计

下面以信阳市鸡公山为例介绍自然地带性景观观赏研学旅行产品的方案设计。

（一）方案行前准备

1. 地理教师

地理教师即研学旅行活动的带队教师，也叫指导教师，在活动中处于指导地位。俗话说"施教之功，在于引导"，指导教师对地理研学旅行活动的开展有着重要作用，相应承担的责任也更大。因此，在进行研学旅行前，地理教师必须做好活动方案、安全预案和活动备案。此外，地理教师还应提前去研学旅行目的地踩点，规划好旅行线路，安排好出行车辆以及备好野外常用药品等。

2. 学生

首先，学生应该认真研读地理教师提前发放的研学旅行学活动指导纲要，明确活动目标；其次，完成地理教师提前布置的任务；最后，每个学生都要注意身体健康，加强锻炼，避免在研学旅行活动时出现身体不适等情况。

（二）"探索信阳鸡公山之神秘，领略南北过渡带之魅力"研学活动方案设计

1. 研学资源要点

（1）信阳鸡公山公园基本概况。

鸡公山位于河南省信阳市境内，地处东经 $114°01'\sim114°06'$，北纬 $31°46'\sim31°52'$，桐柏山以东，大别山最西端，是中国四大避暑胜地之一。鸡公山的奇花异草、瀑布流泉、奇峰怪石等都是独具特色的自然景观，是国家级自然保护区。

（2）信阳鸡公山公园形成的地理因素。

①地理位置优越，是亚热带向南温带的过渡地段、中国南北分水岭。

②地质构造奇特，鸡公山大地构造位于秦岭褶皱系东段桐柏山脉和大别山脉褶皱带，构造以断裂为主。

③鸡公山主体山系是长江与淮河两大流域的分水岭，区内雨量充沛、泉源众多、水源丰富。

④动植物资源丰富，区内森林茂密、生物资源丰富，动植物种类繁多，大鲵、长尾雉、香果树等是国家重点保护动植物。

（3）信阳鸡公山公园的保护建议。

①自然环境是人类生存发展的基础，树立保护自然，尊重自然的观念。

②保护植被，爱护动物，不破坏自然资源，节约用水，不乱砍滥伐，保护区内环境，不乱丢乱放垃圾。

③加大森林保护重要性的宣传，普及森林保护知识。制定相关法规，提高保护自然环境意识。

2. 具体活动案例

本次地理研学旅行活动是在学生对活动目的地已有丰富的感性认识的基础上开展的，因而在设计活动案例时可以减少对学生因目的地陌生而产生抵触情绪的分析，具体案例设计见表6-1。

表 6-1 "探索信阳鸡公山之神秘,领略南北过渡带之魅力"研学活动方案

主题		探索信阳鸡公山之神秘,领略南北过渡带之魅力
研学旅行教学目标	综合思维	从自然和人类活动等不同角度,全面、系统、动态地分析和认识鸡公山所处的地理环境、形成过程及其与人类生活生产活动的关系
	地理实践能力	通过在活动开展过程中师生间、小组间即及其他游客间的交流与合作,提高学生的交际与合作探究能力;通过对鸡公山真实情境的体验以及回学校后进行的实验,培养学生的动手能力
	人地协调观	通过对鸡公山形成过程及其对人类生产生活的影响,正确认识人与自然地理环境之间的关系,培养尊重环境、保护自然的环境意识,提出保护鸡公山的合理建议
线路		学校—鸡公山—学校
活动过程		第一步:带队教师与学生共同乘坐班级包车出发,前往鸡公山。 第二步:利用GPS定位仪或手机等移动通信工具对鸡公山进行实时实地定位,并做好旅行记录。 第三步:观察地形地貌。结合鸡公山地形图,观察鸡公山的地形、地势、地貌特征,以小组形式,利用相机和纸笔对鸡公山地形、地势、地貌和其他景观进行记录。 第四步:观测土壤土质。观察土壤的颜色及杂质类型。每个小组采集土壤样木,以供返校后使用。 第五步:观察水文植被。主要观察鸡公山植被类型和山间河流,同时以小组为单位采集植物的根、茎、叶样本,以备后用。 第六步:观察岩石。观察沿途岩石种类,并认真辨别岩石表面纹理等,利用硬度笔测定岩石硬度。结合之前所学知识,分类岩石,描述成岩过程。 第七步:下山记录植物,下山过程中拍摄并记录周围植物,并运用所学知识解释植物垂直梯度变化原理,并在下山后进行总结。 第八步:带队教师与学生共同乘坐班级包车返校。 第九步:返校后利用学校实验室使用第四步采集的土壤样本开展研究,主要研究土壤黏度、酸碱性、肥力并分析成因。 第十步:利用学校实验室使用第五步采集的植被样本开展研究,主要观察植物的根、茎、叶的特点,制作植物标本。 第十一步:回到课堂分组讨论,结合学案资料及旅行记录本,讨论总结鸡公山的地质地貌、气候水文、土壤植被、生物动物、矿藏矿产的种类和特征,重点讨论植被类型与地形、气候水文、土壤之间的关系,以提出保护鸡公山的合理化建议
成果展示		(1)小组成果展:以"探索信阳鸡公山之神秘,领略南北过渡带之魅力"为主题自行制作成果展,一周后各小组派代表在地理课堂上进行成果展示,成果展示形式由各小组讨论决定。 (2)个人成果展:每个人独立完成研学旅行活动报告的撰写

续表

评价	过程性评价	教师对照研学旅行过程性评分标准认真对每个学生的表现进行评价,给出评价分数
	总结性评价	教师根据学生的成果展示汇报表现以及学生自评和小组互评三方面进行总结性评价,最后给出总结性评价分数
	最终评价	教师依据最终评分过程性评分×50%+总结性评分×50%给每个学生最终评分,并将此评分作为本次研学旅行考核成绩

五、天气气候类景观观赏研学旅行产品的方案设计

下面以九仙山雾凇现象为例介绍天气气象类景观观赏研学旅行产品的方案设计。

(一)研学资源

九仙山地处亚热带地区,位于福建省泉州市德化县西北部,主峰海拔1658米,山顶年均雾日300天左右、相对湿度可达87%,均列居全国第二,山顶有福建省唯一的高山气象站——九仙山气象站。山上长年云遮雾绕,风云变幻,经常出现云海、云瀑等气象景观;冬天,银装素裹,是闽南观雪景、看雾凇的绝佳去处。

(二)研学目标

地理学科是一门实践性极强的学科,新课标明确提出"地理实践力"地理学科核心素养之一,课标中关于"地理实践力"的论述更是体现了地理学科对培养高中生实践能力的不可替代作用。如何在高中地理课堂中落实对学生地理实践力的培养,是值得思考的问题。

雾凇是一种气象奇观,冬季雾凇出现时,近观树绽银花,远看茫茫一片,有很高的观赏价值。雾凇孔隙多,对空气中微小颗粒具有良好的吸附作用和清洁功能,在雾凇林内会感到空气格外清新舒爽、滋润肺腑;此外雾凇还是天然的"空气负离子发生器"和天然的"消音器",还具有良好的环保价值。引导学生研究雾凇现象、探究雾凇形成过程、开发雾凇资源,对学生观察地理现象、思考地理问题、整合地理知识,培养地理实践能力有很大作用。

(三)研学实践活动设计

1.观察雾凇特征并区别其他大气现象,培养学生观察概括能力

在现实中,很多高中生是很难说清楚雾凇、雪、霜的特征及它们之间的区别,通过学生观察雪、霜的照片,对比九仙山的雾凇,比较这三者的状态特征、形成过程对其加以区分。

雾凇与雪、霜的形成有相似的条件,即都是在气温低于0℃的条件下,气态水或液态水凝结形成的。但它们之间的不同之处在于,雪是水或冰在低于0℃空中凝结后落

下的自然现象,降雪是降水的一种形式;霜是日落后,大气辐射冷却,温度降低至 0 ℃以下,地面或者近地面的水汽凝结为固态的现象,根据霜的形成条件,晴朗无风或风速很小的冬季夜晚较为利于霜的形成。雾凇是空气中过于饱和的水汽在移动过程中遇冷凝华而成,俗称树挂,一般可以分为两种类型,一种是粒状似雪花一样的重叠冻结物,是由水滴、雾滴随风移动,遇到寒冷物体迅速冻结而生成的;另一种是晶状像霜花一样的冻结物,是因天气寒冷,使空气湿度呈过饱和状态,水汽直接凝华而产生的。

2. 观察雾凇分布并归纳其形成的条件,培养学生归纳总结能力

(1)宏观空间观察。

站在九仙山山顶,俯瞰九仙山雾凇空间分布情况,学生使用 GPS 大致测出观测点的海拔高度,结合实地状况进行观测和观察,可以发现地势较高处(山顶)雾凇凝结较厚,地势较低处(山麓)雾凇凝结较薄甚至没有雾凇分布。学生可归纳总结出,地势高低影响气温的高低,进而影响雾凇凝结的厚度。地势越高,气温越低,越有利于水汽凝结,形成雾凇;地势较低的地方,气温较高,水汽凝结形成的雾凇较少甚至没有。

(2)微观空间观察。

在实际的观察中发现,雾凇在植物、建筑、山体两侧存在明显的差异,引发学生思考:为何会有这种差异,导致这种差异的影响因素是什么?以山顶的齐云亭为例,雾凇在亭柱两侧分布明显不均,西北侧柱子上的雾凇较厚,东南侧柱子雾凇较薄,学生查阅九仙山气象资料,采访气象站工作人员,发现该地区冬季以西北季风为主。亭柱的西北面为冬季风的迎风一侧雾凇凝结较厚,东南面为背风侧雾凇凝结较薄甚至没有。主要原因是迎风一侧水汽充足,受低温物体的阻挡便形成雾凇凝结。

学生通过前面的宏观和微观两个角度,观察雾凇的分布状况,可以归纳出雾凇形成条件:①气温够低(低于 0 ℃);②水汽充足(达到饱和有雾)。为了加深知识的巩固和迁移应用,教师提供一张雾凇的拍摄图片,请学生判断拍摄最可能的时段及雾凇所在山地的坡向,并说明判断理由。

从时间来看,根据雾凇形成的条件需要低温,可推出拍摄的时间应该在冬季,再根据此时太阳在地平面附近,太阳高度角较小,可推出应该在早晨或者傍晚,然而傍晚日落前经历过中午气温较高雾凇会融化所以排除,而早晨符合,日出前后达到一天气温最低值,有利于雾凇的形成,因而所拍摄时间在冬季的早晨。从坡向来看,面向阳光一侧雾凇已经融化,背向阳光一侧雾凇分布明显,结合前面判断出的时段是冬季的早晨,由此推出太阳所在方位应该是在东南,所以此时雾凇分布的坡向应该在西坡和西北坡。主要原因是西坡和西北坡此时获得的太阳辐射少,温度较低,且该坡向为冬季风的迎风坡,雾凇较厚。

(3)其他条件。

其实,雾凇的形成条件十分苛刻,是个较复杂的过程,除了气温够低、水汽充足以外,还需具备一定的附着物如植被或者建筑物,以及一定的风速,风能够持续带来水汽在附着物上凝结形成雾凇,风速太小难以带来足够的水汽也不利于雾凇的形成,风速太大或多阵风的情况下附着的雾凇又容易掉落。

3. 分析雾凇现象及对生产生活影响,培养学生辩证分析问题能力

引导学生从各产业部门入手,分析雾凇对生产生活的有利影响和不利影响。雾凇

景色优美是良好的旅游资源,雾凇出现可吸引较多的游客促进当地旅游业的发展及带动餐饮、酒店、交通等相关产业的发展,增加当地人民收入。一般情况下雾凇的密度小、重量轻,破坏性较小,不会对生活生产产生太大影响。但雾凇严重时仍会对农作物产生冻害,影响农产品的产量和质量;折断树枝,影响林业生产;当雾凇在电线、电塔上凝结太厚、太重会折断电线,破坏通信设备等,影响该地区工生产,影响交通运输。

4.设计雾凇旅游并分析开发条件,培养学生规划设计方案能力

德化九仙山地处亚热带地区,雾凇作为旅游资源具有独特性,德化九仙山距离福建东南沿海经济发达地区较近,客源广阔;附近有高速公路通过,交通较便利。但雾凇形成条件较苛刻,出现的概率小,且持续的时间较短,作为旅游资源具有一定的不稳定性,因此要加强对雾凇监测,提前做好预报工作,加强与其他旅游资源的配套开发。九仙山气象旅游资源丰富,除了雾凇之外,冬季还有雪景,以及山顶湿度大、多云雾,常出现云海、云瀑等景观,早晨的日出、傍晚的日落、晴朗夜晚的星空都蔚为壮观。除此以外还可以将山上其他的旅游资源如奇松、怪石及全省唯一的高山气象站等旅游资源整合,建设成为集气象、生物、地质地貌等地理要素于一体的高中生研学旅行基地。并与当地特色的民宿、美食、文化等相结合,形成一条较为完整的、稳定的旅游产业链。

(四)研学实践总结

通过设计一系列实践活动从对比雾凇与其他大气象入手,归纳雾凇的基本特征,进而探究雾凇的形成条件、雾凇对生产生活的影响,充分发挥雾凇的有利一面,作为旅游资源进行开发设计,寻求不利一面的解决措施,整个实践过程能充分调动学生积极参与,引导学生认真观察,发现问题,解决问题,并从现象总结规律,最终又指导实践。

通过对德化九仙山雾凇大气现象的探究,以培养"地理实践力"为核心,兼顾调动和培养学生综合思维、区域认知和人地协调观,并通过野外实践活动激发当代高中生对地理学科的学习兴趣与热情,培养学生观察、收集、整理、独立思考、团结协作等能力。

六、特殊自然现象观赏研学旅行产品的方案设计

(一)研学地背景

熊耳山国家地质公园作为山东省"行走齐鲁"中小学生研学实践教育活动基地,依托熊耳山全国防震减灾科普教育基地,结合熊耳山地震遗址自然景观、地震科普馆、地质博物馆、地震安全逃生体验馆,研发防震减灾三大课程体系。通过手工制作地震报警仪、命悬一线逃生绳子等体验性研学课程,提高广大中小学生的防震减灾意识,以及自救互救的技能,降低震灾损失,加强对防震减灾知识的宣传,让全国中小学生翻阅地质史书,一览国家地震遗址奇观,在游中学、学中研、研中思。

(二)方案支撑

1.学校

学校管理是学校开展各项工作并得以高效运行的重要保障。研学旅行是校外集体

活动,参与学生数量多,管理难度大,学校需结合实际制定实施方案及相关考核办法,实行教师负责制,制定科学合理的奖惩机制。通过开展培训班等方式加大对研学教师的培训力度,严格审查和监督课程资源,确保研学质量。

2. 教师

教师是开展研学旅行活动中的重要力量,教师的能力水平及素质优劣会直接影响研学实施的质量。研学旅行前,教师可通过让学生观看相关录像、收集相关资料的方式学习地震知识,激发学生对地震科普研学旅行的兴趣,提高学生学习和探究地震科学的热情,掌握科学的研学方法。

3. 学生

学生作为研学旅行的主体,其态度和执行力对研学旅行的实施效果有直接影响。研学旅行前,学生要明确研学旅行的意义,做好课程预习。研学旅行过程中,应清楚整个流程,听从教师的指挥,积极参与活动。研学旅行后,认真完成研学旅行任务,结合自身体会,总结出研学旅行中存在的问题。

4. 基地如何配合

基地是研学旅行的现场,场地的设施条件、安全保障、人员配备等硬件要求需万无一失。基地需与学校共同研发地震科普研学手册,并提供专业的参考及指导。活动后,基地可通过建立微信群等形式,定期对家长、学校进行回访,不断优化研学课程。

5. 家长

家长通过家长委员会、致家长的一封信或参加家长会等形式了解研学旅行意义,与学校签订协议书,明确家长责任。家长也可参与其中充当志愿者,为研学旅行提供一些指导和帮助。

(三)研学目标

(1)学习防震减灾科普知识,了解地震发展历程,锻炼学生逻辑思维能力。

(2)通过组建团队、提出问题、分组讨论、参观展馆、认识历代地震预警仪,学习防震减灾科普知识。

(3)以视觉、听觉形式,观看防震减灾科普视频,了解地震演变过程。

(四)研学活动

(1)实地参观大地震形成的龙爪崖崩塌遗址、体验地震斜屋、参观震后唯一留下的村庄遗址(石碾)、进行小组讨论、发表观后感。

(2)手工制作地震仪,认识地震预警仪的组成部分、学习地震预警仪的制作流程、分组制作地震预警仪。

(3)地震体验馆研学活动。

①地震逃生 VR 模拟体验。

②"制造"一次地震,通过蹦跳"制造"震级,感受地震的震撼,最大为九级地震。

③地震防震房屋结构防震等级模拟体验,通过按触摸强震、中震、微震分别体验房屋摇摆幅度,检测房屋是否防震。

④地震逃生体验,通过声、电、动,感受地震的威力,模拟穿越巨石,体验逃生的感觉。

(五)研学活动总结

防震减灾科普知识的学习和防震减灾的应急演练,能使学生掌握应急避灾的正确方法,熟悉震后的紧急疏散的程序,确保在地震来临时,应急方案能快速、高效、有序地执行,从而最大限度地保证生命安全。演练活动有利于培养学生听从指挥、团结互助的品德,提高突发公共事件的应急反应能力和自救互救能力。

第四节 体验考察型研学旅行产品的方案设计与实施

一、文化体验考察研学旅行产品的方案设计

(一)活动目标分析

文化体验考察的研学旅行主要从亲身的体验感受文化景观出发,区别于纯粹的自然景观,具有特殊的教育意义和文化价值意义。进行文化体验考察主要是为了让考察的群体了解该文化价值和精神内涵,从而在考察的群体中塑造更优良的旅游地意象。

(二)活动对象分析

文化体验考察的活动对象群体广泛,总的来说各个群体都可以进行考察,但主要针对的就是中小学生群体以及高校学生,文化体验与学习相结合,凸显了研学旅行的独特价值。

(三)活动的方式分析

文化体验考察主要是通过开展团体性的考察,配套一些实践教育活动,开发与学校教育内容衔接的研学实践课程和线路。加深学生对考察地和考查内容的理解,从而达到"学"与"游"相融合的效果。

(四)活动的内容分析

考察地不同,活动的内容也不同,一切都是基于考察地的特点而展开。

下面以吉安营地为例介绍文化体验考察研学旅行产品的方案设计。

吉安营地是吉安市政府重点打造的一个公益性项目,是吉安市教体局的下属单位,占地 100 亩(1 亩约为 666.67 平方米),能一次性容下 1000 人食宿,2018 年 10 月被评为"全国中小学生研学实践教育营地",是江西省唯一一个国家级营地,吉安营地根据研学实践教育的特征来组织开展研学实践教育活动。

1. 研学线路和课程

江西吉安风景如画,是诞生井冈山精神的红色摇篮,有着丰富的红色文化;是孕育庐陵文化的人文故都,走出了欧阳修、杨万里、文天祥等一大批先贤名臣,沉淀出了以书院文化、农耕文化、手工业文化、商贾文化等为主的庐陵文化,是赣文化的重要支柱,在中华民族文化史册中具有相当重要的历史地位。吉安营地以吉安丰富的红色资源、底蕴深厚的庐陵文化、独具魅力的绿色生态为载体,开发了红色文化、庐陵文化、"井冈山精神""匠人精神"、科普科学等主题的11条研学线路和40个不同学段的研学课程。

2. 吉安营地以立德树人为目的,开发地方特色研学课程

研学实践教育活动的根本目的是立德树人,培养人才。让广大中小学生通过研学实践活动去感受祖国山川之美,感受祖国传统文化之优,感受革命历史之光荣,感受改革开放之伟大,培养他们成为全面发展的社会主义建设者和接班人。截至目前,北京、天津、上海、山东、安徽、江西、四川、新疆等地出台了地方研学政策。吉安营地以"立足本土文化,培养新时代文化传承人"为历史使命来开展研学实践教育活动。为使研学实践教育活动具有特色性、合理性和科学性,吉安营地根据教育部要求,在现有的市级以上的研学实践教育基地和爱国主义教育基地等范围内寻找合作伙伴,签订合作协议,开发研学线路,挖掘研学基地的特色课程,让学生在感受、参与、体验等研学实践教育活动中去传承、宣扬地方文化。

3. 以多元为中心,开展地方特色研学活动

研学实践教育要有多个不同主题、不同学段(小学、初中、高中),与学校教育内容衔接的研学实践课程和线路。吉安营地在研学时间上根据各中小学校的教学情况和不同需求,开展不同天数的研学活动;在研学区域上采用"立足本土、连接省内、辐射全国"的策略,让不同区域的中国传统文化、红色文化联动起来,促进中小学生树立文化自信。

4. 以地方资源为网络,延伸研学内容

研学实践教育活动的开展涉及学校、研学实践教育基地、研学实践教育营地。研学实践教育活动的内容包含优秀传统文化、革命传统教育、国情教育、国防科工、自然生态等不同板块。吉安营地把学校教师、营(基)地人员、导游人员、非遗传承人等不同群体联合起来,成立研学实践教师师资库,充分发挥他们的作用,延伸研学内容。吉安营地还对各研学实践教育基地的课程、研学人员、研学活动实施情况进行监督管理,对没内容、没内涵的研学实践教育基地采用先警告、后取消合作的方式,确保研学实践教育活动的质量,真正达到育人效果。

二、营地研学旅行产品的方案设计

(一)研学旅行需与营地教育相结合的背景分析

营地教育具有情境性、社会性、综合性、开放性、自主性和体验性等特点。营地教育的价值和意义在于营地教育让学生走进大自然,释放压力;营地教育让学生动手动脑,它有利于培养学生的动手能力、解决问题的能力、批判性思维和意志力;营地教育可以通过集体生活和团队活动培养学生的人际交往(沟通)能力、团队协作精神和领导力;营

地教育的自然考察活动,有利于学生学会理解生态系统和辨别生命形态,认识生命的丰富性和保护生态平衡的重要性,让学生敬畏大自然,正确认识人与自然的关系,学会关爱自然;营地教育让学生走出教室、走出校园,走进社会、了解社会,了解他人,促进其正确认识自己与他人、个人与社会的密切关系,使学生学会理解,学会感恩,培养学生的同理心和责任感;是在营地教育过程中,户外美丽的风景、神奇的自然现象会激发学生的好奇心,培养其观察和探究的能力;营地教育尊重学生的兴趣,为每个学生提供参与和展示的机会,有利于发展学生良好的个性,培养其自信心和独立品格。

(二)研学旅行与营地教育相结合的需求分析

2014年4月19日,教育部基础教育一司司长在第十二届全国基础教育学校论坛上发表了题为《我国基础教育新形势与蒲公英行动计划》的主题演讲,针对研学旅行的特点提出了"两不算,两才算"。两不算:校外报的一些兴趣班不符合研学旅行的范畴;有意组织,就是有目的、有意识的,作用于学生身心变化的教育活动,如果周末三三两两出去转一圈,那不叫研学旅行。两才算:集体活动,以年级、班级或学校为单位进行集体活动,同学们在教师带领下共同体验、观察反思、归纳总结,将所学的东西加以应用这才是研学旅行;亲身体验,学生必须要有体验,要有动手、动脑和表达的机会,在一定情况下,应该有对抗演练、逃生演练,应该出点力、流点汗,乃至经风雨、见世面才是研学旅行。研学旅行的课程特点是持续时间长,一般为半天至一周;安全要求高;组织难度大,涉及学生的食住行和学习等方方面面,比室内课程或校内活动课程组织难度大得多。由于研学活动的主办方是学校,而学校侧重于研学,不善于对旅行的策划,容易导致"隧道视野"效应,从而使得研学旅行之路越走越窄。研学旅行在实施过程中会面临很多新问题、新挑战,面对这些挑战,将营地教育和研学旅行的理念、师资、课程研发、安全监控等体系深度结合,建立高质量的第三方平台,全面推进营地教育的可持续发展,打造具有地方特色的营地教育。

(三)营地教育与研学旅行相结合的案例分析

在荆州市中小学生社会实践基地发起举办的2017年研学旅行暨夏令营工作研讨会上校长汇报了实践基地建设"三个实践活动平台"的发展战略,即建设高标准的中小学实践活动基地平台,建设常态化的中小学实践活动学校平台,建设广阔的中小学实践活动社会平台。提出了以实践基地为中心,整合各类资源,综合开发课程,引入第三方平台,全力推进研学旅行和夏令营的"基地+"模式。会议指出,实践基地特别是示范性综合实践基地要充分发挥国家资金投入的最大效益,主动承担研学旅行和夏令营是使命所在,责无旁贷。近几年来,各个层次各种性质的实践基地在师资、课程、硬件以及管理等方面的发展都已经达到了一定的水平,承担研学旅行和夏令营具有得天独厚的优势。研学旅行和夏令营以实践基地为大本营,能够极大地丰富课程内容和活动形式,而最大的好处还在于实践基地能为参加研学旅行和夏令营的中小学生提供价廉且质优的食宿服务。建立第三方合作平台,与信誉好、有资质、有保障的营地教育机构签订协议书,营地教育机构作为主办方来组织研学旅行活动,而实践基地、青少年宫以及文化旅游部门只是作为研学旅行或夏令营的承办方负责活动的具体实施。这种委托开展的形式，规避了活动的收费风险和安全责任，有利于研学旅行和夏令营的可持续健康发展。

三、生态农庄研学旅行产品的方案设计

下面以廊下生态园为例介绍生态农庄研学旅行产品的方案设计。

廊下镇是金山区现代农业园区之所在，是上海所有现代农业园区中唯一一家实行镇区合一行政管理体制的园区。

从在上海影响力来说，金山区现代农业园区是上海市第二轮现代农业园区发展的"领头羊"，是新郊区新农村建设、现代农业园区建设的示范区。

从金山区而言，是金山区重点战略发展的"三区一线"（农业园区、新城区、工业区、海岸线）之一，是金山旅游三大板块之中部生态度假休闲游板块。聚焦廊下造就了一个诗情画意、世外桃源的新廊下。

目前，廊下镇已获得了五个国家级荣誉，前两个与旅游有关：第一个是2006年农村新天地——中华村农家乐被评为全国农业旅游示范点；第二个是2009年廊下生态园被评为国家3A级景区；第三个是国家基本农田保护示范区，是由自然资源部批准的，这里也孕育了廊下自己打造的大米品牌"金山博士米"，是目前上海唯一本地生产的无公害大米；第四个是全国农产品加工业示范基地，占地4平方千米，其中有投资将近6000万元的农产品配送中心，都是在做"农"字文章；最后一个就是第二批全国小城镇改革试点镇。

2006年7月国家旅游局局长视察廊下时，提出"要把廊下的现代农业旅游品牌做到全国去"的殷切希望。通过精心打造，廊下目前已形成一系列的景点。

廊下生态园是金山区最佳旅游景区之一，全国农业旅游示范点，全国休闲农业与乡村旅游四星级企业。

四、实践基地研学旅行产品的方案设计

下面以泸州市教育实践基地为例介绍实践基地研学旅行产品的方案设计。

四川省泸州市教育实践基地始建于2013年，主要面向中小学生集中开展综合实践和研学实践教育活动，是全国20个示范性综合实践基地之一，2018年11月被评为全国中小学生研学实践教育营地。

基地秉承"乐学无界，践知有为"的办学理念，全面贯彻新时代党的教育方针，坚持教育与生产劳动、社会实践相结合，引导学生深入理解和践行社会主义核心价值观，充分发挥中小学综合实践活动课程在立德树人中的重要作用，构建了"一核引领、三为育人、四链支撑、五维聚力"的"营地教育"育人生态。基地坚持实践育人为核心，以"天地人事"之教，涵"生命自觉"之育，构建了包含为生、为人、为学的"三为"实践育人目标体系，创设综合实践课程100余门，开发了涵盖中华优秀传统文化教育、革命传统教育、国情教育、国防科工教育和自然生态教育在内的24条市内外研学线路，在富有创新性的各类主题实践活动中渗透德育，实现全方位育人。基地自运行以来，共接待省内外综合实践学生及研学学生合计45万余人，活动安全高效运行，教育效果良好，受到了社会各

界的高度评价。

营地现有教职员工100余人,建设有实训楼、体验馆、多功能报告厅、食堂、公寓等,能同时容纳1200名学生参加综合实践活动。有高标准的户外拓展训练场、运动场、乐学小农场,有人民防空教育馆、法治馆、非遗传承体验馆、心理健康体验馆、科普活动中心等专题教育场馆和实践教室等。营地开发了涵盖中华优秀传统文化、革命传统教育、国情教育、国防科工和自然生态五大板块的28条研学线路。例如市内有"中国酒镇·诗酒文化""伞里·非遗油纸伞""体验高校生活·探索医学奥妙"等研学线路;市外有"筑梦蓝天·放飞理想(北京)""全球视野·筑梦启航(上海)""亲近自然敬畏生命(成都)""寻红岩故事·传红岩精神(重庆)"等研学线路,形成了"孕育生命体验""非遗彩灯制作""重走长征路""诗酒情景表演""狱中绣红旗""熊猫档案调查"等60余门研学课程。营地全面贯彻新时代党的教育方针,坚持教育与生产劳动、社会实践相结合,引导学生深入理解和践行社会主义核心价值观。

五、团队拓展基地研学旅行产品的方案设计

下面以南京市学生阳光体育营地为例介绍团队拓展基地研学旅行产品的方案设计。

南京市学生阳光体育营地是首批省级研学旅行示范基地教育部研学旅行试点基地。基地是由江宁区教育局和横溪街道合作共建。基地依托生态环境优美的石塘人家,布局合理,功能完善,其中包括素质拓展、真人CS等14个实践活动区域。基地师资力量雄厚,拥有高质量、高水准的专业培训师。基地承担江宁区中小学校2万多名学生每年课外实践活动,同时承担江宁区各大学校教师的培训任务。

南京石塘人家乡村酒店和学生公寓配套设施完善,另南京石塘人家乡村酒店为2018—2019年度南京市江宁区机关单位、事业单位等会议服务定点采购单位,有接待各种大型会议培训活动和各大高校外出实践活动的经验。

南京市学生阳光体育营地拓展中心占地面积约为35亩,同时与"醉美"乡村、"南京小九寨沟"著名景区"石塘人家"毗邻。西南面临山,整个拓展区域为一片丘陵地带,地势起伏平缓,内有零星水塘沟壑。区域内树木众多,一年四季,绿树成荫,自然生态环境良好,空气洁净,是天然"氧吧"。

整体项目立足江宁区与形成的自然景色及人文环境的前提下,充分利用现有天然地理资源,力求安全、生态、环保、趣味性和可持续性,分别设立攀岩、儿童游乐、消防模拟、力拔山河、激流勇进、高空组合架、中空五联等多个以素质教育、体育训练、野营拓展、休闲娱乐等为主要功能区域的项目,总体规划上,引入"可持续发展"的概念,在拓展区域内留有一定的规划发展空间,即以保护自然环境为前提,将成熟的活动项目及设施合理分布,为未来二期建设发展留出空间。

学生不但可以自由呼吸清新空气,倾听莺飞虫鸣,戏看鱼儿穿梭水中倒映的蓝天白云间,体会身心融入大自然的乐趣,同时还通过拓展体育训练,玩学结合,寓教于乐,在轻松愉快的氛围中获得强健体魄,增长知识和胆识,锻炼坚强的意志,增强合作和团队观念。这些在拓展训练中领悟到的道理将会成为学生今后走向社会的宝贵经验。

(一)基地概况

南京市学生阳光体育营地地处江宁区"石塘人家"景区,总占地面积约为123亩,建筑面积约为7226平方米,一期投资近5000万元,布局合理、功能完善。基地秉承"亲近自然"的教育理念,凸显了"创新机制,共建型运作;课程开发,前瞻性设置;有序分布,开放式管理"的特色,帮助学生达到"养成良好体育锻炼习惯、促进身心自然和谐发展"的教育目的。

(二)设施资源

按照开放性、生态性、发展性的规划要求进行建设,基地目前拥有布局合理的三大类功能区域。

1. 实践活动类五大区域

(1)海模实践区水面面积合计约21100平方米。

(2)定向运动区位于"石塘人家"村庄内,占地面积约12万平方米。

(3)体能拓展区是由27000平方米自然景观树林打造而成。

(4)登山拉练区登山步道环绕山脉中,全程长约5000米。铺设彩色沥青路面,全程覆盖监控、照明系统。

(5)真人CS野战区位于山脉脚下,占地面积约13340平方米。

2. 主题教育类两大区域

(1)主题教育中心总建筑面积约3200平方米。

(2)升旗广场铺设天然草皮,占地面积约8800平方米。

3. 生活服务类三大区域

(1)野外露营区占地面积约为5500平方米。内有帐篷、淋浴房、盥洗台、环保厕所、医务室、警卫值班室、储物间以及监控广播系统等基础设施。

(2)餐饮中心是3幢宋派小楼,可同时容纳300名学生就餐。

(3)九里街服务区有超市、工艺品商店、茶社、书吧、戏院、KTV等。

(三)课程设置

基地按照课程模块,构建适合营地的课程体系,同时建立了户外生存三种类型的全新体验馆。

定向越野模块的4种课程:"村庄定向""草坪百米定向""丛林定向""定向越野与真人CS结合"。

航海模型模块,购置了9种不同类型船只共250条,开发4种课程:"竞速艇模型组合""仿真航行模型组合水上足球项目""遥控帆船模型组合""水上飞机和遥控滑翔机组合"。

徒步登山模块,考虑到学生的年龄和季节变化,通过控制拉练距离设定折返点、增减学生负重、途中设置相应障碍等,调控徒步登山的难度系数,开发了4种课程。

拓展训练模块的4种课程:"小学生的拓展组合""初中生的拓展组合""高中生的拓展组合""个人挑战性拓展组合"。

野外露营模块的3种课程:"军事化内务整理""野外军用帐篷搭建和拆除""户外运动背包打理"。

篝火晚会模块的2种课程:"民族专业演员团队主导与学生互动结合的晚会""学生自助和互动晚会"。

(四)建设成就

阳光体育营地的建设,引起了新闻媒体的浓厚兴趣。各大地方电视台都先后对营地建设、学生社会实践活动情况给予了大力报道。

教育装备研究与发展中心副主任高度赞赏江宁基地建设因地制宜、积极整合资源。美丽乡村为营地建设提供了得天独厚的自然与人文资源,营地发展也为新农村品质提升注入了新鲜活力,江宁在全国率先走出了一条新路。

第五节 励志拓展型研学旅行产品的方案设计与实施

一、红色教育研学旅行产品的方案设计

下面以西安市红色研学旅行产品开发为例介绍红色教育研学旅行产品的方案设计。

挖掘内涵是打造红色研学旅行精品的前提。西安市在开展红色研学旅行时,应当以西安事变纪念馆和八路军西安办事处纪念馆为核心吸引物,深入挖掘它们的红色内涵,并以西安市红色文化与地域文化为基础,通过开发红色研学旅行产品、提升旅游产品的品位、延伸红色研学旅行产品链条,努力做到深度开发和创新发展相结合,从而让西安市在众多红色旅游目的地中脱颖而出,吸引来自各地的红色研学旅行者,具体旅游产品设计如下。

(一)红色足迹研学旅行产品——西安事变·抗日历史大讲堂历史文化展示

长廊主要采用传统的静态展示与高科技手段相结合,配以生动的文字介绍和图片展示,全面梳理西安事变的历史过程和人物关系,以及西安事变所产生的重大历史意义。展示长廊主要设置在西安事变纪念馆和其旧址的街道附近,为参观游客提供科普和展示服务。西安事变的和平解决是抗日民族统一战线建立的必要条件,成为抗日战争向抗日民族统一战争转变的重要转折点。读史使人明智,鉴以往可以知未来。邀请知名的历史学者定期开展面向公众的历史知识普及课堂,能够帮助公众了解历史、学习历史。同时根据听众的不同,对讲堂的知识进行调整和不断更新,达到以史促教的效果。

(二)理想·信念研学旅行产品——追忆历史·革命生活体验

活动依托八路军西安办事处纪念馆,面向全国学生开展爱国主义教育征文活动,通过对历史事件的学习,加强爱国主义教育。利用声、光、电等高科技手段,配合开发历史场景重现等体验型项目,构建西安事变红色旅游参与体验系统。通过吃红色饭菜、住红色驻地、走红色路线等革命生活参与体验型项目的设计,实现学生从被动观光到主动参与体验的转型,完成红色旅游从瞻仰历史到投身其中,可以全面提升西安红色旅游的品位与档次。

(三)红色经典传承研学旅行产品——红色旅游景点志愿讲解和宣传项目

红色旅游景点是对一个事件、一个人物的铭记,它的传承需要人与人的交流完成,不仅传承的是故事,更是一种精神。学生研学团对于景点都有自己的认知和理解,因此在开展研学旅行活动过程中,可使每位学生对其中的一个故事进行自己的讲解和发表认识,在提高自己语言表达能力的同时,还可与同学交流,学习到更多知识。随着时代的发展和科技的进步,对于红色旅游景点的宣传可不局限于面对面的交流,可借助微信、微博等平台向更多群体宣传红色精神,通常以图片或者视频的形式展现。

红色研学旅行既是中国旅游业的发展形势和需要,也是对中国革命传统和中华民族精神的弘扬,既有利于培养发展旅游业新的增长点,又有利于全面建设社会主义和谐社会。以历史的眼光来看,西安不仅是以兵马俑、华清池、大雁塔、钟鼓楼、城墙等为代表的历史符号的大都市,也是以西安事变纪念馆、八路军西安办事处纪念馆、张学良公馆、杨虎城公馆、蓝田葛牌镇等为代表的红色文化的大都市,因此在红色研学旅行产品开发过程中,必须打造出具有"西安精神""西安风格"的独特红色文化品牌,从而提升西安在全国红色文化格局中的美誉度和招徕性,让红色研学旅行成为西安旅游的未来发展方向。

红色旅游资源作为不可再生、非物质遗产特征明显的旅游资源,应该加强管理和引导,深入挖掘其文化内涵,充分发挥政府在红色旅游资源保护利用中的主导作用,构建各级红色旅游资源保护联动屏障。

二、国防教育研学旅行产品的方案设计

我国国防教育实践自古有之,但真正称得上现代意义上的国防教育应是1912年1月,蔡元培在《教育杂志》上发表《对于教育方针之意见》,主张国民教育应包括军国民主义、实利主义、公民道德、世界观和美育五项,其中军国民主义就是国防教育思想。中华人民共和国成立以来,国防教育一直在实践中摸索前进,并以增强公民的国防意识、提高公民的国防行为能力为目的。目前,依托国防历史文化资源建立的国防教育基地已经成为开展国防教育的有效载体和依托,这些纪念场地具体包括革命纪念馆、烈士陵园、日本帝国主义侵华期间惨案发生见证地、重大历史功臣人物纪念地、军史馆、军事博物馆等。主要依靠发挥历史文化资源的渗透、感化和熏陶作用,使游客尤其是中小学生受到教育,从而增强国防意识,强化国防观念,养成爱国主义精神。

下面以邓世昌纪念馆国防教育基地为例介绍国防教育研学旅行产品的方案设计。

邓世昌纪念馆的前身是一座晚清建筑——"邓氏宗祠",其始建于1895年(光绪二十一年),即邓世昌殉国后次年,是广州市文物保护单位。1994年,在民族英雄邓世昌殉国一百周年之际,广州市政府拨专款重修邓氏宗祠,现为广东省国防教育基地及广东省爱国主义教育基地。该馆通过国防主题鲜明的固定展览、完善的配套资源、优质的宣教服务等建设国防教育基地,以弘扬民族英雄邓世昌的爱国主义精神,加强对广大人民群众特别是青少年学生的国防教育,振奋民族精神,增强国防意识,激发人民群众热爱祖国、建设国防的使命感和责任感。

随着国家经济的发展,科技的进步,群众文化生活水平的提高以及高新技术在人们日常生活中的广泛应用,广大干部群众特别是青少年的知识背景、心理状态、思维方式和信息渠道正在发生深刻变化,对国防教育基地的建设要求也越来越高。邓世昌纪念馆如何在新形势下,利用展览馆现有资源,结合国家建设海洋强国的新要求,在群众特别是中小学生中宣扬邓世昌精神、普及海洋知识、增强海防意识,已经成为纪念馆发展的重要课题,也敦促其在各个方面不断探索新的发展道路。

1. 深入挖掘国防教育精神内涵,透过展览增强国民海洋意识

中国自古是一个农耕国家,党的十八大将建设海洋强国上升到国家战略的高度,这就要求我们必须加强全民海洋意识的培养,进而树立海洋强国的观念。国防历史教育需同国防形势教育结合起来,既要讲历史经验教训,也要讲现实威胁。只有一方面讲历史一方面讲现实,才能教育广大干部群众牢固树立居安思危、有备无患的思想,使他们从历史的经验教训和现实的威胁中充分认识国防建设的重要性。邓世昌纪念馆目前关于国防教育精神内涵的挖掘,注重海洋知识及海防意识两个方面。在1840年到1940年的100年间,西方国家从海上多次入侵中国,惨痛的历史教训告诉我们,海防衰则国弱,落后就要挨打。海洋事关国家的兴衰存亡,维护国家主权领土完整是硬道理。而目前,中国海洋形式并不乐观,建设海洋强国也是在"岛礁被蚕食,资源被掠夺,海域被瓜分,主权受到侵害"的形势下提出的。深挖与海洋意识、海洋安全有关的国防教育精神内涵,对邓世昌纪念馆更好地开展爱国主义、国防主义教育意义重大。

2. 创新宣教手段,提高宣教水平

国防教育基地是对广大干部群众和青少年进行国防教育的重要阵地和场所,开展丰富多彩、形象直观、各具特色的国防教育活动具有十分重要的意义。因此,国防教育基地必须用时代发展的要求审视教育内容,以改革创新的精神完善教育形式,不断研究新方法,解决新问题,开辟新途径,使教育基地的工作更加贴近群众实际,具有针对性和实效性,在公民尤其是广大青少年中普及国防知识,使国防教育工作有声有色地开展起来。邓世昌纪念馆在创新国防教育形式上,多年来一直在抓住纪念馆国防教育主题思想的基础上,增强与共建单位合作、拓宽教育途径、实现教育能力的不断提高。如利用邓世昌逝世120周年的契机开展形式多样、丰富多彩的专题活动,活动内容包括邀请军事科学院的军事专家、国防大学教授,围绕"中日甲午海战及其对中日关系的影响"主题举行现场讲座;从广州出发,沿邓世昌求学—入伍—训练—作战—殉国路线,探寻英雄的足迹拍摄纪录片;举办"海军发展史图片展",以图片、实物为主要形式,以北洋海军与中国近代海军为对照,回顾中国海军的发展历程及海军舰艇的发展情况,让人们了解中

国的海防建设，激励中华儿女关注海防、重视海防。面向海珠区中小学校学生开展纪念民族英雄邓世昌征文活动、战舰船模竞赛等。这一系列活动既能够丰富教育基地的展出或陈列的内容，又可提升教育基地的思想文化和精神内涵，使邓世昌纪念馆真正成为爱国主义教育、国防教育的载体，革命传统教育的课堂，弘扬先进文化的阵地。

3. 深入挖掘邓世昌相关文物史料，提升展览层次

文物史料是国防教育基地存在、发展和开展爱国主义教育的基础条件。基地的长远发展还需在征集文物史料、挖掘教育内容方面练"内功"。基地工作人员需认真研究自身的历史沿革、馆藏史料，走访革命前辈、烈士遗属、专家学者、民间收藏人士，深入挖掘各种收藏线索，广泛收集文物史料，尽力增加基地的馆藏量。同时着力从不同侧面、不同角度，通过对馆藏文物史料内涵的深刻提炼，给人们以思想的启迪、心灵的震撼和精神的激励。邓世昌纪念馆在文物史料的挖掘方面，以丰富主题思想、挖掘精神内涵为目的，以收集邓世昌及致远舰后人口述历史以及征集反映甲午中日战争的相关文物为主要方向。众多口述史资料、甲午战争相关文物，一方面丰富了纪念馆的展览内容，另一方面提升了教育基地的思想文化和精神内涵。

三、国情教育研学旅行产品的方案设计

国情教育是使学生了解本国政治、经济、自然生态等方面的基本情况，从而激发其爱国热情和报国使命感的教育。国情教育主要包括近百年来中国历史的教育、社会主义必然性的教育、经济文化发展现状的教育、经济资源和人口问题的教育、中华民族优秀传统的教育等。早在民主革命时期，毛泽东就指出，认清中国的国情，乃是认清一切革命问题的基本的根据。党的十三届四中全会明确提出要加强国情教育。国情可分为两类：一是自然国情，如资源、地理、环境、人口；一是人文国情，如历史传统、文化背景、政治制度、经济制度等。进行此项教育的目的在于使全党、全民，尤其是年轻一代在考虑和处理一切问题时都能从中国的基本国情出发，并激发热爱祖国，振兴中华的思想感情。

下面以暨南大学四海书院开展优秀港澳台侨学生惠州国情教育研习营为例介绍国情教育研学旅行产品的方案设计。

为厚植港澳台侨学生家国情怀，增进港澳台侨学生对祖国人文历史的了解和认识，加强爱国主义教育、国情教育与"四史"学习教育，2021年10月29日至10月31日，在暨南大学与惠州市共建粤港澳青年国情教育基地之际，暨南大学四海书院、暨南大学学生骨干校友联谊会联合开展四海书院精英启航计划优秀港澳台侨学生惠州国情教育研习营。赓续红色基因，共建教育基地。

10月31日上午，研习营一行来到东江纵队纪念馆举行"暨南大学粤港澳青年国情教育基地""暨南大学四海书院港澳台侨学生爱国主义教育基地"挂牌仪式。惠州市暨南大学相关领导，以及暨南大学学生骨干校友联谊会成员代表与四海书院港澳台侨学生代表出席仪式。四海书院院长表示，与惠州市共建暨南大学粤港澳青年国情教育基地和暨南大学四海书院港澳台侨学生爱国主义教育基地，是加强多领域合作、实现优势互补、合作共赢的重要举措，将为学校与书院深入开展粤港澳青年学子国情教育与爱国

主义教育提供广阔平台。接下来,四海书院将组织更多学生前往基地深入学习、广泛实践,进一步强化港澳台侨学生理想信念教育、爱国主义教育和革命文化教育,不断加大港澳台侨学子教育培养力度。

挂牌仪式当日,全体师生参观了东江纵队纪念馆和葛洪博物馆,也饱览罗浮山的秀美风光。一位来自中国澳门的同学表示,他在参观过程中了解到东江纵队从建立之初到抗日胜利期间所做的艰辛斗争,感受到海内外同胞为了国家富强而不懈奋斗的初心。一位来自中国香港的同学在现场见证基地的揭牌仪式颇为激动:"很开心我们暨南学子又多了一个学习国情和党史的户外课堂,希望以后有更多机会带着师弟师妹们再来学习。"

举办精英启航计划优秀港澳台侨学生惠州国情教育研习营,是四海书院扎实做好港澳台侨学生国情教育和"四史"学习教育的重要举措,帮助四海学生深入学习中国共产党百年奋斗的伟大历程,引导港澳台侨学生坚定文化自信、汲取奋进力量,将个人成长成才更好地融入国家发展大局。研习结束,四海学子收获颇丰,畅谈学习感受。

一位来自肯尼亚的华侨表示,难忘在东江纵队纪念馆中看到的广东人民和海外华人华侨为救亡图存、抗日报国所付出的沉痛代价,他说:"中国共产党的历史进程是伟大的,更是值得我们华侨青年牢牢铭记于心的。百年征程波澜壮阔,百年初心历久弥坚。"一位来自中国台湾的学生也表示:"我们不能忘记先烈的牺牲,要传承他们坚忍不拔的红色精神,努力学习,成为对学校、对社会、对祖国有担当有贡献的新时代青年!"

"在仲恺港澳青年创新创业基地里我了解到很多创新环保产品的研发思路,在西子湖畔公司我也了解到一家企业从 0 到 2 再到 200 多人的发展经历。"一位来自中国香港的同学对创新创业相关的学习内容感触最深,"很开心能听到各位成功的企业家或创业者为我们分享经验,让我们未来能少走弯路,也让我更有信心规划未来的道路。"一位来自中国澳门的同学表示,通过学习,自己坚定了勇于尝试、敢于创新的人生理念,也要学会关注国家政策变化和市场需求,未来成为敢打拼、懂时政、创新能力强的新青年。

2021 年是中国共产党建党 100 周年,为深入学习贯彻习近平总书记重要讲话精神,四海书院积极开展丰富多彩的党史学习教育活动,组织广大港澳台侨学子参与"党史大家讲""党史故事汇""百年党史课堂"等主题教育活动,"穗北红色之旅""梅州红色之旅""惠州国情教育研习营"等红色文化考察活动,以及"党旗引领践初心,我为群众办实事"等实践活动,确保高标准、高质量地完成党史学习教育各项任务,真正做到学党史、悟思想、办实事、开新局。

四、名人纪念馆研学旅行产品的方案设计

名人纪念馆是建立在名人曾经居住和工作过的地方,是对与名人相关的历史文物和其他实物资料进行收藏保管、陈列宣传和学术研究的机构,其主要功能是对观众进行人文知识教育、历史知识传播、缅怀先贤精神和陶冶情操。

品牌,是产品的商誉。在市场经济条件下,名人纪念馆也同样存在"品牌"这一概念。作为旅游景区重要组成部分的名人纪念馆,其品牌有着极为深广的含义。狭义地

说,它是一个馆的名称;广义地说,除了名称,更指其长期以来形成的在社会和公众心目中的特殊地位。

下面以刘少奇同志纪念馆为例,新时代背景下名人纪念馆的发展也有了一些新路径。

(一)基地研学资源

刘少奇同志纪念馆位于湖南省长沙市宁乡市花明楼镇,交通便利,研学资源丰富。这里有刘少奇同志故居、陈列馆、铜像广场、文物馆、炭子冲民俗文化展、炭子冲学校旧址、花明楼、修养亭、刘少奇坐过的飞机等景点,是集纪念缅怀、度假旅游、生态休闲、史料研究、影视文化体验于一体的全国著名红色教育和旅游场所。基地先后被评为全国爱国主义教育示范基地、国家一级博物馆、全国廉政教育基地、国家5A级旅游景区、全国中小学生研学实践教育基地、全国青年文明号、全国巾帼文明岗、全国关心下一代党史国史教育基地、湖南省十大文化地标、湖南省最佳等级旅游景区、湖南省干部培训党性教育基地等荣誉。基地研学配套设施完善,拥有多功能厅2个,会议室10个,房间200余个,可供2000人就餐,拥有500余个停车位,能提供各种室内活动场所。基地现有员工188人,教师45人,提供讲解、教学、安全保卫、后勤保障等研学服务。

(二)基地研学课程内容

课程内容包括"睹少奇遗物,学少奇精神""红色文化体验——重走少奇之路""刘少奇家风""青少年刘少奇的故事""国学体验"等。学生参观刘少奇同志纪念馆、刘少奇同志故居等景点,少奇之路影视城,聆听刘少奇青少年时期的动人故事、诵读刘少奇家训、临摹刘少奇家书等多种方式,了解刘少奇的成长经历,激励学生养成刻苦学习、助人为乐的优良品格,做一个积极向上、知书达理、孝顺父母的好少年。同时,将组织学生实地体验小小讲解员,在展厅为游客进行实地讲解,讲述刘少奇青少年时代的故事。重温国学经典、铭记伟人名言,聆听文物故事,感悟伟人情怀……基地的特色研学课程将结合这些内容与学生互动,以闯关问答的形式,让课堂更有趣味性;课堂中将舞台向学生开放,让学生走上舞台,演绎情景剧、唱红歌、学习武术健身操等。

(三)基地研学活动开展情况

近年来,基地的参观人数与日俱增,2018年度馆区游客总量达420万人次,其中未成年参观人数达到80万人次,与中国人民大学、武汉大学、中南大学等80余所学校结对共建德育实践基地,开展了"红色趣味课堂""重走少奇爷爷求学路""国学夏令营"等各种形式多样的德育活动,受到学生、家长、学校的一致好评和社会广泛赞誉。

文化旅游是旅游经济发展的"新常态"、名人纪念馆要认真分析自身特质、找准自身定位、树立良好的品牌形象、打造明星文旅产品、不断变革精进、提供优质服务,通过"互联网+"找寻适合自身的推广方式,激活潜在用户。在大众新的行为模式下,根据多维度、多层面、时效性、碎片化的用户特性,从多角度、多领域、多载体、多形式、多时间节点提供优质文化产品,以满足大众日益增长的精神文化需求,促进文博事业、旅游经济良性发展。

五、校园参观研学旅行产品的方案设计

(一)高校旅游资源特点

1.高校旅游资源的教育性

高校旅游资源类型丰富,与此同时学校本身的性质使得其旅游资源具有天然的教育属性。校园里有图书馆、博物馆、实验室等教育性资源。游客参观学校的历史建筑了解高校的历史,参加学校学生社团组织的活动,参加学术讲座等活动,体验校园文化、探索科学知识、了解学校文化,充分体现了高校旅游资源的教育性。

2.高校旅游资源的公共性

高校旅游资源的公共性主要体现在高校教师和学生同游客同时使用高校的资源。首先高校的资源是让学生顺利开展学习,教师开展教学;其次作为一种旅游资源也被旅游所用,高校旅游资源是社会公共的教育资源,其教育资源在培养本校学生的同时还承担了社会教育的任务。

(二)以浙江旅游职业学院创建国家4A级旅游景区为例

浙江旅游职业学院于2013年11月创建成为国家4A级旅游景区。景区占地面积580亩,其核心产品包括以浙江旅游博物馆、遂园地方文化展示馆、智慧旅游体验中心以及校园景观为核心的旅游文化博览产品;利用烹饪、酒店管理、茶文化、雕刻艺术、高尔夫、攀岩、模拟导游等实训基地开发的各种研学旅行产品;以艺术系师生为主体,自编自导的诗画山水旅游演艺产品。浙江旅游职业学院校园景区免费向社会开放,游客可通过校园景区的官方网站预约参观以及参与各项教育旅游体验产品,学院为游客提供免费导游讲解服务。校园景区自运营以来取得了显著成效。

1.有效服务师生和社会

校园景区运营以来,2014年度共接待各类游客20.39万人次,开展茶文化研习、美食烹饪、高尔夫体验、模拟导游体验等教育旅游活动30余次,其中大部分的校外游客为杭州市及其周边的中小学群体(亲子活动),有志于报考旅游相关专业的普高生、中职生等,旅游行业的培训及考察等,教育旅游产品深受游客欢迎。同时全校师生也得益于校园景区的建设,有了更好的工作和学习环境。

2.有效提升学院品牌和知名度

浙江旅游职业学院成功创建国家4A级旅游景区后,先后接待了80多批次的相关单位及旅游部门参观学习,学校的知名度有了显著提升。在此基础上,2014年10月,体验区成功申报成为杭州市国际社会旅游资源访问点,而后又申报浙江省研学旅行基地,学院社会服务功能进一步提升,也进一步助推学院品牌建设和研学旅行发展。

(1)深入挖掘教育旅游资源,创新研学旅行产品。

从目前校园景区建设及研学旅行产品开发情况来看,大多数还仅仅局限在旅游类院校之中。实际上农林类、机械工程类、设计类等院校均可通过教育旅游资源的深入挖掘,比较容易开发出受中小学生欢迎的研学旅行产品,实现教育旅游资源的充分利用。

(2)处理好日常教学与旅游活动开展的关系。

各高等院校在创建校园景区及开发研学旅行产品时必须要处理好日常教学活动与教育旅游活动的关系,不能让游客的行为影响正常的教学秩序。一般可通过设立限制游览区域、实行网上预约、提供导览服务等多种方式来组织校园旅游活动的开展,并且更好地服务游客。

(3)需要得到旅游及教育部门的大力支持。

研学旅行为一项新型的旅游产品,学校在建设校园景区及开发研学旅行项目时需要得到旅游部门、教育部门以及各地方政府的大力支持,包括给予行业的指导,协调各相关部门的关系,以及在人员编制、文化展品收集、校园景观建设等方面给予一定的政策及资金支持。

(4)建立专门的管理和运营机构。

校园景区的建设及研学旅行产品的开发是一项较为复杂且牵扯面较广的事情,不但需要高校各相关职能部门及院系专业的全面参与和支持,同时更加需要建立专门的管理和运营机构,全面负责基地的建设和管理,这样才能更好地将校园景区运营起来,为游客提供更为优质的旅游产品和服务。

第六节　文化康乐型研学旅行产品的方案设计与实施

一、主题公园研学旅行产品的方案设计

下面以上海安徒生童话乐园为例介绍主题公园研学旅行产品的方案设计。

上海安徒生童话乐园是经丹麦王国官方授权的全球首家以童话作家安徒生命名的大型主题乐园,拥有全国第一家安徒生博物馆。乐园作为上海市和杨浦区双重点项目,是中丹文化、商贸、旅游等交流沟通的重要平台。

(一)乐园简介

上海安徒生童话乐园坐落于上海市杨浦区新江湾城国际社区,占地面积约81300平方米,毗邻上海新江湾城湿地公园。乐园内绿化率超过66.8%,自然河流蜿蜒而过,形似美天鹅造型,充满童话色彩,是一块名副其实的自然生态"绿宝石"。乐园将安徒生经典童话故事作为主题元素,建成七大特色主题区域,每个区域都有不同的特色园艺景观,融入互动性极强的主题游艺和表演,打造激情与梦幻的欢乐王国。

(二)主要景点

乐园拥有七大主题园区:锡兵广场、拇指姑娘奇遇、星愿小镇、皇帝花园、美人鱼港湾、丑小鸭村庄、天鹅郡。不仅有"旋转木马""奥丁的祝福"等跌宕而精彩的动力设备,还从全球著名的丹麦KOMPAN公司引进了大型攀爬和滑梯等非动力游乐设备;更有

北欧原汁原味的安徒生博物馆及国家批准的科普低碳体验馆,让孩子们在这里寓教于乐。

(三)七大主题区域

1. 锡兵广场

像小锡兵一样拥有坚强的意志,克服种种困难,穿过泡泡鱼、小锡兵滑梯等考验,最终获得幸福生活!推荐项目:安徒生铜像、泡泡鱼、小锡兵滑梯。

2. 拇指姑娘奇遇

宛如到了色彩缤纷的神秘国度,用速度与激情去奔跑,追逐和摇摆,畅游海陆空三栖,让快乐怒放心间!推荐项目:糖果列车、旋转木马、精灵地菇、疯狂赛车手、奥丁的祝福、激流漩涡。

3. 星愿小镇

在神秘的十二星座广场,牵手卖火柴的小女孩,用温暖和爱点亮星愿之门,仿佛即刻穿越到了安徒生的故乡,找寻童话世界的真善美!推荐项目:安徒生博物馆、科普低碳体验馆、安徒生童话邮局、能量攀岩球、穹顶探索、沙漠历险。

4. 皇帝花园

林间小径、绿茵河畔、花园美景,让全家人放松身心的自由之地。或许幸运的你还能遇上"憨逗的皇帝",开启一段欢喜幽默的童话之旅。推荐项目:安徒生的眺望、小意达的花儿、奔跑吧皇帝。

5. 美人鱼港湾

无论是 AR、VR 或是 MR,亦真亦幻的非凡体验应有尽有……时尚科技完美演绎经典童话,在这里与小美人鱼邂逅一场"WOW"不停的海底历险!推荐项目:童梦未来、海底历险、沙海寻宝。

6. 丑小鸭村庄

来一场智慧与勇气并存的双重挑战。在爱的守护下,期待丑小鸭到美天鹅的华丽蜕变,收获成长的惊喜与快乐。推荐项目:小鸭闯关、鸭妈妈孵蛋、菲英号、主题剧场。

7. 天鹅郡

时而欢呼雀跃,时而凌空飞行,化身童话王国的精灵,跟着身体的节奏,123 律动起来!推荐项目:豌豆精灵、天空骑士、野天鹅、腾翼迷旋。

(四)户外非动力游乐设备

在安徒生童话乐园成立伊始,KOMPAN 为来这里的小朋友们倾情设计和制造了各种造型的户外游乐设施。凭借新颖的外观设计、极富创造力的游乐功能、环保安全的材料和可靠的品质,带领大家进入游乐新境界,创造生态环保、亲近自然的游玩氛围!

1. 大型攀爬项目

游戏功能的多样性加上多维空间组合设计,让孩子们在各个角落自由穿行,满足智趣、探险、新奇等多方面的游乐需求。

(1)能量攀岩球:看似简单,每个球面都有多个数量的攀岩点。游戏过程中需要有充沛的体力和正确的线路安排才能完成。在安全的环境中鼓励孩子勇于发现、自由探索。

(2)穹顶探索:宛如遨游太空一般,探险神奇的游乐空间。充分发挥孩子们的想象力,增强感知能力。

(3)沙漠历险:将网绳结构的设计与大自然融为一体,爬到高处会感受全透明的景观体验,甚至跌到沙丘亦是趣味无穷。

(4)天降奇兵:空中楼阁与巨型不锈钢滑道的完美结合。在超过6米的垂直高度下,为孩子们带来惊险刺激的绝妙体验。

(5)弗雷的秋千:秋千看似造型简单,却是无数孩子们最喜欢的游戏,乘荡之上,欢声笑语萦绕耳畔。

2.竞技类项目

模拟重力环境,挑战身体的平衡性,提升社交能力,学会团队协作精神。时尚竞技游戏等你来挑战!

(1)快到碗里来。

(2)摇啊摇。

(3)腾翼迷旋。

3.卡通滑梯

通过攀爬到达滑梯顶峰,然后"嗖"地滑下来……考验孩子们的勇气和毅力,培养勇敢冒险的精神,最终享受成功的喜悦!

(1)小锡兵滑梯。

(2)原木跷跷板。

(3)美人鱼滑梯。

(4)小海盗滑梯。

(5)丛林滑梯。

(6)丑小鸭滑梯。

4.跷跷板

互动过程中增加了伙伴之间的协作配合,想象自己是纯真的王子、可爱的公主,抑或是顽皮的跳蚤精灵,时而腾空耍酷,时而惊叫卖萌!

(1)公爵小马车。

(2)公主跷跷板。

(3)王子跷跷板。

(4)伯爵跷跷板。

(5)跳蚤跷跷板。

(6)原木跷跷板。

(五)室内游乐设备

1.海底历险

针对儿童喜欢钻、爬、滑、滚、晃、荡、跳、摇等天性而设计。通过科学的立体式组合设计,创造出集游乐、运动、益智、健身等诸多功能于一体的超级室内翻斗乐,相信它会是最受欢迎的亲子活动体验中心。

2.童梦未来

通过声、光、电、影等丰富的高新科技手段完美再现经典童话故事《海的女儿》,善良勇敢的你将化身小美人鱼进入童话国度。

3.沙海寻宝

把梦想亲手"堆"出来:为美人鱼筑城堡、为小螃蟹安个家、为可爱的你筑个小房子。上海安徒生童话乐园不仅包含了激动人心的游乐项目和景点,更充满了精彩纷呈的娱乐演出。各类节目无不充满活力与想象,多才多艺的表演者们围绕经典的安徒生故事,创作出《红舞鞋、海的女儿》等舞台节目。更有花车巡游、AR演出等特色高科技项目,会使游客在园区内流连忘返。

二、文化演艺研学旅行产品的方案设计

作为文化产业与旅游产业深度融合的产物,旅游演艺是地域文化在明确目的和特殊背景下的一种新的文化生产,并最终形成了一种新的旅游产品。首先,旅游演艺具有明确的价值取向。无论是最初发轫于外事接待背景下的文化表演,随后作为主题公园点缀式的串场表演,抑或被置身于旅游者文化需求下的旅游表演,旅游演艺都是有目的地被呈现,希望能通过这种表演让外宾更多了解我国的优秀文化,或让旅游者更能体味到地域特色文化的魅力,进而通过消费旅游演艺推动旅游地经济的实质性发展。

下面以水浒城为例介绍文化演艺研学旅行产品的方案设计。

水浒城位于江苏省无锡市的太湖之滨,是继唐城、三国城之后,中央电视台为拍摄大型电视连续剧《水浒传》而投资建造的又一个影视拍摄基地。1996年3月《水浒传》剧组进驻开拍,1997年3月8日水浒城正式开放。水浒城南面与三国城相邻,西濒太湖,占地580亩,可供拍摄的水上面积1500亩。水浒城主体景观可分为州县区、京城区、梁山区三大部分。

无锡太湖水浒影视城是中央电视台为拍摄大型电视连续剧《水浒传》而规划的仿宋建筑、场景集群,是无锡太湖影视城继唐城、欧洲城、三国城之后,向"东方好莱坞"目标迈进的又一重大举措。水浒城依山傍水,陆地面积540亩,并有广阔的湖面拍摄场景,城内建筑风格统一而形式多样,上自皇宫相府,下至民宅草屋,衙门监牢、寺院宗庙、街市店铺、酒楼客栈以及水泊梁山大寨,从各个不同的阶层,充分再出了宋代独特的历史背景和浓郁的风土人情。游历其间,缅怀岁月,怎不令人感叹时光悠悠,物过而境迁!

主要的景点有衙门、监牢、法场、街坊、店铺、庄园等。最有特色的景点是紫石街。街上建有妇孺皆知的武大郎饼店、王婆茶馆、郑屠肉铺等。这些建筑古风浓郁,细致逼

真的做旧工艺营造了北宋时期特定的历史氛围。《水浒传》中的许多片段都在州县区拍摄,如"张都监血溅鸳鸯楼""王婆贪贿说风情""武松斗杀西门庆"等。在紫石街上,随处可看到拍摄《水浒传》留下的痕迹。还有京城区的清明上河街,京城区的建筑气势雄伟,富丽堂皇,有皇宫、大相国寺、樊楼、高俅府等,《水浒传》中"宋徽宗临朝听政""林冲误闯白虎堂"等戏均在此拍摄。京城区的重要建筑"清明上河街"是根据宋代画家张择端的名画《清明上河图》中虹桥至街市城门内外的布局而设计建造的,宋代民居勾栏瓦肆中的民情风貌在此得以充分体现。目前,水浒城在这条街上开设了各种体现中华民族传统文化的手工艺作坊、店铺,并有各种民间演出,如杂耍、木偶戏、魔术、驯兽等。

"水浒城"弘扬的是宋代光辉灿烂的民族文化,通过一个个逼真的景点再现了清明时节汴河两岸民俗风貌,其间城郭市桥屋户之远近高下、舟船车马之往来先后,皆近其意态,让人忘却世间烦恼、流连于往昔岁月红尘。

中央电视台无锡影视基地三国水浒景区坐落于江苏省无锡市美丽的太湖之滨,是我国首创的、大型影视拍摄基地和文化旅游胜地。始建于 1987 年,占地面积近 100 公顷(1 公顷为 10000 平方米),可使用太湖水面 200 公顷。无锡影视基地拥有大规模的古典建筑群体,三国城内的建筑雄浑刚劲,水浒城内的建筑工巧华丽,唐城内的建筑金碧辉煌,另外还有"老北京四合院""老上海一条街"等明清风格的建筑景观。丰富多彩的演出节目是无锡影视基地的旅游亮点,这里每天有 20 多场马战、歌舞、影视特技类的节目连续上演,集中展示了《三国演义》《水浒传》等历史名著中家喻户晓、脍炙人口的经典故事,强烈的视听冲击效果令观众如临其境、回味无穷。

三、保健康养研学旅行产品的方案设计

康养的目的在于保障维护全体人员的健康。"康"是世界观,"养"是方法论。简单描述就是以养生保健的方式带领全员走向健康大道。不论是日常健康活动还是特定的康复调理行为都属于康养行为,康养是一个广泛的包容型概念,不单是为了长寿,更主要是为了丰富生命的意义,毕竟好的体态才能看到好的世界。康养是长期性的养生状态和健康活动,依赖特定的环境和行为实现身体和心理的良好状态。康养性景观作为康养建设的一部分,既要融合了当地康养性元素,又要对外展示当地民俗文化。设计者通过景观的手法利用康养资源营造着康养的环境,潜移默化地慰藉着人们的身心,达到康养的目的。在自然要素和人文要素之间,康养性景观的设计要立足康养资源和人群使用需求且顾及周边景观,建立起一种关联性康养景观设计理念。概括来说,康养性景观就是康养依据市场趋势、资源因素、适用人群、相关产业的不同衍生出的康养塑造形式之一,从物质到心灵配合阐述健康养生,扩展生命的维度,丰富人的精神世界,实现新时期下建设集保健、养生、休闲、度假等多种形态的康养目标。

下面以桂林康养研学旅行产品开发为例介绍保健康养研学旅行产品的方案设计。

(一)桂林旅游发展概述

桂林,著名山水城市,以其悠久的历史文化以及独特的喀斯特地貌景观闻名于世。桂林旅游产值与日俱增,但旅游消费不够旺盛。桂林以其知名度及优惠政策吸引了国

内外广阔市场,然而游客逗留天数较短,人均消费金额偏低,桂林旅游业发展仍受制约。

(1)观光游仍是本质。近年来,桂林顺应时代发展潮流,开发了部分复合型旅游产品,如"阳朔单车骑行一日游""桂林人文休闲一日徒步游""温泉小镇三日游"等,将观光游与休闲、养生结合,但此类产品数量较少,形式较单一,且仍未摆脱观光游的桎梏,对游客的吸引力不足。各大旅行社、旅行网提供的大多数旅游产品仍然只是对各个景点的连接,创新度不高。

(2)产品内涵不足。产品内涵多体现于其附加价值的大小,桂林旅游产品虽在山水情怀基础上增加了历史文化、民俗风情等元素,但内容多流于表面而缺乏实质,游客难以触及丰厚资源的根本。比如多处以休闲养生为口号打造特色温泉小镇、湿地公园的生态度假区,过于重视休闲方式的转变而忽略现代游客的真正需求,往往只是洗浴方式、游览方式的改变,难以真正达到强身健体效果。桂林拥有得天独厚的旅游发展环境,然而,随着旅游业在全国各地迅速崛起,周边同质化旅游产品越来越多,竞争日益激烈,虽然游客人数在增加,但是市场份额却在不断萎缩。北京第二外国语学院发布了2018中国最佳旅游目的地城市榜单,桂林未能名列前茅,国外此类排名中,更是鲜少见到桂林的踪影。市场风云变幻,发展迫在眉睫,实践表明桂林旅游发展遭遇瓶颈期,想要继续坐拥旅游产业强者位置,必须顺应甚至引导潮流,抓住机遇,创新开发旅游产品。

(二)桂林适合开发康养研学旅行产品

1.我国有康养研学旅行产品巨大需求市场

截至2018年末,我国65岁以上老年人口已达16658万,占比11.9%。有数据预测,到2050年,我国65岁以上人口将达3.23亿,约占人口总数的25.6%。2017年10月,习近平总书记在十九大报告中指出要积极应对人口老龄化,构建养老、孝老、敬老政策体系和社会环境,推进医养结合,加快老龄事业和产业发展。一方面,老年人口基数庞大,对康养产品需求旺盛,积极探索健康养老,推进健康老龄化,是推动国家经济增长、提升国民幸福指数的重要动力。另一方面,当今时代科技发展迅速,人们生活水平提高的同时也带来了诸多健康隐患,劳逸失衡、不良生活方式和习惯、环境恶化及各类污染、各种心理问题使大多数人的身体处于亚健康状态,迫切需要拓宽健康养生知识领域、调整身体机能。同时,观念更迭也使人们日益重视身体健康状况,热衷于健康投资。

2.桂林具备开发康养研学旅行产品条件

(1)桂林作为国际化旅游都市,知名度大,每年观光游产品能吸引到大量国内外游客,加之旅行服务机构数量多、影响范围广,有利于康养研学旅行产品的传播与推广。

(2)桂林地理位置优越,交通便捷,有利于康养研学旅行产品"引进来"和"走出去"。桂林位于泛珠三角、西南、东盟三大经济圈的结合部,是沟通国内西南与华南沿海经济的桥梁,是贯通国内与东盟的枢纽。

(3)桂林环境优美,气候宜人,是康养研学旅行产品发展的坚实基础。桂林属亚热带季风气候,年平均气温19.3℃,空气质量佳,据2018年桂林市生态环境状况公报数据显示,市区全年环境空气质量优良天数高达324天,地表水水质优良,监测断面的年度考核达标率高达100%。

(4)桂林生物医药发展迅速,产业规模不断扩大,拥有桂林三金、莱茵科技、桂林八加一医疗科技有限公司等一大批优秀企业,为康养研学旅行产品提供医药和医疗器械保障。

(5)桂林及周边中草药资源丰富。桂林生态医药资源丰富,拥有天然药物3916种,本地特有中药材125种,其中98种受国家重点保护,其中桂林土特产罗汉果,是国家批准的药食两用材料之一,可以止咳化痰、生津润肺。

(6)政策环境支持度高,基础保障稳固。《广西旅游业发展"十三五"规划》提出要依托广西资源优势,打造集休闲、养生、疗养、旅游功能于一体的健康养老产业集聚区,《桂林市旅游总体规划修编(2015—2020年)》提出要积极培育国际康体养生胜地,2017年发布的《关于开展健康旅游示范基地建设的通知》,将桂林列入首批健康旅游示范基地,《桂林市养生养老健康产业发展规划(2014—2025)实施方案》提出要建设一批适合老年人游览的线路以供休闲与康复。

(7)少数民族医养文化底蕴深厚,为发展康养研学旅行提供强力支撑。桂林及其周边生活着十几个少数民族,分布范围广,且密集,其中壮医、瑶医在长期的历史实践中,形成了独具一格的医药治疗方法,如引舞疗疾、磨药疗法、火堆疗法等。

(三)桂林中医药康养研学旅行产品开发措施

1.合理利用优势,促进市场开发

(1)利用观光游引流。桂林以观光游为核心每年吸引大量游客,市场基础较为雄厚,依托旅游产业的资源优势和人才储备,强化外部力量对游客选择的引导作用,逐步开拓康养研学旅行市场,不失为一条加快产业转型的捷径。

(2)旅行社开展旅游产品推广。旅行社作为连接游客与旅游目的地的重要桥梁,是游客了解目的地旅游产品的窗口。

(3)已有养生机构推广。各类中医药、养生相关机构具有一定市场基础,以其相关性及专业性,能精准接触目标市场,获取客源。

2.优化政策环境,加快项目落地

组织上,在制度化基础上建立中医药康养研学旅行项目管理机构,统一规划布局区域康养研学资源开发,避免趋同发展和恶性竞争;政策上,加强顶层设计,完善重大政策制度,在保证市场平稳有序发展的前提下适当降低中医药康养研学旅行产业准入门槛,刺激社会资本进入康养研学旅行市场,着力解决企业投资落地难等问题。同时,相关部门也应引导优质资本进入中医药康养研学旅行产业,防止部分房地产企业以康养项目为名蚕食国家发展康养产业的优惠政策和土地资源。

3.科学合理规划,整合全域资源

2022年,桂林市下辖6个区、10个县、1个县级市,区域内康养资源种类丰富,拥有优质生态环境、丰富医药资源以及深厚民族医药文化。以丰富资源为切入点,借助山水风光和特色文化所带来的客源集聚效应,实现桂林中医药康养研学旅行产品的多层次开发。一是丰富中医药康养研学旅行产品体系,随着以康养为目的的旅游者人数日益增加,不同层次旅游者的需求各异,产品开发需挖掘地域特色,形成中医药康养研学旅行经济带,打造极具区域特色的旅游目的地形象;二是将各区、县内旅游要素重新组合,优势互补,加强旅游区域合作,借助发达交通网络,推动客源市场共育,塑造"大桂林"康

养研学旅行大品牌。

4. 注重人才培养，加强人才引进横向看

现有国内居多"养生"项目成为房地产项目敲门砖或者"鬼城"，核心问题是没有康养人才和真正的康养产品。中医药学人才对中医药康养研学旅行产品的有效开发至关重要，一方面，联系职业院校和大学，定制桂林中医康养研学旅行人才、创新实用性人才培养机制，同时加强对康养研学专业人才的挖掘和聚集；另一方面，规范中医药康养研学旅行市场管理，构建连接行业专家与康养研学旅行市场的有效渠道。

5. 深化产品创新，克服同质发展

桂林中医药康养研学旅行产品开发，需立足于自身优质区位条件、资源条件，在保证可持续发展的前提下，深入挖掘可利用资源，通过借助现代科学技术，推动产品创新，打造其他地区难以复制甚至无法复制的特色品牌。要从源头上防止同质化发展。

6. 把握开发内涵，做到三大避免

(1)避免将中医药康养研学旅行项目等同于地产项目。

(2)避免将中医药康养研学旅行项目等同于养老项目。

(3)避免将中医药康养研学旅行项目等同于医疗项目。

四、体育休闲研学旅行产品的方案设计

体育研学旅行是我国体育教学改革的重要路径，也是素质教育一种新的表现形式，是使学生得到全面发展的重要手段之一，应当加大发展和推广的力度。核心素养背景下，探索体育研学旅行的新途径，是培养体育品德、"立德树人"理念的实践体现。研究探讨中国学生发展核心素养中应具备的、能够适应终身发展和社会发展需要的必备品格和关键能力，如人文底蕴、科学精神等六大核心素养。在以"健康行为""运动能力""体育品德""体育情感"等要素为体育学科核心素养理念下，体育研学旅行以学科特殊性不仅对培养学生实践能力有重要意义，而且是创新体育教学的重要举措，揭示体育研学旅行的价值，使其发展更加趋于科学、规范，寻求其实施的路径，也为加快促进体育教学改革建言献策。

下面以德夯苗寨体育研学旅行为例介绍体育休闲研学旅行产品的方案设计。

(一)德夯苗寨体育研学旅行资源

1. 民族传统体育资源

少数民族传统体育项目是我国非物质文化的重要组成部分。千百年来，德夯人民在生产生活、民俗节庆、文化崇拜等活动中创造了丰富多彩的民族民间传统体育文化，并且随着经济发展和民族壮大，该文化在一代代人的传承和发展中日益丰满。据统计，德夯苗寨已有民族传统体育项目如苗族鼓舞、苗家武术、上刀梯、八人秋、跳竹竿等21项，其中苗族鼓舞、苗族武术、苗族接龙舞、上刀梯、苗族舞狮被列入非物质文化遗产名录。

2. 民俗体育节庆资源

民俗节庆是人民物质财富和精神财富融合的产物，是一个民族生产活动、思维方

式、价值观念、审美情趣的文化提炼和集中体现,承载着一个民族厚重的历史文化。"百狮会""赶秋节""鼓文化节"等民俗体育节庆是苗族文化的主要呈现方式,是苗族文化传承的重要载体。例如,"百狮会"俗称"玩年",反映了苗族人民在历史长河中与各类灾害斗争的英勇精神,寄托着苗族人民对幸福生活的向往。"百狮会"作为湘西最具影响力的民族体育文化盛会,每逢春节期间都会举办规模盛大的"百狮会"活动,当地参与群众和慕名而来的游客数以万计。德夯苗寨"百狮会"将民俗体育节庆与现代文化相结合,在保留民族性、历史性、原生态的基础上,又不失娱乐性和观赏性,活动内容有借狮、迎狮、盘狮、抢狮、考狮、狮子登高、狮会比武等。

3. 户外运动自然资源

民族文化离不开其赖以生存和发展的自然环境。德夯苗寨四面环山,森林覆盖率在90%以上,相对闭塞的自然环境为原生态的民族文化生存提供了空间基础,悠久的民族文化赋予了自然环境独特的韵味。德夯苗语意思是"美丽的峡谷",峡谷内山峰、断崖、瀑布、溪流交相辉映,典型的喀斯特地貌塑造了壮美秀丽的峡谷风光,如玉泉溪峡谷、九龙溪峡谷、盘古峰、驷马峰、流沙瀑布、玉带瀑布等。随着湘西州旅游业的发展,德夯苗寨的交通条件得到了有效改善,景区通过对德夯峡谷自然资源进行挖掘、包装、整理,将其开发成适合徒步、野营、单车骑行、丛林穿越、溯溪、探险等户外运动项目的胜地,更是吸引了一系列重大户外运动赛事在德夯苗寨举行。

(二)德夯苗寨体育研学旅行资源的开发策略

1. 深度挖掘少数民族传统体育文化的内涵

少数民族传统体育是中华优秀传统文化的瑰宝。德夯苗寨以苗族鼓舞、苗族武术为代表的少数民族传统体育活动,与德夯苗寨人民的生产生活、宗教祭祀、军事历史都息息相关,是融入苗族人民血脉深处的文化传承。研学旅行资源的开发不能浮于表面,要深度挖掘历史渊源、民族信仰、民风民俗,生动形象地展现少数民族传统体育项目及其生态文化,通过学习、赏析、体验等形式让中小学生参与到少数民族传统体育文化的研究性学习中去,给学生带来最直接的民族文化体验,真实地感受少数民族传统体育文化的魅力。

2. 针对不同需求多层次开发旅游产品

旅游产品是旅游资源的主要展现形式。随着经济的发展和人民生活水平的提升,人们的旅游动机更加多样化,生态旅游、文化旅游、体育旅游、研学旅行等旅游形式纷繁多样。德夯苗寨可以基于游客主流需求,结合景区资源特色,多层次地开发景区旅游产品。例如,九龙溪峡谷线路地势平坦、奇峰林立、瀑布高悬,适合开发生态休闲旅游;玉泉溪峡谷地势险峻、岩壁陡峭、谷深狭窄,可以满足户外运动的体育旅游爱好者;德夯苗寨号称"天下鼓乡",苗鼓氛围浓厚,苗寨建筑保存较为完好,苗语、苗歌随处可闻,适合开展文化旅游。研学旅行的开发,一定要立足于中小学生校外研究性学习的教育属性,和其他旅游产品区别开来,要从集体性、体验性、教育性的层面对研学旅行资源进行挖掘。例如,可以利用国家级非物质文化遗产苗族鼓舞开发"鼓王传艺"非遗传承研学旅行产品,挖掘少数民族体育文化资源、户外运动自然资源的教育应用性,开发符合中小学生身心特点、教育价值高的民族特色体育研学旅行产品。

3. 建设研学旅行基地,塑造民族研学品牌

研学旅行品牌塑造,首先要明确品牌定位,以中小学生的学习需求为导向提供研学服务;其次,旅游资源和旅游产品是塑造旅游品牌的核心要素和关键"拉力",要结合资源优势和王牌产品进行品牌设计,德夯苗寨可以抓住苗族鼓舞、苗族武术等人文资源优势和得天独厚的户外运动自然资源优势,开发特色体育研学旅行产品,建设"民族体育＋户外教育"的研学旅行基地;最后是品牌推广,要清楚地认识到学生是参与主体、学校是组织单位、教育是根本目的,可以通过拍摄短视频、微电影、电子宣传海报等形式,利用抖音等短视频平台、虎牙等直播平台、百度等搜索引擎、携程等知名旅游平台进行新媒体营销,提升品牌知名度。

4. 培育专业人才,促进"体育＋研学旅行"

融合体育研学旅行能否弘扬少数民族优秀文化、促进少数民族传统体育的传承和发展,其中相关人员素质水平的高低是关键因素。首先,德夯苗寨应培育研学旅行专业管理人员,加强研学旅行的理论知识学习和管理能力培养,做到统筹规划、科学指导。其次,应当加强体育研学旅行实施阶段的专业人员培训,例如,对苗族鼓舞活动者来说,要提高自身技术水平。最后,可以与地方高校吉首大学展开合作,邀请体育学方面的专家进行指导,挖掘优秀的民族体育文化研学旅行资源、进行民族传统体育文化培训,提高相关工作人员的教学水平、提升体育研学旅行教育的理论深度。

本章小结　本章通过介绍研学旅行产品的多种类型,旨在理解不同研学旅行产品的设计原则与方法,理解不同研学旅行产品的实施过程及重点,以分析研学旅行产品的方案设计与实施的具体案例为引领,在解决问题的过程中让学生获取和运用知识,培养学生的实践能力和创新意识。

学习思考

六盘山红军长征景区位于宁夏固原市隆德县东侧,312 国道沿线,是国家 4A 级旅游景区。六盘山地区是中国工农红军长征三军会师地之一,是革命老区,也是全国红色旅游经典景区之一。红色人文资源与绿色生态资源交相辉映,六盘山红军长征景区是西北重要的红色旅游目的地,先后荣获全国爱国主义教育示范基地、全国青少年教育基地、国家国防教育示范基地、全国廉政教育基地、全国人文社会科学普及基地等。

六盘山红军长征景区由纪念馆、纪念碑、纪念广场、纪念亭、吟诗台和红军小道六部分组成,红军小道沿途 18 个微缩景观,再现了红军长征途中所发生的重大历史事件。

收集"六盘山红军长征"相关背景资料,结合本章所学内容,撰写一篇研学旅行产品的设计方案。

第七章
研学旅行产品市场开发与运营

学习目标

1. 学习和把握研学旅行产品营销基本概念与功能、特征、类型与发展趋势。
2. 掌握研学旅行企业营销策略的设计与选择。
3. 了解研学旅行企业市场开发与运营的创新发展。

知识框架

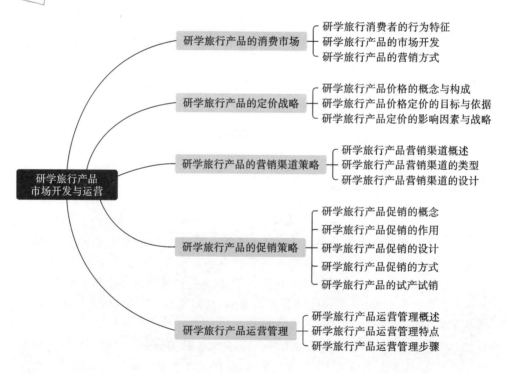

学习重点

1. 研学旅行产品市场。

2. 研学旅行产品营销(定价、渠道和促销)策略。

3. 研学旅行产品的运营管理。

研学旅行是一个既古老又新鲜的话题。古代的研学,多是自发的个人行为;现代的研学,更多是有组织的行为。进入新时代,我国研学旅行市场出现了一些新的演变特征,各级政府大力倡导研学旅行高质量发展,人民群众对研学旅行的要求也不同于以往。当前研学旅行市场出现了哪些新的趋势和特征呢?主要包括以下几点。

一是在疫情影响下,消费者对研学旅行安全提出了新要求。

二是经过多年来的自发式生长,过去较为粗放式的研学旅行消费出现新升级。越来越多的家长开始深入考察研学课程的设计细节,学校开始重视加强研学旅行课程的定制和规划,社会和媒体加大了对低质量研学旅行和假研学旅行的监督、曝光力度,研学旅行消费者也变得更加慎重。

三是在全民学习的大环境下,研学旅行的市场需求出现新变化。有组织的研学活动,有从学校向企业蔓延的势头,有的企业已经在尝试组织类似研学旅行的团建活动;参加研学旅行的群体,有从青少年向成年人和老年人拓展的势头,有些机构开始探索"虚拟现实"的在线研学项目。

四是面对研学旅行市场呈现的发展潜力,市场竞争出现新动向。大机构开始重视品牌建设,横向和纵向出现了游学或研学联盟,不断有企业通过转行或投资新建的方式加入研学旅行项目的行列。

五是在构建新发展格局的前提下,文化和旅游融合为研学旅行提供了新动能。大量文化、文物、非遗、演艺等资源通过旅游平台加入研学旅行产品供给中。大量公共图书馆、博物馆、美术馆、纪念馆等公共资源被引入到研学旅行产业链中,从而大大拓宽了旅游企业和研学机构的产品开发思路,极大地丰富了研学旅行产品的内容。

六是伴随着法治化建设的深入推进,研学旅行在规范发展中迎来了新机遇,推动研学与中小学教育计划有机融合,促进研学旅行市场主体的发育和规范化发展。

结合本章内容思考,研学旅行市场的发展趋势是什么?研学旅行营销工作应从哪些方面着手?研学旅行产品的市场运营该如何开展?

第一节 研学旅行产品的消费市场

消费市场调查,是旅行社研学旅行产品设计的出发点。通过对产品市场环境和研学旅行者消费行为的调查,旅行社可获得有关研学旅行者(中小学生)、教育管理部门、中小学和研学旅行中间商的需求、竞争对手的产品及其他相关消息;对目的地研学旅行资源、大交通资源、关系资源、政策资源等资源进行可行性分析,并通过获得的信息进行分析、提炼和研究,从中激发有关研学旅行产品设计的灵感和创意。同时,消费市场调查也是保证旅行社设计的产品贴近市场、符合市场需求的前提。

一、研学旅行消费者的行为特征

(一)研学旅行消费者消费动机

动机是指被意识到的活动或行为的诱因,它驱使人们从事某种行为,规定行为的方向。因此,要研究研学旅行消费者的购买行为特征,就必须对研学旅行消费者的购买动机进行深入分析。组织行为学认为,人的行为是由动机支配的,动机则是由需要引起的。动机源于需要,是一种达到足够强度的需要。在这里,我们借助马斯洛需要层次理论对研学旅行者消费者心理特征进行较为深入的分析。

1.马斯洛需要层次理论的概念

马斯洛把人的需要从低到高分为 5 个层次,即生存需要、安全需要、情感需要、自尊需要、自我实现需要。生存需要和安全需要属于低级需要,自尊需要和自我实现需要属于高级需要,情感需要则属于过渡性的中间范畴。人的低级需要是先天就有的,是由人的本能决定的,人的高级需要是后天习得的,是受环境的熏陶和意识的培养产生的。低一级的需要相对满足了,就会向高一级发展,越到上层,需要越难以辨别和发掘,满足的程度也越低。

2.马斯洛需要层次理论的启发

(1)研学旅行需要属于人们较高层次的需要。通常来说,只有基本的生存需要和安全需要都已得到保障,人们才有可能对研学旅行产生兴趣。企业应对自身消费者市场有一个准确的定位,研究分析目标市场中消费者的已购产品结构组合、购买目的及购后反馈,挖掘其潜意识中渴望被满足的需求,进而有针对性地整合研学旅行产品,制定更有吸引力的营销方案。

(2)研学旅行产品不属于研学旅行者消费者的生活必需品,它对产品价格和消费者收入的波动都具有极高的敏锐度。研学旅行是高价格弹性和高收入弹性的经济活动。

(3)研学旅行需要不是先天就有的,它是消费者随着自我意识的完善,在生活体验中逐步察觉进而产生、寻求满足的。企业有责任多途径、多方位做好宣传工作,将隐藏在研学旅行产品中深层次的内涵展露出来,在为自身产品寻找现有消费者的同时,唤起潜在消费者的研学旅行意识。

(二)研学旅行消费者消费特征

随着社会生产力的发展和国民收入的提高,人们追求自我解放和享受生活的意识逐渐增强,旅游需求呈现出稳定且快速的增长趋势。研学旅行产品是旅游产品中的新型产品,相对于产品消费需求和一般服务需求,研学旅行消费者具有以下几个特征。

1.综合性

研学旅行业是一个涉及食、住、行、游、购、娱等各个方面的综合性产业。研学旅行需求需要依靠多个组织、部门的通力协作才能予以满足。研学旅行需求是人们的生活水平发展到一定程度后产生的高层次需求,不仅可以满足身体上的感官需求,更能满足研学旅行者的心理、精神、文化需求。一个社会只有发展到一定程度才会产生研学旅行需求。

2. 易受影响性

研学旅行产品对大多数消费者来说是新奇的。在这种情形下,大多数消费者会更加慎重地听取亲朋好友的建议,选取口碑好、值得信任的代理商和运营商。这就提醒企业对自身品牌和口碑维护的重要性。另外,人的活动离不开自然环境和社会环境。消费者在进行研学旅行决策时会把近期发生的政治事件、经济波动、新闻实事及自然灾害等作为目的地研学旅行环境适宜性、稳定性和安全性权衡的重要指标。各种事件因素会加强或抑制研学旅行者的出行意图。

3. 多样性

研学旅行市场是一个复杂而庞大的市场。随着消费者消费心理的日趋成熟和个性化的不断发展,对多样化、多层级产品结构的需求日益凸显。一方面,消费者年龄、家庭、阅历、性别、偏好等因素的差异性导致了研学旅行需求市场的多样性和复杂性,同时这也为研学旅行经营者创造了多样广阔的市场空间。另一方面,由于收入水平和生活环境不同,消费者的需求从客观上表现出一定的层次性。这既包括研学旅行过程中对原有生活习惯、行为规范的维持,又包括对其他层级研学旅行方式、生活形式的体验选择。

4. 高弹性

研学旅行需求不同于基本的生理需要和安全需要,属于人们较高层次的需要。因此,研学旅行需求表现为很强的收入弹性,需求、数量受经济因素影响波动性较大。收入下降时,消费者普遍会将压缩研学旅行开支作为首要选择,理性的消费者的研学旅行需求对价格变化也是比较敏感的。

(三)研学旅行消费者决策过程

在分析了研学旅行消费者的消费特征后,接下来我们来探讨消费者是如何做出研学旅行购买决策的。消费者对研学旅行产品和服务的购买消费活动,是通过一系列相互关联的消费行为过程来实现的。为了便于研究,我们将消费者的决策过程大致分为五个环节:识别需要、收集信息、方案评价、购买决策和购后行为。

1. 识别需要

消费者的研学旅行需要是整个购买行为的原始驱动力。当人们意识到自己对研学旅行产品有需要时,便产生了具有特定指向性的购买动机。引发消费者研学旅行需要的方式有两种。

消费者生活的环境长时间对个体的影响,使得消费者的内在需要不断积累,达到一定的程度后转化为特定研学旅行产品的购买动机。影响消费者产生需要的环境因素有城市噪声、空气污染、过重的工作压力、长久的一成不变的生活方式等。

消费者受周围环境刺激或相关群体的影响,进而产生强烈的研学旅行需要,促使购买行为的发生。同时,消费者还极易受亲戚、同学、朋友、同事或向往群体的带动影响,萌发研学旅行的想法。

2. 收集信息

已经意识到自身研学旅行需要的消费者，在需求十分迫切并对相关研学旅行产品和服务非常熟悉信任的情况下会直接采取购买行为。但是，在大多数情况下人们意识到自身需求后，会先转化成动机，对相关的研学旅行项目产生兴趣，有意识、有目的地收集相关信息，加深对产品和品牌的认识，为实现理智的购买行为做好前期调研工作。

消费者收集信息的多少取决于内驱力的强度、原有信息的数量、获得更多信息的难易程度、增加信息的价值以及个体通过收集信息可能得到的满意程度。一般来说，消费者的信息获取有以下四种途径。

人际来源，是指消费者通过自己的人际关系而获得相关研学旅行信息的途径。例如，通过与家庭成员、朋友、同事、邻居和熟人交流而获取相关研学旅行经验以及对有关研学旅行产品、品牌的评价和认同度。由于人际来源是非商业性的信息渠道，并且传播者与消费者之间具有较长时间稳定的关系，所以这种途径获得的信息往往会对消费者的购买行为产生较大影响。

商业来源，是指消费者通过由研学旅行企业付费选择的各种商业传播途径了解相关研学旅行信息的途径。与其他信息相比，这些信息具有即时、系统、全面等特点。但由于此途径多为卖方主动传播，功利性较强，人们往往对这些信息有一种戒备心理。

公共来源，是指人们从大众传媒及一些社团社区组织中获得的非商业目的的研学旅行信息的途径。例如，人们通过权威性大众媒体、政府主管部门、社团组织、旅行者网络社区等渠道获得的有关研学旅行产品和品牌的评论及排名。这就提醒研学旅行企业要关注社会舆论，力所能及地承担社会责任，塑造良好的社会公众形象，并与大众传媒和群众组织保持良性畅通的沟通。

通过收集信息，消费者增进了对各种备选方案和产品服务的了解和认识。在此环节中，研学旅行企业若可以对营销组合进行合理设计，不仅会增加消费者对企业产品和品牌的认同度和选择概率，而且在向消费者展示企业产品和服务的同时还可唤起消费者更多的购买需求。

3. 方案评价

研学旅行营销人员应该仔细识别消费者的信息来源，判断每一种来源的重要性。

消费者在收集所需的研学旅行相关信息后，一般都会理性地对这些信息进行整理，对各类信息进行对比分析和评估。不同的消费者使用的评价方法和评价标准差别很大。消费者会根据个人的特殊需要和偏好对各个属性赋予不同的权重，进而对不同研学旅行产品进行比较排序。

4. 购买决策

在方案评价阶段，消费者经过对可供选择的产品和品牌的分析比较，初步形成了购买意向。但是，并非所有的研学旅行消费者都会按照个人意向立即购买，有些消费者的需求会在购买交易达成之前衰退或停留在不确定的状态，这主要是受到以下两种因素的影响：一是他人的意见，他人的态度越坚决，这个人与决策者关系越密切，他的意见对消费者购买决策的影响程度就越大；二是突发因素，消费者所形成的购买意向是基于对家庭收入、假期时间、研学旅行安全、产品价格、产品效用等的预期。当购买过程中出现意想不到的情形，购买意向也自然随之改变。突发事件可分为与消费者有关因素和无关因素两类。前者如个人的经济条件、时间安排、健康状况以及情绪心态等发生的变化,后者如研学旅行目的地的自然、社会治安环境的突变,社会经济波动,政治大事件等,都会使消费者购买决策发生变动。

研学旅行企业可以采取一定的营销战略对消费者的购买行为施加影响。企业一方面向消费者提供相关产品和服务的详细资料支持,如文字信息、图片预览、游客反馈等,保持企业与消费者之间沟通渠道的畅通,及时解除消费者的疑惑;另一方面,积极开展广告及公关活动,重视产品和服务质量,完善售后服务系统,尽力消解消费者旅途后可能出现的不满情绪,塑造诚信专业、值得信赖的品牌形象,增强消费者的购买信心,以保证研学旅行顺利完成。

5.购后行为

购后行为,顾名思义是指消费者购买消费之后的行为,它既是一次研学旅行购买活动的结束,同时也可能是下次购买或不购买的开端。购后行为在一定程度上是对购买决策的反馈。研学旅行产品的无形性使得消费者只有在购买之后才知道会有什么样的经历,我们普遍认为第一次购买研学旅行企业产品的消费者并不是真正意义上的消费者,他们只是尝试。事实上,消费者的任何一次购买或多或少都会有满足之后的些许遗憾。与其他产品相比,对于研学旅行产品消费者要投入更多的时间、精力,如出行过程中的疲劳、对陌生环境的不适应等,这些在客观上对消费者的满意程度也会产生一定的负面影响。

研学旅行企业在营销推广中,不仅要吸引消费者,还要保证产品和服务的质量,完善必要的购后反馈渠道,虚心接受消费者的投诉,尽量化解消费者的不满情绪,使他们相信自己的决策是正确理智的。

综上所述,研学旅行企业及其营销人员可以找出影响消费者购买行为的主要因素,理解消费者的购买决策过程,获得隐藏在可见的消费者行为背后的深层次信息进而以此为依据设计和制定行之有效的市场营销战略。

二、研学旅行产品的市场开发

(一)研学旅行产品的市场定位

1.研学旅行产品市场定位概述

市场定位是20世纪70年代由美国营销学家艾·里斯和杰克·特劳特提出的一个重要营销学概念。市场定位就是企业根据目标市场上同类产品竞争状况,针对消费者对该产品某些特征或属性的重视程度,为本企业产品塑造强有力的、与众不同的鲜明个性,并将其生动形象地传递给消费者以赢得消费者认同。市场定位的实质就是使本企业与其他企业严格区分开来,使消费者明显感觉和认识到这种差别,从而在消费者的心目中占据特殊的位置。

在进行研学旅行企业市场定位时,要注意考虑以下四个因素。

(1)研学旅行企业将要提供的研学旅行产品必须与消费者的需求相吻合,且最好能提供比主要竞争对手更好、更新、更特别的研学旅行产品。

(2)研学旅行企业将要提供的研学旅行产品必须与主要竞争对手的品牌形象、产品及经营特色有显著的差异性,并且这些差异性是目标消费者可以识别出来的。

(3)研学旅行企业将要提供的研学旅行产品可以与本企业现有的资源和经营管理水平相匹配。

(4)研学旅行企业将要提供的研学旅行产品具有市场优势,有利可图。

2.研学旅行市场定位的程序

一般情况下,研学旅行市场定位包括以下三个程序。

(1)收集相关信息,研究目标市场的特征。

研学旅行市场定位是建立在对研学旅行市场的调研和分析的基础之上的,因此,信息收集是研学旅行企业进行市场定位的重要环节。通过对这些信息进行分析和研究得出目标市场的一些特征。

(2)研究主要竞争对手的市场情况。

在确定主要竞争对手后,研学旅行企业通过营销调研,认真分析主要竞争对手的情况,包括主要竞争对手的产品种类、设备设施的情况、服务的质量与标准及研学旅行产品的价格等,并通过对这些市场情况的了解,分析出主要竞争对手的优势和不足。

(3)确定本企业的市场定位。

研学旅行企业在分析了目标市场和主要竞争对手的基础上,可以进一步利用上述过程收集的信息,较为准确地分析出在目标市场中有哪些研学旅行需求还没有得到充分的满足,然后充分地发掘本企业现实的潜在的优势,对那些有待开发和更新的市场机会进行全面的评估,从而确定本企业的市场定位。

3.研学旅行市场定位的一般方法

在研学旅行市场激烈的竞争中,研学旅行企业必须有计划地树立本企业产品与竞争者产品不同的市场形象,以便消费者了解和接受本企业所宣传的与竞争对手不同的特点,这种特点往往受到消费者的青睐,这也是企业进行市场定位的实质所在。

(1)产品差异化。

产品差异化主要表现在特色、风格、性能、设计等多方面。

特色就是产品基本功能的某些增补。大多数产品都具有某些不同的特色,在产品基本功能的基础上,企业可以通过增加某些特色而创造出另一种产品形态。在研学旅行产品中,其特色就是研学旅行企业的活力和生命力。

风格就是产品给予消费者的视觉和感觉效果。独特的风格往往使产品引人注目,有别于乏味、单调的产品。研学旅行企业应注意研学旅行产品风格的设计。

性能是指产品主要特点在运用中的水平。大多数产品都处于低、平均、高、超级四种性能中。一般来说,产品质量是性能和其他增加价值要素的代名词,优质产品能高价出售,并实现较多的重复购买,获得较高的消费者忠诚度和较好的口碑,而其成本并不比生产低质量产品高出太多。

设计是一种综合性要素,设计是从消费者要求出发,能影响某个产品外观和性能的全部特征的组合。比如,有的研学旅行线路设计类同,研学旅行产品大同小异。因此,研学旅行企业应发挥自身优势做好细分市场,加强研学旅行产品设计。

(2)服务差异化。

除了有形的产品差异化以外,研学旅行企业也可以使其所提供的服务差异化。研学旅行企业竞争成功的关键常常有赖于服务的增加和服务质量的提高。研学旅行企业在研学旅行产品订购方面,要开通免费订购电话及建立互联网信息系统,提供研学旅行产品给消费者,开通在线订购等服务,方便消费者购买。研学旅行企业要主动帮助消费者,及时认真地处理消费者的询问、投诉及各种问题;在服务中将消费者作为个体对待,给予消费者关心并提供个性化服务,使消费者感到研学旅行企业对他们的理解和重视。

(3)人员差异化。

人员差异化是通过对优秀人员的聘用和培训以获取差别对待,形成人员方面的特色。研学旅行企业员工的服务心态、知识素养、信息掌握量、交流水平等,对消费者的购买决策都有着重要影响,同时消费者对企业的认知,在很大程度上取决于对为其提供服务的人员的认知与感受。研学旅行企业竞争和定位的关键点在于研学旅行服务人才。研学旅行企业要有人员方面的优势,需要其员工具备以下六大素质:第一是能力,具有所需要的技能和知识;第二是礼貌,友好接待每一位消费者,为消费者着想;第三是可信,使消费者感到坦诚,可以信赖;第四是可靠,能始终如一、正确无误地提供服务;第五是服务响应,能对消费者的请求和问题迅速做出反应;第六是沟通,理解消费者,并把有关的准确信息传达给消费者。

(4)渠道差异化。

通过设计分销渠道的覆盖面,建立分销专长和提高效率,企业可以取得渠道差异化优势。研学旅行企业应考虑以下因素:研学旅行产品是否购买方便,销售网点分布是否合理,经销商和零售网点是否经过良好训练,促销手段是否能通过分销渠道有效发挥作用,是否能渗透目标市场,是否在目标市场中留下较深印象。所有这些因素的差异同样带来研学旅行企业之间的差异性,抵御研学旅行产品的同质化。

(二)研学旅行产品市场开发战略

研学旅行企业开发新产品应遵循基本的原则,同时应根据情况,审时度势,选择适合自身特点的开发战略。以下五种战略可供选择。

1. 长短结合战略

这种战略也称储备战略,既考虑到企业的短期利益,更考虑到企业的长期利益,着眼于企业的长期、稳定、持续发展。采取这一战略,研学旅行企业应该有以下四档产品:一是企业生产和销售的研学旅行产品;二是正在研制或已研制成功、等待适当时机投放市场的产品;三是正在研究设计的产品;四是处于产品构思、创意阶段,开始市场开发、调研的研学旅行产品。

2. 主导产品战略

任何企业都应有自身的主导产品,主导产品是资源条件和客源市场双向驱动的产物,在一定时期内相对稳定。

3. 高低结合战略

高低结合战略指高档产品与低档产品相结合,以满足不同消费层次的需求,提高企业经营的覆盖面。

4. 不同革新程度的战略

不同革新程度的战略包括全部创新战略、拿来主义战略、仿制改进战略等。

5.掌握开发时机战略

掌握开发时机战略包括抢先开发战略、紧跟开发战略、后发制人战略等。

(三)研学旅行产品市场开发程序

研学旅行产品市场开发是一件难度高、支出多、风险大的工作,是企业的一项重大战略决策。为了减少风险,使研学旅行新产品更符合研学旅行市场的需求,研学旅行企业在开发研学旅行新产品时,不仅要有严密的组织,更要在调查研究的基础上,制定切实可行的规划,建立一套科学的程序。

1.构思的收集

发展研学旅行产品首先需要有充分的创造性构思,才能从中发掘出最佳的可供开发的项目。研学旅行产品构思的来源是多方面的,可通过研学旅行者、研学旅行中间商、研学旅行营销人员及其他人员、市场竞争对手、行业顾问、管理顾问、广告公司等收集构思。其中前四类人员或组织构成研学旅行产品最主要的构思来源。

依照市场营销观念,顾客的需求和欲望是寻找新产品构思的起点。研学旅行业得以生存和发展的条件就是满足研学旅行者的需要,所有研学旅行者的意见及建议,应成为研学旅行企业必须高度重视的新产品构思来源。通常组织市场调查,向研学旅行者询问现行产品存在的问题来获得对新产品的构思,比直接要求他们提供新产品构思更为有效。

研学旅行从业人员,尤其是日线员工和营销人员,他们在研学旅行产品的生产和销售过程中,与研学旅行者交往密切,最了解研学旅行者的需要;经销或代理本企业产品的中间商掌握着研学旅行者需求的第一手资料,同时也掌握着大量供给方面的信息;同行业的竞争对手往往能给企业很好的提示。所有这些方面都成为研学旅行新产品构思的极好来源。

研学旅行企业或相关组织能否收集到丰富的新产品构思,关键在于是否有鼓励以上各类人员及组织提出各种构思的奖励办法,以及内外部沟通的有效程度。没有大量新颖的研学旅行新产品构思,要想开发一种具有吸引力的研学旅行产品是不可能的。

2.构思的筛选

经过上一阶段收集的大量针对新产品的构思并非都是可行的,筛选的目的是尽快形成有吸引力的、切实可行的构思,尽早放弃那些不具可行性的构思,以免造成时间和成本的浪费。新产品构思的筛选过程包括:对资源进行总体进行评价,分析设备设施状况、技术专长及生产和营销某种产品的能力;判断新产品构思是否符合组织的发展规划和目标;进行财务可行性分析,判断是否有足够的资金发展某项新产品;分析市场性质及需求,判明产品能否满足市场需要;对竞争状况和环境因素进行分析。

通过以上各方面的分析判断,剔除不适当的构思,保留少量有价值的构思进入下一个阶段。筛选和议审工作一般应由营销人员、高层管理人员及专家进行。通常利用产品构思评价表,就产品构思在销售前景、竞争能力、开发能力、资源保证、生产能力、对现有产品的冲击等方面进行加权计算,评定出构思的优劣,选出最佳产品构思。

3.产品概念的发展和测试

一个有吸引力的研学旅行产品构思需要发展成研学旅行产品概念。一个构思可能形成几个产品概念,如某地要开发水上研学旅行,这是一个产品构思,它可以转化为水上泛舟、赛船、垂钓等几种产品概念。

概念测试就是和合适的目标消费者一起测试这些产品概念。产品概念可以用文字、图片、模型或虚拟现实软件等形式提供给消费者,然后通过让消费者回答一系列问题的方法(如调查问卷),使企业了解消费者的购买意图,以便确定对目标市场吸引力最大的产品概念。

4. 商业分析

这是测试一种研学旅行产品概念在市场中的适应性及发展能力的阶段。所谓商业分析,就是要测试一种研学旅行产品概念的销售量、成本、利润额及收益率,预测开发和投入新研学旅行产品的资金风险和机会成本,预测环境及竞争形势的变化对研学旅行产品发展潜力的影响,预测市场规模,分析消费者购买行为。在这一阶段,还必须做出关于营销战略的初步决策,如目标市场定位、营销目标、主要的促销决策等。这项工作要比筛选工作更为复杂,要求的精确度更高。

研学旅行企业对新产品开发的商业分析可采用两种方式:一种方式是由企业内部的营销人员和专家负责进行分析;另一种方式是利用企业外部的专家或外界的专门研究机构来进行商业分析。对出于经济目的的研学旅行新产品的开发,如果经过商业分析发现,新产品开发方案无法达到预计的最低利润额,那么就应该放弃这个方案。

5. 产品的研制和开发

如果研学旅行产品概念通过了商业测试,就可以进入研学旅行产品的研制和开发阶段。在进行产品的研制与开发时,要考虑新产品的功能和质量两个方面的决策。其中,功能决策包括新产品的使用功能、外观功能及地位功能的决策;质量决策需要注重新产品的适用性及经济性。

研学旅行产品在研制开发过程中需要进行反复测试。研学旅行企业或其他相关组织可邀请国内外研学旅行专家、经销商和记者甚至少量游客进行试验性研学旅行,并请他们提出意见,以便修改新产品使其更加完善。

6. 试销

试销是把开发出来的新研学旅行产品投放到经过挑选的具有代表性的市场范围内进行试验性营销,了解研学旅行者的反应,从而使新产品失败的风险达到最小化。

研学旅行产品试销可在几个细分市场上让新产品与消费者见面,以此确定重点目标市场,同时根据收集的市场反馈信息,不断改进产品的内容和形式,以更好地适应市场的需要。

三、研学旅行产品的营销方式

(一)营销组合核心

研学旅行市场营销组合是指研学旅行企业为增强竞争实力,实现营销目标,在选定研学旅行目标市场的基础上,综合运用企业可以控制的各种市场营销因素(如产品、包装、价格、服务、广告、销售渠道、企业形象等),实行最优化组合,以实现研学旅行企业的营销目标。

研学旅行市场营销组合是研学旅行企业可控因素的综合运用。研学旅行市场营销因素多种多样,为了便于分析,专家们提出了各种分类方法,也就是研学旅行市场营销组合的常见方式,主要有以下几种。

1. 麦卡锡分类法

麦卡锡分类法是最常见、运用最广泛的一种分类方法。杰罗姆·麦卡锡是美国密歇根州立大学教授,他将各种营销因素归纳为四大类,即产品(product)、价格(place)、渠道(price)和促销(promotion),简称4P营销理论。这四个方面对营销组合来讲,都是不可缺少的组成部分。营销组合一经确定,企业就必须同时做出这四个方面的决策。

(1)产品。

产品是指研学旅行企业向目标市场提供适销对路的研学旅行产品和服务。

(2)渠道。

渠道是指研学旅行企业把适销对路的产品送到目标市场所需进行的系列活动。

(3)价格。

价格是指消费者购买研学旅行产品所需支付的金额。

(4)促销。

促销是指企业向目标市场提供信息,使消费者了解自己的产品和特点,促进消费者购买。

2. 科里尔和格雷厄姆分类法

美国营销学家科里尔和格雷厄姆认为:市场营销组合因素应在麦卡锡提出的4P营销理论的基础上加上一个"P",即人(people)。服务人员也是研学旅行企业可控因素,他们对企业的目标具有举足轻重的作用。服务人员的言行、仪表和态度对研学旅行企业的产品和服务、消费者满意度、消费者对企业的看法及营销费用等都能产生重要的影响。

3. 布莫斯和比特纳分类法

美国华盛顿大学的布莫斯和美国营销人员比特纳认为:为了适应服务营销工作的需要,除了要研究麦卡锡提出的4P营销理论,营销组合因素还包括参与者(participants)、有形证据(physical evidence)、服务流程(process of service assembly)三个方面。

(1)参与者。

参与者是指所有参与服务传递过程,从而影响购买行为的人,包括消费者和服务人员。

(2)有形证据。

有形证据是指服务项目组成整体的环境,企业与消费者交往的环境,再加上便于服务的提供或服务信息传递的有形产品。

(3)服务流程。

服务流程是指服务传递中的实际程序.使用的器械和服务工作的流程。

4. 考夫曼分类法

美国著名研学旅行市场学家考夫曼认为,营销组合是研学旅行企业力图使用的几个变数的综合,以便更好地满足特定的消费者的需要。对研学旅行企业来说,营销组合是指适当的设施、适当的服务、适当的地点、适当促销以及合理价格等因素的组合,具体包括产品、储存、市场调查等 12 种因素。考夫曼在 1980 年又将上述几种因素概括为"6P",即人(people)、产品(product)、价格(price)、促销(promotion)、实施(performance)、组合(package)。

(1)人。

人是指研学旅行者或研学旅行市场。企业通过市场调查与消费者对话,再详细了解他们的需求。

(2)产品。

产品,即企业根据消费者需要,向他们提供的能够完全满足需求的物品和服务,包括研学旅行设备等。

(3)价格。

价格方面既要满足研学旅行企业对利润的需求,又要满足消费者的期望。

(4)促销。

促销是使消费者相信研学旅行企业提供的产品是他们所需要的,并促使他们产生购买行为的各种措施。

(5)实施。

实施是指产品的传递。研学旅行企业通过接待与服务,促使消费者再次购买,并为企业做好的口头宣传。

(6)组合。

组合这里不是指产品的包装,而是指产品组合。把产品和服务结合起来,在研学旅行者心目中形成本企业的独特形象。产品组合包括内部布局、维修、清洁卫生、服务人员的态度和仪表、广告与销售印刷设计以及分配渠道等因素的综合。

通过以上四种研学旅行市场营销组合的方式可以得出结论:麦卡锡提出的 4P 营销理论(产品、价格、渠道、促销)的四大因素是研学旅行市场营销的四大核心因素。任何研学旅行市场营销组合都应考虑这四大因素,事实上它包括了全部市场学的核心内容。

(二)细分研学旅行产品市场

市场细分,又称为市场分割或市场划分。研学旅行市场细分,是指研学旅行企业通过调研,从区别消费者的不同需求出发,根据消费者对研学旅行产品购买行为和购买习惯等因素的不同,把消费者分为不同的消费者群体的过程。简单地说,研学旅行产品市场细分,就是研学旅行企业按照消费者需求的差异性和相似性,选择一定的标准将整个消费者群分为若干个子消费者群(称为细分市场或子市场)的过程。

1956 年,美国学者温德尔·史密斯率先在其发表的《市场营销战略中的产品差异化与市场细分》中提出了关于市场细分的概念,得到了国际市场营销界的广泛重视与普遍运用。研学旅行产品市场细分依据消费者的需求存在着广泛的差异。因此,研学旅行企业可以根据消费者特点及其需求的差异性把一个整体市场加以细分,即可以划分为具有不同需求、不同购买行为的消费者群体。然后针对这些不同的细分市场,从产品计划、销售渠道、价格战略直至推销宣传,采取相应的市场营销战略,使研学旅行企业生产或经营的产品,更符合各个不同类别的研学旅行者的需要,从而在各个细分市场上提高企业自身的竞争能力，增加销售量，获取较大的市场份额。

研学旅行市场细分和其他类型的市场细分一样，不是能够靠主观臆断来划分的，而是遵循科学、客观的过程和标准来划分。

第一，从过程上看，研学旅行市场细分的过程是一个先分后合的过程，即从纷繁复杂的消费者个体中找出相同的特征，加以归类，施以相应的营销措施，使研学旅行企业面对整体市场能将有限的生产能力充分发挥。

第二，从标准上看，不同消费者的消费特征具有差异性，由于消费者所处的地理条件、社会环境不同，自身所特有的心理素质、价值观念、收入水平不同，因而他们对研学旅行产品的类型、价格、规格以及购买时间等的要求都会有所不同。通过市场细分，消费者的消费特征更为鲜明，有利于研学旅行企业制定合理有效的营销战略。

第三，市场细分的最终目的是使研学旅行企业现有的生产能力和产品特征能够最大限度地满足消费者的需求，以此实现研学旅行企业的经营目标，维持和提高研学旅行企业的市场占有率。

1. 研学旅行市场细分的原则

(1) 可衡量性原则。

可衡量性原则指各细分市场的需求特征、购买行为等要能被明显地区分开来，各细分市场的规模和购买力大小等要能被具体测量。要做到这一点，就要保证所选择的细分市场标准清楚明确，能被定量地测定，这样才能确定划分各细分市场的界限。另外，所选择的标准要与消费者的某种或某些购买行为有必然的联系，这样才能使各细分市场的特征明显，且范围比较清晰。

(2) 可盈利性原则。

细分出的市场在消费者人数和购买力上足以让研学旅行企业有利可图。掌握此原则时要注意以下几点。第一，细分市场要保持一定的规模，失去规模的市场其规模效益将不能保证。第二，某些市场细分尽管规模较小，但其购买力却足以达到盈利规模，甚至具有很大的开发价值。例如，老年人研学旅行市场，尽管人数较少，但人均支付的费用可能较高，具有开发价值。第三，充分考虑成本因素，即外界条件的变化或者通过主观努力使开发成本降低，就可能使一些原本无利可图的市场变得有利可图。

(3) 可进入性原则。

可进入性原则是指研学旅行企业通过充分发挥自身拥有的各项资源和营销能力而进入细分市场，并占有一定市场份额的一种原则。研学旅行企业从实际出发，保证细分的市场是企业的人力、物力和财力等资源是能够达到的，否则不能贸然去开拓。

(4) 稳定性原则。

稳定性原则是指研学旅行细分市场应具有时间上的相对稳定性。如果细分出的某类市场，只是在某种极为特殊的条件下得以存在或出现，而这种极为特殊的条件很容易过时或消失，那必定使相对应的市场也容易很快过时或不复存在，这类研学旅行细分市场不能作为研学旅行企业要进入的目标市场。

2. 研学旅行市场细分的方法

(1) 单变量细分法。

单变量细分法是指选择影响研学旅行市场细分的最显著的变量，作为市场细分的唯一依据,划分市场中不同的消费者群体的方法。这种方法能够将市场迅速细分,而且细分市场的特征较鲜明,但不能对市场进行深刻的调研分析,如以性别来划分,整个市场可分为男性市场和女性市场。

(2)多变量细分法。

多变量细分法是指选择两个或两个以上显著影响市场需求的变量,作为细分市场的依据来划分市场中的消费者群体的方法。这种方法能准确、深入地划分研学旅行市场中每一个不同的消费群体,有助于研学旅行企业做出准确、合理的市场营销策略,但由此会增加市场细分的时间、费用等。同时,如果市场细分的变量数目不能科学合理地掌握,极易造成市场的完全细分,将市场上每一个消费者个体作为一个单独的细分市场,从而失去市场细分的意义。

(3)顾客盈利能力细分法。

顾客盈利能力是指顾客在未来很长一段时间内(指其作为企业顾客的时间长度内)为企业贡献利润的一种能力。根据顾客盈利能力的不同进行市场细分,就是把顾客盈利能力作为市场细分的变量,把每一个顾客都作为一个细分市场,分析企业服务每个顾客的成本和收益,得到每个顾客对企业的财务价值,然后与企业设定的顾客盈利能力水平进行比较,如果顾客的盈利能力达到或超过企业设定的顾客盈利能力水平,他就是企业目标市场中的一员,所有满足这个条件的顾客构成企业的目标市场,否则,企业就不向他们提供服务。

3.研学旅行市场细分的步骤

一般情况下,研学旅行市场细分按下列步骤完成。

(1)明确市场范围,了解市场范围内消费者需求。

研学旅行企业在确定了总体经营方向和经营目标之后,必须确定其经营的市场范围,这是研学旅行企业市场细分的基础和前提。依据消费者需求(包括现实需求和潜在需求),确定研学旅行细分市场。在此过程中,研学旅行企业要根据市场细分的标准和方法,尽可能地对现实和潜在的消费者需求进行归类,本着有助于发掘消费者需求的差异性,并有助于决定最终采用哪一种或哪几种市场细分变量,从而为接下来的市场细分工作提供依据。

(2)分析可能存在的细分市场。

在对市场范围内的消费者需求做了分析调查之后,研学旅行经营者要分析与对比不同消费者需求,与此同时,也要结合市场细分的诸多方式和标准,对该消费者所在区域的地理位置、人口特征、心理因素、购买行为等方面的情况做详细的调查和研究,并做出相应的分析与判断,从而构成可能的细分市场。

(3)选择确定具体的细分市场。

在研学旅行企业进行市场细分时,市场细分应以独具特性的消费者需求为基础,并且在市场细分的具体过程中去掉消费者的共同需求,从而对剩下的需求进行研究、分析、归类和集中,确定和选择其中一个或几个要素作为市场细分的因素。研学旅行企业在细分的过程中要通过把研学旅行企业的实际情况和各个细分市场的特征进行比较,寻找最为主要的细分要素,筛选出最能发挥优势的细分市场。

(4)用选定的细分标准对市场进行细分。

通过选定的细分标准将市场划分为相应的市场群体,接下来,研学旅行企业可以根据各个细分市场的主要特征,用形象化的语言或其他方式,为各个相应的市场群体确定名称。

(5)分析各细分市场的规模和性质。

通过对各细分市场进行深入的分析和研究,可以更为清楚地掌握消费者的购买心理、购买行为等特征,如果有必要的话,也可以对其中的一个或几个小的市场群体进行分解或合并。与此同时,通过对各细分市场进行深入的分析和研究,可以估量该市场的规模、竞争优势和变化趋势等,这些都为研学旅行企业找准主要方向,确定正确、合理的目标市场提供依据。

市场细分的步骤有助于研学旅行企业在市场细分中正确选择合适的目标市场,但是,各研学旅行企业应根据本企业的实际情况和具体经营状况,对步骤进行简化、合并和扩展、延伸。

(三)研学旅行产品组合

1. 研学旅行产品组合的含义

研学旅行企业往往会经营多条研学旅行产品线路和多个研学旅行产品项目,即研学旅行产品既是一个整体概念,也是一个组合概念。因此,研学旅行产品组合是指研学旅行企业设计多种产品的配备和有机组合,包括所有的产品线和产品项目。

2. 研学旅行产品组合的原则

(1)针对性。

研学旅行产品组合不能一味追求组合后产品的丰富性和差异性,更重要的还要看组合后的产品结构、价格、所需研学旅行时间等方面是否符合目标消费者的需要,也就是说这类组合一定要考虑是否能被一定数量的潜在消费者所接受。

(2)完整性。

不论采取何种组合,组合出来的研学旅行产品应该相对完整,既能使研学旅行活动内容丰富多彩,又能使研学旅行者形成一次完整的研学旅行经历。从研学旅行过程的角度看,应该是有开始、有高潮、有结尾。

(3)多样性。

由于研学旅行者在购买和消费研学旅行产品方面存在诸多差异,所以研学旅行组合产品的种类与数量应该尽量丰富。根据这一原则,研学旅行产品的组合就应该尽量做到按照研学旅行者的个性要求,随时随地组合成为研学旅行者在特定时空和其他条件下乐于接受的研学旅行产品。

(4)优惠性。

研学旅行组合产品要注意在增加研学旅行内容的丰富性、多样性的同时,又不能过多地增加购买成本。研学旅行组合产品大多数属于批量购买,这自然减少了消费者购买交换的次数,所以,这类产品的价格就相对低廉,也正是由于其价格比购买单项产品低廉才受到消费者的欢迎。组合产品价格优惠可体现在总体组合产品优惠、研学旅行人数上的优惠、支付方式上的优惠、消费者个人特殊条件优惠等方面。

3. 研学旅行产品组合的主要类型

(1)地域组合。

地域组合是指跨越一定地域空间且差异性较大和地域综合特色鲜明的数个研学旅行产品项目组合成一条研学旅行产品线路。该类组合强调的是这一线路丰富的内容和不同内容间的差异。例如,有的地域以自然风光出名,有的地域以古文化遗迹出名,有的地域以宜人气候出名,那么,在条件具备的情况下,可以对这三个地域的研学旅行项目进行组合。

(2)内容组合。

内容组合是指根据研学旅行活动的主题将数个研学旅行产品项目组合在一起。内容组合一般可分为综合性组合和专业性组合。

(3)时间组合。

时间组合是根据季节的变化来组合不同的研学旅行产品,如春季赏花、夏季避暑、冬季滑雪等,还可根据不同节日、不同假期来组合研学旅行产品。

第二节　研学旅行产品的定价战略

一、研学旅行产品价格的概念与构成

(一)研学旅行产品价格的基本概念

价格是调节市场的重要手段之一。研学旅行产品价格的确定,是建立在对研学旅行产品价格形成的正确认识基础上的。研学旅行产品与其他商品一样,也是人类劳动的结晶,凝结了人类的一般劳动,因而具有内在价值。研学旅行产品的价格受诸多因素的影响,并且受到一定的定价目标的制约或引导。与此同时,研学旅行产品的定价有着一定的程序要求,应当按照科学的步骤进行。

(二)研学旅行产品价格的构成要素

研学旅行产品价格就是对所获得的有形产品和无形服务的货币衡量。研学旅行者出游,为满足自身的研学需求,必须要支付一定的费用以购买研学旅行产品、所支付的费用就形成了研学旅行产品的价格。

研学旅行产品价格一般包括研学旅行产品成本、净利润和税金三个要素,具体表示为

研学旅行产品价格＝研学旅行产品成本＋净利润＋税金

1.研学旅行产品成本

研学旅行产品成本是研学旅行产品生产和营销过程中所发生的各种物资消耗和劳动报酬的货币表现,它是研学旅行产品价格构成中最重要的组成部分。研学旅行产品成本,包括研学旅行资源、旅游设施和其他原材料、燃料等的物资耗费及研学旅行企业员工提供研学旅行服务的劳动报酬,以及旅游产品的广告费和其他促销费用等。研学

旅行产品成本计算是正确制定价格的必要条件。

2. 净利润和税金

研学旅行产品价格中超过研学旅行产品成本的差额,是净利润和税金。净利润和税金也是研学旅行产品价格的构成部分。利润是研学旅行企业员工为社会和企业创造价值的货币表现,是研学旅行企业存在和扩大再生产的必要条件。研学旅行产品价格构成的三个要素是互相联系和互相制约的,其任何一个因素的变化都将对研学旅行产品的价格产生影响。

研学旅行产品价格构成有两种不同表现形式:在单项研学旅行产品价格构成中,它包括该产品的成本、净利润和税金;在完整(或综合性)研学旅行价格构成中,它包括研学旅行企业为了满足消费者在研学旅行活动过程中的各种需求所提供的各个单项研学旅行产品的单价之和再加上研学旅行企业自身的成本及盈利。研学旅行产品报价是较完整的研学旅行产品的价格,一般由三部分构成:研学旅行出发地与研学旅行目的地之间的往返交通费;研学旅行目的地范围内的研学旅行产品价格(包括研学旅行目的地交通费、餐饮费、住宿费、参观游览费、娱乐活动费及其他费用);旅行社的成本、净利润和税金。

二、研学旅行产品价格定价的目标与依据

(一)研学旅行产品定价的主要目标

研学旅行产品定价目标是研学旅行企业营销目标的基础,是企业选择定价方法和制定价格策略的依据。以研学旅行企业自身营销目标为基础,研学旅行产品定价目标有以下几种表现形式。

1. 利润导向目标

利润导向目标是研学旅行产品定价目标之一,它大致可归纳为三种形式。

(1)投资收益定价目标。

投资收益定价目标是指研学旅行企业在制定研学旅行产品价格时根据投资收益曲线进行分析,使企业获取预期的投资报酬率。

(2)当期利润最大化定价目标。

当期利润最大化定价目标是研学旅行企业通过制定较高的价格,在较短的时期内来获得最大限度的销售利润。一般来讲,采用这种模式的研学旅行企业在研学旅行市场上的研学旅行产品大多占据有利地位。但采用这种定价模式的研学旅行企业可能会失去开拓广大市场的机会而使竞争者涌入,所以该行为要求研学旅行企业具备较强实力与应变能力,且一般适用期限较短。

(3)长期利润定价目标。

与前者相比,长期利润定价目标是研学旅行企业着眼于长期总利润水平的逐渐提高从而制定研学旅行产品的价格。虽然它的回收时期较长,但优势在于可使研学旅行企业在减少风险获取合理的利润的同时获得扩大市场占有率以及获取长期稳定的经济效益。

2.销售导向目标

销售导向目标的定价,主要目的是巩固和提高市场占有率、维持和扩大研学旅行产品的市场销售。采用这种定价目标时需注意研学旅行企业必须有充足的产品供应,因为有时研学旅行企业为达到扩大其市场占有率目的而采用低价策略,导致消费者需求量剧增,出现供不应求的市场态势,这将会导致潜在竞争者入侵,损害研学旅行企业利益。

3.竞争者导向目标

竞争者导向目标的定价,是指研学旅行企业通过服从竞争需要来制定研学旅行产品价格。在市场竞争中,价格是直接、有效、方便的竞争手段之一,但运用价格竞争往往会导致两败俱伤。为避免这种局面,以主要竞争者价格为基础来制定自己产品的价格,往往较为有效。

实力较弱的研学旅行企业或新进入市场的研学旅行企业,可采用与竞争对手相同或略低于竞争对手的价格出售研学旅行产品;实力较强又想提高市场占有率的研学旅行企业,可采用低于竞争对手的价格出售产品;实力雄厚、产品优质或能够为研学旅行者提供更多服务的研学旅行企业,可采用高于竞争对手的价格出售产品;为防止新的竞争对手进入市场的研学旅行企业,可以低价阻止新企业进入市场或迫使小企业减少市场份额甚至退出市场。

4.社会责任导向目标

社会责任导向目标是指以为社会提供公益服务为己任,强调社会效益最大化的目标。例如,杭州西湖以不收任何门票的形式向公众开放,其关注了研学旅行生态环境可持续健康稳定发展的同时,也取得了较好的社会效益,真正做到还湖于民,体现了人类与自然的和谐共处。

(二)研学旅行产品定价的主要依据

1.价值理论是制定研学旅行产品价格的基础

商品的价格是以价值为基础的,研学旅行产品也不例外。因此,研学旅行产品价格的高低取决于该产品价值量的大小,也就是生产该产品的社会必要劳动时间。所谓社会必要劳动时间,是指在现有的社会正常生产条件下,在社会平均的熟练程度和劳动强度下,制造某种使用价值所需的劳动时间。劳动生产率高的国家或地区,生产同一研学旅行产品所必需的劳动耗费少,研学旅行产品蕴含的价值量比较少,只要以较低的价格将产品销售出去,生产过程中的劳动耗费就可以得到补偿;劳动生产率低的国家或地区,情况正好相反,研学旅行产品蕴含的价值量较大,生产过程中的劳动耗费必须通过较高的产品价格才能得到补偿。但是,在国际研学旅行市场上,研学旅行产品的价值和价格是以国际社会必要劳动时间来计量的。劳动生产率高的国家或地区,企业生产某一研学旅行产品的个别劳动时间往往低于国际社会必要劳动时间,而出售研学旅行产品的价格却等同于国际社会必要劳动时间所决定的价格,产品的价格高于价值,企业可以获得较高的利润;劳动生产率低的国家或地区,企业生产该种研学旅行产品的个别劳动时间往往高于国际社会必要劳动时间,但其产品仍须按照国际社会必要劳动时间所决定的价格出售,该产品的价格就会低于价值,生产过程中的劳动耗费得不到补偿,企业就无利润可言。因此,对于不同的研学旅行企业来说,只有努力改善经营管理水平,提高劳动效率,才能在竞争中占据主动地位。

2. 市场供求关系决定着研学旅行产品的现实价格

研学旅行产品无论价值量大小,都必须拿到市场上进行交换,其价值和使用价值才可能实现。而产品在交换的过程中,其价格就不可避免地受到供求关系的影响。可以说,在价值量一定的情况下,研学旅行产品的现实价格很大程度上取决于研学旅行市场上供求双方的变化关系。市场上,供大于求时,研学旅行产品价格趋于下降;供不应求时,研学旅行产品价格趋于上升。上升和下降的幅度取决于市场的具体竞争状况。

3. 市场竞争状况决定着研学旅行产品的成交价格

研学旅行市场上的竞争,既有供给者之间的竞争,也有需求者之间的竞争,还有供给者与需求者之间的竞争。供给者之间的竞争是卖主争夺买主的竞争,会使研学旅行产品的市场成交价格实现在较低的价位上。需求者之间的竞争是买主争夺产品的竞争,会使研学旅行产品的市场成交价实现在较高的价位上。而出现供需双方的竞争时,供给者坚持要以更高的价格将研学旅行产品卖出,需求者坚持应该以更低的价格买到合适的产品,双方力量的对比最终将决定成交价格是向上倾斜还是向下倾斜,但是向下倾斜的量不能超过研学旅行企业所能接受的最低价格,向上倾斜的量也不能超过消费者所愿付出的最高价格,否则买和卖都不能继续进行。总之,研学旅行市场的竞争状况决定着研学旅行产品的市场成交价格。只是不同的市场时期,竞争中的主要矛盾并不相同,导致了研学旅行产品的成交价格,在不同的时期也会发生相应的变化。

4. 政府的经济政策调节着研学旅行产品的成交价格

在市场经济中,价格虽然可以敏感地反映供求关系的变化,反映资源的稀缺度,但是市场机制和价格机制并不能完全解决市场运行中存在的问题。国家为了对市场进行宏观调控,实施其经济发展战略,必然要制定一系列的宏观经济政策,其中也包括价格政策。这些政策和措施作用于研学旅行市场,最终还要通过市场价格体现出来,对维护市场秩序、保护消费者利益和保障企业经营活动的顺利进行,发挥着积极的指导作用。例如近年来,随着研学旅行业的快速发展,我国许多地区的研学旅行酒店数量剧增,很快出现了供过于求的情况。为了争夺顾客,很多酒店盲目削价,造成了市场的恶性竞争。为此,国家有关部门只能制定相应的政策,对酒店业进行干涉,如规定客房租金的最低价、客房价格的浮动幅度等,客观上保护了酒店业的整体利益。

三、研学旅行产品定价的影响因素与战略

(一)研学旅行产品定价的影响因素

研学旅行产品价格既影响研学旅行者的需求及购买行为,又对研学旅行产品的销售和利润产生直接影响,所以,在研学旅行产品定价时,一定要综合考虑各种因素。

1. 研学旅行企业可控因素

研学旅行企业可控因素一般是指研学旅行企业内部影响产品价格的各种因素。对研学旅行企业来说,这些因素基本处于企业可控范围之内。

(1)成本因素。

研学旅行产品成本是研学旅行产品价格的最低限度。研学旅行产品价格必须能够补偿研学旅行产品生产、销售的所有支出,并补偿研学旅行企业为研学旅行产品承担风险所付出的代价。因此,成本是影响研学旅行产品定价决策的一个重要因素。如果研学旅行产品的定价低于成本,那么企业不仅无盈利可言,甚至亏损,企业其他的一切营销和发展目标也均无法实现。成本有两大类,即固定成本和变动成本。固定成本指折旧费、房租费、办公费用、上层管理人员报酬等相对固定的开支,一般不随产量和销量的变动而变动;变动成本是指原材料、工资等随产量的变动而变动的成本。二者之和即为产品的总成本。另外,研学旅行企业的成本结构也是影响研学旅行产品定价及价格调整的因素。成本结构是指固定成本和变动成本之间的比例关系,不同成本结构的研学旅行企业应根据自身的特点制定不同的定价战略。

(2)企业战略。

研学旅行企业在市场经营中采取的经营发展战略主要有三种形式,即密集型发展战略、一体化发展战略和多元化发展战略。不同的经营发展战略,对定价战略的要求也不一样。其中对研学旅行产品定价影响最大的是密集型发展战略。密集型发展战略一般通过市场渗透、市场开发和产品开发来实现。市场渗透应采用渗透价格;产品开发则通过新产品开发相应地提高产品价格,以增加销售额。所以,研学旅行企业必须随时调整或确立新的价格以适应企业战略发展的需要。另外,产品定位战略也是研学旅行企业经营发展战略的一个重要组成部分。产品定位的目的在于向目标市场宣传一种产品形象,而价格则是产品形象的一个重要代表。因此,产品定位战略深刻影响着研学旅行产品的定价决策。

(3)定价目标。

研学旅行企业定价目标能为定价者指明方向,定价目标一般与营销计划目标直接相关,而营销计划又与研学旅行企业总目标相关。在某些情况下,定价目标可能是由研学旅行企业总目标转化而来。例如,研学旅行企业总目标是最大的获取短期利润,这个总目标会直接导致研学旅行企业定价目标围绕着如何在短期内获得最大利润而制定;如果研学旅行企业把维持生存作为主要目标,则通过大规模的价格折扣,只要其价格能弥补可变成本和一部分固定成本,企业的生存便可得以维持;如果企业想取得市场控制地位,即使市场占有率最大化,企业也有可能制定尽可能低的价格来追求最大市场占有率。

(4)产品特点。

研学旅行产品的特点直接对定价产生影响。

①产品特色。研学旅行产品的质量、功能、服务等是否新颖,对研学旅行者是否具有吸引力,产品可替代性的强弱,产品必需程度的高低,都直接影响着研学旅行产品的需求弹性,而需求弹性的大小又将对价格制定产生巨大影响。

②产品口碑。研学旅行产品的口碑越高,营销人员在定价时就越有支配权,可以制定适当高一点的价格。反之,价格就不能定得太高。

③产品的独立性。研学旅行产品与其他产品相关程度越低,即产品的独立性越强,其生产、销售受制约的可能性就越小,制定价格的自由度也就越大。

④产品的市场定位。明确本产品的市场定位,制定与之相适应的产品价格,以满足目标市场的需求,强化产品形象。

2.研学旅行企业不可控因素

(1)市场需求。

市场需求对研学旅行产品定价的影响比较复杂。

首先,研学旅行产品的最高价格取决于消费者的需求程度和支付能力,因而研学旅行企业对产品的定价不能超过消费者的支付能力,并应随需求程度的变化而调整。比如,研学旅行需求有很强的季节性,这就要求绝大多数研学旅行产品的价格必须有明显的季节差异,尤其是住宿、餐饮、交通等研学旅行活动的辅助产品。

其次,不同的旅游产品需求价格弹性不同,如在某一研学旅行地,消费者对主要研学旅行观光点的门票价格不敏感,其需求对价格高低反应不大,需求价格弹性小;但对餐饮、住宿、物品的价格就比较敏感,其需求对价格高低反应较大,需求价格弹性大。因此,研学旅行企业定价还要充分考虑不同产品的需求价格弹性。对价格弹性大的产品采用低价策略来刺激需求可取得良好的销售业绩,而对价格弹性小的产品则可维持相对高价水平或保持价格稳定。

最后,消费者的消费观念和对研学旅行产品价值的理解也对研学旅行产品定价有较大的影响。消费者对产品价值的理解较高,则可制定高价,反之,则应制定低价。

(2)市场竞争。

竞争和供求之间存在着密切的关系,因此,竞争对产品的价格有重要影响。当竞争在研学旅行产品供给者之间进行时,说明研学旅行产品供过于求,价格必然下跌;当竞争在研学旅行产品需求者之间展开时,说明研学旅行产品供不应求,则价格必然上涨。为此,研学旅行企业在定价时,必须考虑竞争者的产品价格。如果本企业产品比竞争者的产品质量高,且独具特色,企业有很高的声誉,或能为研学旅行者提供高水平的服务等,产品价格可以定得高些。情况相反时,最好不要超过竞争者的价格,如果研学旅行企业准备把产品加入其他研学旅行企业已经占领的市场,扩大市场占有率,则应以较低的价格出售其研学旅行产品。

(3)通货膨胀。

通货膨胀是指流通领域内的货币供应量超过了货币需求量而引发的货币贬值、物价上涨等现象。研学旅行目的地的通货膨胀会造成单位货币购买力下降,使研学旅行企业的产品生产、经营成本费用增加,从而迫使企业相应地提高研学旅行产品价格,并且往往价格提高的幅度大于通货膨胀上升的幅度,这样才能保证研学旅行企业不至于亏损。但研学旅行产品价格的大幅度上升,客观上会破坏研学旅行目的地的形象、损害消费者的利益,导致消费者人数减少、研学旅行收入下降。高通货膨胀地区或国家即使具有独特、诱人的研学旅行产品,但因通货膨胀而难以快速发展。

(4)汇率变动。

汇率是指两国货币之间的比价,就是用一国货币单位来表示对另一国货币单位的价格。汇率变动对入境研学旅行和出境研学旅行影响较大。一般来说,汇率变动的影响主要是通过研学旅行产品的价格形式反映出来的。外国货币升值、汇率上升对海外研学旅行者有利,有益于促进入境研学旅行者人数的增加,但影响本国研学旅行者出境;反之,若研学旅行目的地国家货币升值、汇率上升,就有可能造成入境研学旅行者人数的减少,尤其当研学旅行目的地的产品的需求弹性较大时。入境研学旅行者就有可能转向购买其他研学旅行目的地同类的替代产品,同时,因本国货币升值、汇率上升导致海外研学旅行产品价格降低时,本国出国研学旅行者增加。

(5)研学旅行产品生命周期。

研学旅行产品生命周期的不同阶段,要求研学旅行企业制定不同的价格。例如,研学旅行产品投入一个正处于初期缓慢增长阶段的市场中时,营销人员首先要对竞争产品的质量进行比较分析,并相应地制定较低的价格,这样才有可能在市场中确立某种竞争优势。

(6)政府管理及法规。

政府对研学旅行市场中的研学旅行产品价格管理,主要是通过行政、法律和规章制度以及货币供给、物价政策等手段来调控和体现的。政府对研学旅行产品价格进行干预和管理,一方面是为了保护研学旅行者的利益,通过行政手段、法律手段限制不正当竞争,这时政府有可能制定最高限价;另一方面是为了保护研学旅行企业的利益,当全行业出现削价竞争乃至损害企业的正常利润和行业利益时,政府就会制定最低保护价,约束不良的市场行为。在市场机制较成熟的国家,最高限价和最低保护价多由行业协会制定,随着我国行政管理体制改革的日益深化及研学旅行行业管理制度的建立和逐步完善,研学旅行市场中研学旅行产品的最高限价和最低限价,也将逐步由政府直接规定转向行业协会制定。

以上这些研学旅行产品定价的影响因素,研学旅行企业为了使制定的研学旅行产品价格既适合环境,又具有竞争力,并保证企业能获利,必须在定价前分析这些影响因素,只有这样,才能为研学旅行产品制定出理想的价格。

(二)研学旅行产品定价的主要步骤

研学旅行产品定价不能盲目进行,而应在知己知彼的情况下按部就班地制定,因此了解研学旅行产品定价的步骤是制定价格的关键,而适当的价格可以让目标市场接受,同时有利于实现研学旅行企业的定价目标。一般情况下,研学旅行企业可以按以下步骤进行定价。

1. 目标市场购买力评估

这个步骤的目的是预测研学旅行产品价格的上限。由于目标市场的购买力是有限的,因此如果研学旅行企业将产品价格定得过高,消费者无力购买,购买行为也就不可能产生,营销目标也就不能实现了。

2. 产品单位成本估测

在了解研学旅行产品的大众购买力之外,企业本身也要考虑盈利以及投入再生产的需要。因此,企业也需要寻找研学旅行价格的下限,而下限的寻找就是通过产品单位成本的估测来完成的。只有处在研学旅行价格上限和下限之间的研学旅行产品价格,才能使研学旅行企业与消费者同时获得满足,从而实现交易。

3. 市场环境分析

企业明确了目标市场的价格要求和本企业可以接受的价格下限之后,还不能立即确定价格,还应了解竞争者的价格水平和政府的限价措施。如果竞争者的价格水平远远高于本企业的估测成本,说明本企业可以制定比之较低的价格打入市场;如果竞争者的产品价格低于本企业的预期成本,就说明竞争者在成本方面有较大的优势,企业不应贸然推出产品。如果企业成本高于最高限价,那么此时不应强行挤入市场。市场环境分析还包括企业面临的各种外界机会和威胁,这些都会对企业定价产生影响。

4. 确定定价目标

在预测到定价的范围后,研学旅行企业就应着手确定定价目标,只有了解了目标市场的价格、本企业的产品成本、竞争者的价格、政府限价以及市场环境中其他相关因素,才能确定定价目标。只有企业在满足目标市场的要求,符合政府限价并低于竞争者的价格时,定价目标才会有较大的选择余地。由于受企业成本、顾客要求和市场环境等因素所限,企业可能被迫选择一种定价目标,而不得不放弃其他的定价目标。

5. 选定定价方法

明确了企业的定价目标,并对需求、成本、竞争者的价格等作了基本分析后,下面的工作就是选择合适的定价方法。

6. 确定定价战略

定价战略对于企业扩大销售量、巩固和发展市场地位、维护产品形象很有帮助,同时,由于市场环境和消费者需求的变化,也需要企业运用一定的战略去调整市场供求关系,引导消费。可供企业选用的定价战略很多,将在后面详细介绍。

7. 确定最终产品价格

研学旅行企业在综合考虑研学旅行产品市场竞争力、消费者的心理感受以及供应商、营销人员的态度、竞争对手可能做出的反应、政府有关价格法律法规的限制以及行业自律组织的约束后,就可运用适当的价格战略以确定研学旅行产品的最终价格。

(三)研学旅行产品定价的基本战略

价格竞争是研学旅行企业十分重要的营销手段,通过选择合适的定价方法,根据不同的产品、市场需求和竞争状况等,采取各种灵活多变的定价战略,可促进和扩大产品销售,提高企业的效益和竞争力。

1. 心理定价策略

心理定价策略是依据消费者购买心理、对价格数字的敏感程度和不同联想而采取的定价技巧。心理定价策略可分为以下几种。

(1)尾数定价策略。

尾数定价策略也称为非整数定价策略,即给研学旅行产品定一个零头数结尾的非整数价格。例如,将酒店客房产品的价格定为 288 元,而不是 300 元整。由于消费者通常认为整数定价是概括性定价,价格不准确,而尾数定价可以让消费者产生这是经过精确计算的最低价格的心理;同时,消费者会感受到研学旅行企业是在认真定价,容易对企业产生信任感。一般来说,尾数定价策略主要适用于价值较低的研学旅行产品。对于需求价格弹性较大的研学旅行产品,尾数定价法往往会使需求量较大幅度地增加。

(2)整数定价策略。

整数定价策略指研学旅行企业在定价时,采用合零凑数的方法,制定整数价格。这种定价技巧,主要适用于高档研学旅行产品或消费者不太了解的研学旅行产品。由于当今研学旅行市场上,研学旅行产品繁多,消费者事先难以完全了解各种研学旅行产品的信息和质量,往往只能凭借价格来评估研学旅行产品的性能和质量。在这种情况下,研学旅行企业采用整数定价,可以抬高研学旅行产品的身价,使消费者产生"一分价钱一分货"的心理效应,借以满足消费者的高消费心理从而做出购买决定。

(3)声望定价策略。

声望定价策略是针对消费者"价高质必优"的心理,对在消费者心目中有信誉的产品制定较高价格。采用该定价策略的研学旅行产品,其对应的目标群体往往是社会经济地位较高的消费者,他们购买研学旅行产品时不在乎花多少钱,在意的是通过消费高档产品从而提高自己的社会地位和声望。研学旅行企业采用声望定价,有利于提高研学旅行产品和企业的形象,刺激特定群体的研学旅行消费,使企业取得丰厚的利润。声望定价策略一般适用于有一定知名度的研学旅行产品,产品本身优质,能反映购买者自身的价值和地位。运用这种价格策略一定要慎重,如果控制不好,可能会给消费者留下"暴利企业"的印象,一般性的研学旅行企业及产品不宜采用。

(4)招徕定价策略。

招徕定价策略是指研学旅行企业利用部分消费者求廉的心理,将几种产品的价格定得较低以吸引消费者购买。如某些餐厅为招徕顾客,采取天天有特价或对某几种菜肴实行特价,表面上看似乎酒店在亏损经营,实际上,消费者在购买这些特价菜肴的同时,往往还会购买一些其他的菜肴或酒水饮料,从而弥补酒店在特价菜上的亏损,还可提高酒店的整体收益。

(5)吉利数字定价策略。

吉利数字定价策略是研学旅行企业利用消费者对某些数字的发音联想和偏好制定价格以满足消费者心理需要,在无形中提升消费者的满意度。如将研学旅行产品价格定为169元、888元、999元等。

2.折扣定价策略

折扣定价策略是研学旅行企业为扩大销售,占领市场,或为了巩固、加强与中间商的合作关系,在既定的价格基础上,采取向消费者或中间商让利性减价措施的一种策略。

(1)现金折扣策略。

现金折扣策略指对现金交易或按期付款的研学旅行产品消费者给予价格折扣。如付款期为3个月,如果立即付清可享受10%的折扣,1个月内付清,可享受7%的折扣等。折扣的大小一般根据付款期间的利息和风险成本等因素来确定。研学旅行企业采用现金折扣虽然付出了一定的代价,但它能鼓励消费者用现金支付或提前付款,减少本企业的经营风险,加速资金周转,从而有利于扩大再生产,形成良性循环。

(2)数量折扣策略。

数量折扣策略是企业针对那些大量购买某种研学旅行产品的消费者采取的一种减价策略,以鼓励消费者购买更多的产品。一般购买数量越多,折扣就越大。

(3)累计数量折扣策略。

累计数量折扣策略是指在一定时期内,消费者的购买总数超过一定数额时,研学旅行企业按购买总数给予一定的折扣。如乘坐航空公司的航班,当消费者累积到一定里程数或飞行时数,航空公司将免费为消费者提供一次旅程等。累计数量折扣策略常见的形式有公司价、团体价、会议价、常客价等。

(4)非累计数量折扣策略。

非累计数量折扣策略是指研学旅行企业规定研学旅行产品消费者每次购买达到一定数量或购买多种产品达到一定的金额时给予的价格折扣。一般一次性购买数量越多,折扣就越大。如研学旅行企业推出"四人同行一人免单"等购买活动。

(5)季节折扣策略。

季节折扣策略指研学旅行企业在淡季时给予消费者折扣优惠。其目的是鼓励消费者在淡季购买,使研学旅行产品做到淡季不淡,以提高研学旅行资源、研学旅行设施在研学旅行淡季的利用率。

3.差异定价策略

差异定价策略是指相同的研学旅行产品以不同的价格出售的策略。差异定价策略的制定目的是通过形成若干个局部的研学旅行市场而扩大销售,增加研学旅行企业的盈利来源。

(1)地理差价策略。

地理差价有以下两种情况。其一,研学旅行产品的不可转移性决定了不同位置的产品所体现出的产品价值是不相同的,如剧院,虽然不同座位的成本费用都一样,但是不同座位的票价有所不同。其二,由于不同地区的消费者具有不同的消费水平、偏好和行为习惯,因而不同地区的研学旅行市场具有不同的需求曲线和需求弹性。因此研学旅行企业可以不同的价格策略在不同地区营销同一研学旅行产品,以形成同一产品在不同空间的横向价格策略组合。

(2)时间差价策略。

时间差价策略是指研学旅行企业针对相同的研学旅行产品,按研学旅行者需求的时间不同而制定不同的价格。这种策略有利于中间商和消费者增加购买频率和力度,同时可减少研学旅行企业仓储费用、加速资金周转。该策略特别适合在研学旅行淡季采用。

(3)对象差价策略。

对象差价策略是指研学旅行企业针对不同消费者的需要和购买的数量等因素,对同一研学旅行产品实行不同的价格。采用该策略的目的在于稳定客源,保证研学旅行企业基本的销售收入,有时也为了争取客源。

(4)质量差价策略。

高质量的产品,包含着较多的社会必要劳动量,应该实行优质优价。市场上内容基本相同的研学旅行产品中存在着档次上的差异。如不同星级酒店提供的服务设施的现代化程度、酒店的环境、舒适程度、研学旅行项目吸引力、企业人员素质和服务水平等因素都是划分等级的依据,制定的价格也不一样。保持合理的质量差价,一方面是价值规律的客观要求,有利于保护消费者的合法权利,使支出的价格与得到的满足感相一致;另一方面可以促进研学旅行企业努力改进经营管理,不断扩大研学旅行服务项目,提高服务质量。

第三节 研学旅行产品的营销渠道策略

一、研学旅行产品营销渠道概述

旅游产品从生产企业到消费者转移的过程,须通过一定的营销渠道来实现。传统的观念认为,由于旅游产品不能存放到货架和仓库里,因此渠道在旅游业中不如在其他行业中重要。但实际情况并非如此。旅游产品的不可储存性、旅游市场的全球化、客源地与目的地存在一定的空间距离等特征决定了营销渠道在旅游业中的必要性和重要性。如何选择高效的营销渠道是每一家旅游企业必须面对的问题。作为旅游产品类型之一的研学旅行产品,也面临着同样的问题。

(一)旅游产品分销渠道的概念

旅游产品分销渠道又称为旅游产品的销售渠道,是指旅游产品从生产企业向旅游消费者转移的过程中所经过的路线和环节,这个路线和环节是由一系列取得使用权或协助使用权转移的市场中介机构或个人所组成。所以,又可以说,一切与旅游商品转移相关的中介机构或个人共同组成了旅游产品的分销渠道。理解旅游产品的分销渠道应把握以下要点。

(1)分销渠道的起点是生产者,终点是消费者。

(2)分销渠道的环节是指那些参与旅游产品流通的各种中间商,包括各种批发商、代理商、零售商、经纪人和实体分销机构等。

(3)分销渠道不包括供应商和辅助商。

(4)旅游产品分销渠道在销售转移的过程中,与其他实体产品转移不同,消费者只有有限的使用权而不发生所有权的转移。无论是旅游景点、旅游线路和旅游酒店,消费者都必须在规定的时间到指定的地方去消费,消费者与旅游企业的关系是一种契约关系。

(二)研学旅行产品营销渠道的概念

根据上述定义,我们可将研学旅行产品营销渠道理解为配合起来生产、分销和消费某一研学旅行产品或服务的所有单位和个人。也就是说,包括参与研学旅行产品供产销过程的所有有关研学旅行企业、中间商和个人,如研学旅行产品供应商、研学旅行产品生产者、研学旅行产品代理中间商及最终的研学旅行产品消费者(如学校、家长、学生)等。

二、研学旅行产品营销渠道的类型

在研学旅行市场营销中,由于研学旅行企业、研学旅行中间商以及研学旅行者等多种因素的影响,特别是由于研学旅行产品区别于一般旅游产品的特点,研学旅行产品营销渠道需要多种形态存在,即便是同一种研学旅行产品,也有可能通过不同的营销渠道销售。一般来说,研学旅行产品营销渠道有以下几种类型。

(一)直接营销渠道与间接营销渠道

1. 直接营销渠道

直接营销渠道是指研学旅行企业在其市场营销活动中不借助任何一个研学旅行中间商,而直接把研学旅行产品销售给研学旅行者的营销渠道。

直接营销渠道模式为:研学旅行企业→研学旅行者。

这种营销渠道只是一个结构单一的营销通道,如一位研学旅行者从上海前往贵州,自己到酒店登记入住,根据自己需求开展研学活动并返回上海,整个研学旅行过程没有经过任何中间商。

2. 间接营销渠道

间接营销渠道是指研学旅行企业通过一个或多个研学旅行中间商向研学旅行者销售研学旅行产品的营销渠道。间接营销渠道是目前主要的研学旅行产品营销渠道,尤其在国际研学旅行方面,间接营销渠道在研学旅行企业拓展市场方面发挥着非常关键的作用。间接营销渠道按中间环节和中间层次的多少可分为以下三种模式。

(1)单层次营销渠道。

单层次营销渠道是指研学旅行产品通过一个研学旅行中间商环节提供给研学旅行者。如一位北京的研学旅行者想到贵州进行研学旅行,他向北京当地的一家研学旅行社要求代订往返机票、安排在贵州的住宿以及提供在贵州研学旅行的线路等一切事宜,在这一过程中,研学旅行产品只通过一个研学旅行中间商(北京的研学旅行社)提供给研学旅行者。该模式适用于营销批量不大、地区较窄或单一的研学旅行产品。

单层次营销渠道模式为:研学旅行企业→研学旅行零售商→研学旅行者。

(2)双层次营销渠道。

双层次营销渠道指研学旅行产品通过两个研学旅行中间商环节提供给研学旅行者。这种营销渠道模式常为冬夏令营等研学旅行企业所采用。如一位贵州的家长计划暑假将孩子送去北京参加夏令营活动,他向当地的一家研学旅行零售商预订产品,零售商又向北京批发商购买产品,在这个过程中,研学旅行产品经过研学旅行批发商、研学旅行零售商二个中间环节提供给研学旅行者。

双层次营销渠道模式为:研学旅行企业→研学旅行批发商→研学旅行零售商→研学旅行者。

(3)三层次营销渠道。

三层次营销渠道指研学旅行产品通过三个研学旅行中间商环节提供给研学旅行者。如一位中国学生想去美国研学旅行,他的家长向中国一家研学旅行零售商预订,研学旅行零售商又向一家中国研学旅行批发商预订,研学旅行批发商又同美国一家研学旅行代理商联系落实该研学旅行者游览活动的日程安排,最后由美国的研学旅行代理商安排中国研学旅行者在美国的研学旅行,在这个过程中,研学旅行产品通过美国的研学旅行代理商、中国研学旅行批发商、中国研学旅行零售商三个中间环节提供给中国的研学旅行者。

(二)长渠道与短渠道

研学旅行产品营销渠道的长度,是指研学旅行产品从生产者到最终研学旅行消费者所经过的中间机构的环节数。根据研学旅行中间商的多少,营销渠道又可分为长渠道和短渠道。中间环节或中间层次越多,营销渠道就越长;反之,营销渠道就越短。直接营销渠道是最短的一种营销渠道。

(三)宽渠道和窄渠道

研学旅行产品营销渠道的宽度,是指每个环节中同类型中间商数目的多少,即研学旅行产品销售网点的多少和分配情况。专业性较强或费用较高的研学旅行产品的销售,主要通过窄渠道进行销售,因为这些研学旅行产品在市场上的销售面较窄,即使使用大量同类研学旅行中间商,销售面也难以有效扩大,如科研型、体验型等研学旅行产品宜采用窄渠道销售。

(四)单渠道与多渠道

根据研学旅行企业所采取的渠道类型的多少,研学旅行营销渠道又可分为单渠道和多渠道。所有产品全部由自己直接销售或全部交给批发商经销,称为单渠道;若在本地区采用直接渠道,对外地采用间接渠道,或同时采用长渠道和短渠道,这就称为多渠道。

三、研学旅行产品营销渠道的设计

(一)确定渠道目标与限制

如前所述,研学旅行产品渠道设计问题的中心环节是根据研学旅行市场及产品特性,选择最适应研学旅行企业适用的分销渠道。

(二)明确各种渠道备选方案

确定渠道的目标与限制之后,下一步工作是明确各主要渠道的备选方案。渠道的备选方案涉及两个基本问题:一是是否需要选择中间商,以及中间商类型与数目;二是渠道成员的特定任务。

(三)评估各种可能的渠道备选方案

每一种渠道备选方案,都是将研学旅行产品送达研学旅行者的可能线路,评估标准有三个,即经济性、控制性和适应性。

第四节 研学旅行产品的促销策略

一、研学旅行产品促销的概念

促销是促进产品销售的简称。从市场营销的角度看,促销是企业通过人员和非人员的方式,沟通企业与消费者之间的信息,提升品牌形象,引发、刺激消费者的购买欲望,使其产生购买行为的活动从这个概念不难看出,促销具有以下几层含义。

(一)促销的实质

促销工作的实质与核心是沟通信息。企业与消费者之间达成交易的基本条件是信息沟通。若企业未将自己生产或经营的产品和劳务等有关信息传递给消费者,那么,消费者对此则一无所知,自然谈不上认购。只有将企业提供的产品或劳务等信息传递给消费者,才能引起消费者注意,并有可能产生购买欲望。

(二)促销的目的

促销的目的是提升品牌形象,引发、刺激消费者产生购买欲望。在消费者可支配收入既定的条件下,消费者是否产生购买行为主要取决于消费者的购买欲望,而消费者购买欲望又与外界的刺激、诱导密不可分。促销正是针对这一特点,通过各种传播方式把产品或劳务等有关信息传递给消费者,以激发其购买欲望,使其产生购买行为。

(三)促销的方式

促销的方式有人员促销和非人员促销两类。

人员促销,亦称直接促销或人员推销,是企业利用推销人员向推销对象推销商品或服务的一种促销活动。人员促销主要适合在消费者数量少、比较集中的情况下进行促销。

非人员促销,又称间接促销或非人员推销,是企业通过一定的媒体传递产品或劳务等有关信息,以促使消费者产生购买欲望、发生购买行为的一系列促销活动,包括广告、公关和销售促进、直复营销等。非人员促销适合在消费者数量多、比较分散的情况下进行促销。

通常,企业在促销活动中将人员促销和非人员促销结合运用。促销是市场营销组合的四大策略之一,是企业利用各种有效的手段和方法,使目标消费者认识和了解企业的产品,从而激发消费者的购买欲望,并最终促使其实现购买。

研学旅行产品促销则是指研学旅行企业通过一定的方式,将企业的研学旅行产品信息及购买途径传递给目标顾客,激发他们的购买兴趣,强化购买欲望,甚至创造需求,从而促进产品销售的一系列活动。

二、研学旅行产品促销的作用

研学旅行产品促销作用如下。

(一)提供研学旅行信息,沟通供需联系

研学旅行基(营)地或研学旅行企业在何时、何地和何种条件下,向哪些研学旅行者提供何种研学旅行产品,是研学旅行企业促销活动所要传递的基本信息。

(二)突出产品特点,强化竞争优势

由于研学旅行产品生产与消费的同步性特征,产品内容特点只能通过文字或图片进行展示。研学旅行产品促销是传播研学旅行产品特色的主要手段,它通过对同类研学旅行产品某些差别信息的强化传递,对不同具体产品(服务)的特色起到聚焦、放大的作用,即使是没有实际差别的同类研学旅行产品,也可赋予其不同的形象差别,以使研学旅行者认识到何种研学旅行产品更能符合自己的实际需要,并由此对某种研学旅行产品形成购买偏好。

(三)刺激研学旅行需求,引导研学旅行消费

研学旅行产品作为特殊的旅游产品,其消费需求弹性较大。中小学在开展研学活动前,由于研学活动开展师生规模大,因此,对于价格的敏感度较高。研学旅行企业通过生动、形象、活泼、多样的研学旅行促销手段,可以唤起、强化研学旅行消费需求。

三、研学旅行产品促销的设计

(一)确认目标受众

目标受众是指接受促销信息的人群。在制定促销组合策略时,首先应该考虑促销组合主要针对的人群,以便选择需要传递的信息、确定信息传递的方式以及传递信息量的大小,保证目标受众能及时、准确地收到信息,做出相应的购买决策。研学旅行产品的受众目标可锁定为学校、家长及学生,研学旅行企业在进行产品促销时,要多维度、全方位地进行促销活动,才能达到预期的促销效果。

(二)制定促销目标

促销目标包括要解决的问题以及预期研学旅行者的反应。促销的实质是信息的沟通,但沟通过程并不总能顺利进行。研学旅行产品促销要解决的问题主要有以下几种。

1. 认识上的问题

认识上的问题是指由于研学旅行者对研学旅行产品不了解或接受了错误的信息而产生误解,使双方信息沟通失败。如一些负面报道影响了研学旅行者对研学旅行产品的正确认识,研学旅行企业应通过合适的促销手段解决这些问题。

2. 感觉上的问题

感觉上的问题是指由于研学旅行者对研学旅行企业市场形象、产品等不感兴趣或

不喜欢所引起的无感或反感。如研学旅行企业利用知名专家或品牌效应进行产品市场推广,当家长对知名专家不够了解,则达不到相应效果。

3. 行动上的问题

行动上的问题是指研学旅行者对研学旅行产品已经了解,也不反感,但却没有采取任何购买行为。如在疫情影响下,部分地区中小学无法外出开展研学旅行活动。

(三)确定促销预算

1. 量入为出法

量入为出法(支付可能法)是研学旅行企业根据特定时期内的收入进行促销预算。量入为出法一般是根据销售额或者利润的百分比来确定。这种方法的问题在于,导致了促销费用的不确定性,给长期营销规划的制定带来困难。如在资金较少时造成促销效果不好,资金充裕时造成资源的浪费。

2. 竞争对抗法

竞争对抗法是参照竞争者的促销费用来决定自己的促销预算。这种方法运用原理很简单,但实际上,许多人认为这种方法欠科学,因为没有考虑本企业的具体情况,具有很大的盲目性,而且也很难判断竞争者的预算是否科学、合理。

3. 目标达成法

目标达成法是根据研学旅行企业具体的促销目标和促销方式确定所需的预算。这种方法效果好,但是制定难度较大。要求研学旅行企业尽可能详细和功能化地将促销目标描述清楚。完成目标的工作也必须确定下来,然后计算出完成这些工作所需要的成本。

(四)选择促销组合

确定促销组合就是要确定各种促销方法的运用程度。不同的促销工具在性质上有很大的差别。因此在设计促销信息时,应充分考虑促销工具的影响。在某种情况下,各种促销方法是可以互换的,但无论如何,都要对它们进行明智的组合。

(五)评估和控制促销活动

在促销活动实施过程中,需要不断地评估促销效果,以控制促销活动的重点和方式,保证促销目标的实现。

四、研学旅行产品促销的方式

(一)广告推广

广告在现代市场营销中占有重要的地位,已经成为较多企业促销活动的先导。广告一词源于拉丁文,原意是"我大喊大叫"。根据美国市场营销协会(AMA)的解释,广告推广是指由某一主办者就其知识产品、实物产品和服务通过任何付款方式以非人际传播方式向目标受众开展的推介和宣传活动。在研学旅行产品营销中,广告推广是指研学旅行企业为达到影响大众、促进本研学旅行企业研学旅行产品销售的目的,通过媒体以付费方式向研学旅行者提供相关信息的宣传形式。

（二）人员推广

人员推广是指通过销售人员与目标顾客的直接交往，劝说顾客购买本研学旅行企业产品的促销方法。在人员推广过程中，通过与顾客交谈，可以了解顾客对产品的要求，便于研学旅行企业更好地满足顾客的需求；通过与顾客的接触，还可以与顾客建立良好的关系，使顾客在感情动机的驱使下购买研学旅行企业的产品。因此，人员推广作为研学旅行企业最主要的促销方式，在实践中被广泛运用。

人员推广是最古老的传统促销方式，同时也是研学旅行企业中最常用、最直接、最有效的促销方式。与非人员推广方式相比，人员推广有着显著的独特之处。

首先，便于双向沟通和建立良好的关系。销售人员和顾客直接面对面地对话，为双方进行双向沟通提供便利、及时的条件，从而便于感情交流和形成双方友好、合作的关系。

其次，针对性强。销售人员可以根据各类潜在用户的需求、动机和购买习惯，有针对性地进行推销。针对性强不仅可以获得更好的销售效果，同时也能节省人力、物力和财力。

再次，推销过程灵活。销售人员可以根据顾客的不同需求和购买动机，及时调整自己的推销策略和方法。而且，销售人员能及时解答顾客提出的各种疑问，取得他们的信任。

最后，促使成交及时。人员推广在进行充分的产品展示后，一旦潜在顾客产生购买倾向或愿望，销售人员就可以及时推进，马上和顾客签约或直接完成交易。

广告等方式虽然能立即引起人们的注目，但是人们往往还需要一个认识、思考、比较的过程，直到最终购买会耽误较多时间，但人员推广就有如此多与非人员推广方式不同的优点。

（三）销售促进

销售促进是指企业在某一特定时期与空间范围内，通过刺激和鼓励交易双方，促使顾客尽快或大量购买产品及服务而采取的一系列促销措施和手段。由于其能迅速地提高营业额，因而也称之为营业推广。销售促进是以援助或协调人员推广和广告推广为基本功能，通常是短期或临时的，也是无固定模式的。因此企业无须为某个销售促进活动设立常规机构。同时，销售促进存在一定的局限性。在研学旅行产品销售促进中，有些方式表现出急于出售的心态，容易让顾客（特别是家长）怀疑此产品的可靠性，甚至使人产生"促销的是次品、卖不出的商品"的误解。

（四）公共关系

公共关系涉及组内各个部门的影响力和形象，除了进行公众态度调查、创建良好的公司形象等传统活动外，还可为旨在促销产品和服务的各类广告公关活动提供支持。公共关系的应用范围非常广泛，如促销产品、人员、品牌、创意、活动、地点等。作为一种营销传播方式，研学旅行公共关系的目的主要在于影响某些具有社会影响力的公众对研学旅行企业及研学旅行产品的看法和态度，从而推动研学旅行企业战略目标的实施。

五、研学旅行产品的试产试销

在研学旅行产品设计方案确定后，研学旅行企业即可与有关部门（如教育部门、中小学校)达成协议,将研学旅行产品设计方案付诸实施,进行试验性销售。研学旅行产品的试产与试销主要有三个目的:一是了解研学旅行产品的销路;二是检查市场经营组合策略的优劣;三是发现问题,解决问题。在试产试销阶段,研学旅行企业应该注意保持研学旅行产品的质量控制,充分估计各种可能发生的情况,争取做到有备无患。若经过试产试销判断为失败的研学旅行产品,切忌勉强投放市场。

(一)投放市场

通过研学旅行产品的试销,效果良好的产品应规模化地投放到市场,以便获得预期的经营利润。在将研学旅行产品正式投放市场时,应根据当前市场需求及时调整营销策略,灵活地运用渠道策略、价格策略和促销策略,尽量扩大研学旅行产品在市场中的占有率,提高研学旅行产品的销售率和利用率。

(二)检查完善

研学旅行产品投放市场并非设计过程的终结,研学旅行企业还应对研学旅行产品进行定期的检查、改进,使研学旅行产品不断完善,通过广泛收集各种反馈信息,为新的研学旅行产品的开发提供依据。研学旅行产品的检查,除在发展趋势、销售市场、竞争态势、价格和内部条件等几个方面进行外,还应着重就研学旅行新产品销售量、销售收入和成本等几个变量进行比较分析,明确研学旅行企业的研学旅行产品销售状况。

(三)收集反馈

研学旅行产品的设计,原本在将设计好的研学旅行产品交到销售环节的时候,就可以说是结束了。收集反馈意见的程序,是基于对研学旅行产品质量、销售效果直接掌控的需要而进行的。因此,应放在产品设计操作过程中。这样做的好处是可以避免企业内部供需之间的混乱、责任不明晰,使优秀研学旅行产品成为拉动企业发展的主线。

第五节 研学旅行产品运营管理

一、研学旅行产品运营管理概述

(一)运营管理的概念

运营管理,或称生产与运作管理,就是指关于企业(组织)运营系统的战略决策、设计、运行、维护和改进的过程。也可以理解为运营管理就是对运营过程的计划、组织、实施和控制,是与产品生产和服务创造密切相关的各项管理工作的总称。或者说运营管理就是对组织向社会提供产品或服务整个流程的计划、设计、组织和控制。运营管理是将投入转化为产出并创造价值的一系列活动,这些价值体现为商品和服务。所以,一切组织都存在创造商品和服务的活动。在制造业企业中运营活动非常明显,人们一提到生产,总是和制造业联系起来,比如制造业企业生产的产品有电视机、冰箱、汽车等;在服务业,生产过程就没有那么明显,甚至顾客可能根本看不到运营活动。

运营经理,或称运营管理者,就是设计、管理和改进组织工作过程的人。运营管理的一个主要方面就是要关注流程,流程就是工作的过程,运营管理者经常运用各种方法、技术分析流程。运营管理由运营的四个"P"构成,这四个"P"为政策(policies)、实践(practices)、流程(processes)和绩效(performance)。

(二)研学旅行产品运营管理的概念

根据运营系统的输出不同,可以将运营系统分为制造业运营系统和服务业运营系统。显然,研学旅行企业运营系统属于服务业运营系统。服务业运营系统的最大特点是顾客参与服务过程。因此,研学旅行产品运营管理是指研学旅行企业关于研学旅行服务运营系统的战略决策、运行、维护和改进的过程。

二、研学旅行产品运营管理特点

(一)安全管理是关键

研学旅行活动的开展具有情况复杂、可变因素多的特点。研学旅行者(特别是体验主体——青少年儿童)安全和资源安全是运营管理的重点。研学基(营)地一般都有山、有水、有树、有动物,这些愉悦研学旅行者身心的资源要素也可能由于管理不到位或者青少年儿童自身的行为不当发生安全事故。例如:陡峭山体上防护设施的缺失或者破损导致人员跌落受伤或死亡;不当的水体活动导致人员溺亡,保护区猛兽攻击人员导致的伤亡事件。另外,资源安全是研学旅行企业运营管理的底线。任何人为因素导致的资源破坏都会使研学基(营)地停业整顿。

(二)保护资源是任务

保护资源进入良性循环是运营管理的目标。根据国际自然及自然资源保护联盟(International Union for Conservation of Nature and Natural Resources,IUCN)的组织宗旨:保证陆地和海洋的动植物资源免遭损害,维护生态平衡,以适应人类目前和未来的需要;研究监测自然和自然资源保护工作中存在的问题,根据监测所取得的情报资料对自然及其资源采取保护措施;鼓励政府机构和民间组织关心自然及其资源的保护工作;帮助自然保护计划项目实施以及世界野生动植物基金组织的工作项目的开展。此类旅游景区运营的中心任务也应该同 IUCN 的宗旨相同。只有保护好研学旅行活动开展依托的旅游资源,研学旅行产品及活动的开展才能顺利进行。

三、研学旅行产品运营管理步骤

现代运营管理的内涵决定了生产与运营管理的过程及内容,包括生产与运营战略的制定、生产与运营系统的设计、生产与运营系统的运行与控制和生产与运营系统的维护与改进。对于提供无形产品的非制造企业来说，运营过程的核心是业务活动或服务活动，在当今市场需求多样化、技术进步和信息技术飞速发展的国际化环境，同样面临着不断推出新产品和提供多样化的服务，因此也不断面临着运营系统和服务提供方式的选择等新问题，所以无论是制造业还是服务业，运营管理的职能都在扩大，研学旅行产品作为服务型产品，其运营管理步骤主要有以下四个方面。

（一）生产与运营战略的制定

生产与运营战略的制定主要包括制定研学旅行产品生产与运营系统及其子系统的目标、行动基本方针、发展方向和重点、基本步骤与原则等。研学旅行产品生产与运营战略的制定具体包括研学旅行产品战略决策、竞争策略制定、生产组织方式的选择与设计、纵向集成度和供应链结构设计等方面。

（二）生产与运营系统的设计

在运营战略制定好以后，就是运营战略的执行与实施，实施运营战略需要有一个物质基础——运营系统。运营系统的设计具体包括研学旅行产品和服务的选择和设计、运营流程的设计、生产能力规划、生产运营系统选址和设施布置、服务交付系统设计和工作设计等。

（三）生产与运营系统的运行和控制

根据运营战略及运营系统的设计，运营系统的日常运行与控制管理包括运营计划管理、主生产计划控制、作业计划控制、生产进度控制、库存管理、质量管理、物流控制、成本控制、信息系统管理以及供应链管理、人力资源管理等，主要是使运营系统满足市场需求的变化，输出合格的研学旅行产品和提供满意的服务，实现运营管理的目标。

（四）生产与运营系统的维护和改进

根据运营系统的运行情况和企业内部、外部环境的动态变化，对系统进行维护与改进，使运营系统的运行更加协调、生产效率更高，以适应企业的发展和市场竞争的需要。运营系统的维护与改进包括系统的升级换代、设备管理与可靠性、生产现场管理和生产组织方式的改进、管理规章制度的完善等。

> **本章小结**
>
> 本章内容主要包括五个方面：一是研学旅行产品的消费市场；二是研学旅行产品的定价策略，包括定价策略和定价方法；三是研学旅行产品营销渠道策略，包括营销渠道的类型和设计；四是研学旅行产品的促销策略，包括研学旅行产品促销的概念、作用、设计、方式和试产试销；五是研学旅行产品的运营管理，包括研学旅行产品运营管理概述、特点和步骤。

 学习思考

1. 简述研学旅行产品市场定位的方法。
2. 简述研学旅行产品市场促销策略。
3. 简述研学旅行产品营销渠道的类型及策略。
4. 简述研学旅行产品定价策略。
5. 简述研学旅行产品运营步骤。

第八章
研学旅行产品设计质量管理与评价

学习目标

1. 了解研学旅行产品设计的质量管理内涵、原则、目的与要求。
2. 了解研学旅行产品设计的质量管理体系及流程。
3. 熟悉研学旅行产品设计的质量管理的价值链法、四象限法和雷达图法。
4. 掌握研学旅行产品设计中的导师培训制度、安全管理制度和研学基地建设体系。
5. 掌握研学旅行产品设计的质量管理评价的原则和体系。
6. 运用模糊综合评价法进行质量评价。

知识框架

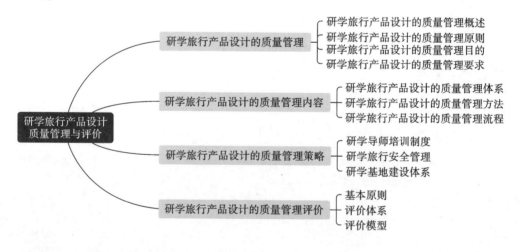

学习重点

1. 研学旅行产品设计的质量管理策略。
2. 研学旅行产品设计的质量管理评价体系。

学习引入

2016年11月30日,教育部等11部门印发《关于推进中小学生研学旅行的意见》(以下简称《意见》)。《意见》分为重要意义、工作目标、基本原则、主要任务、组织保障五个部分。

《意见》的主要任务包括纳入中小学教育教学计划、加强研学旅行基地建设、规范研学旅行组织管理、健全经费筹措机制、建立安全责任体系。按照《意见》要求,各地要规范研学旅行组织管理。各地教育行政部门和中小学要探索制定中小学生研学旅行工作规程,做到"活动有方案、行前有备案、应急有预案"。学校组织开展研学旅行可采取自行开展或委托开展的形式,但须按管理权限报教育行政部门备案,并做好学生活动管理和安全保障工作。

学校自行开展研学旅行,要与家长签订协议书,明确学校、家长、学生的责任权利。学校采取委托开展研学旅行,要选择有资质、信誉好的企业合作,并与企业签订协议书,明确委托企业或机构承担学生研学旅行安全责任。

研学旅行的产生包括以下两个因素。一是政策指示。由于教育部门将研学旅行纳入人才培养和教学计划体系,促使学校、学生和家长积极参与研学旅行。二是市场需求。由于学校、家长产生了研学旅行的需要,研学旅行所形成的巨大市场吸引了众多的旅行社、旅游景区、博物馆等单位推出相应的研学旅行产品。甚至,一些原本并不接待游客的书画院、作坊、工厂、农场、培训机构等也参与研学旅行产品的开发和经营。

研学旅行并不是传统意义上的旅游,也不是简单地把校本课堂搬到大自然,而是走出校门,进入大自然和社会进行探索式研究性的旅行和学习。

《意见》出台后,实际的研学旅行产品设计的市场由于相关的产品标准、价格标准、资质标准、准入条件、管理规制等还没有形成完善和系统的制度和标准体系,也使当前研学旅行产品的开发和经营出现了良莠不齐的现象。从当前研学旅行市场上出现的问题来看,急需建立规范的研学旅行产品开发、经营、服务、管理规制和标准,使中小学生的研学旅行能够真正得到质量保障和安全保障。当前存在的具体问题如下。

第一,产品缺乏标准。市场上的研学旅行产品在内容、形式、层次等方面参差不齐,许多经营机构只是根据自身的能力和条件来开发产品,根本不考虑研学旅行本身的目的和要求。

第二,认识上不到位。许多经营机构和部分学生家长误把旅游当研学,认为普通旅游活动就是研学旅行。

第三是缺乏产品开发和经营机构准入机制。导致很多单纯以牟利为目的的机构乘虚而入,不仅影响了产品质量、扰乱了市场秩序,也存在着巨大的安全隐患。

第四是责任分工不明确,市场监管不到位。《意见》涉及11个部门,在实施过程中应形成明细化的责任分工,否则就会导致研学旅行市场管理在许多环节出现缺位。

那么,质量和安全如何才能得到保障呢?

《意见》指出要建立安全责任体系。各地要制定科学有效的中小学生研学旅行安全保障方案,探索并建立行之有效的安全责任落实、事故处理、责任界定及纠纷处理机制,实施分级备案制度,做到层层落实,责任到人;教育行政部门负责督促学校落实安全责任,审核学校报送的活动方案(含保单信息)和应急预案;学校要做好行前安全教育工作,负责确认出行师生购买意外险,必须投保校方责任险,与家长签订安全责任书,与委托开展研学旅行的企业或机构签订安全责任书,明确各方安全责任;旅游部门负责审核开展研学旅行的企业或机构的准入条件和服务标准。交通部门负责督促有关运输企业检查学生出行的车、船等交通工具;公安、食品药品监管等部门加强对研学旅行涉及的住宿、餐饮等公共经营场所的安全监督,依法查处违法行为;保险监督管理机构负责指导保险行业提供并优化校方责任险、旅行社责任险等相关产品。

研学旅行产品的质量管理与保障问题成为一个迫在眉睫需要解决的问题,如何明确质量和安全主体的职责分工、如何建立研学旅行产品的准入制度、如何完善研学旅行产品的指标标准、如何加强市场监管,成为我们这一章节需要学习和思考的问题。

第一节 研学旅行产品设计的质量管理

一、研学旅行产品设计的质量管理概述

(一)质量基本概念

随着收入的增加,人们不再只是局限于最基本的物质和精神方面的需要,而是越来越多地开始关注生活的品质。生活品质不仅体现在社会对于新产品的追求上,更体现在对于产品和服务质量的重视上。与此同时,政府部门和行业协会不断发布的各类质量法规和标准,也反映了社会经济发展的这一质量趋势。对质量概念的理解,比较流行的有两种观点,一种是符合性质量,另一种是适用性质量。

1. 符合性质量

符合性质量的典型代表人物是菲利普·克劳士比,他认为质量就是符合要求。要求或规范往往属于技术层面,包括了产品的尺寸、硬度、强度、色彩等各方面的技术指标。这些指标通常都可以采用科学的方法进行测评和控制,企业判断产品质量方法往往就是检测。因此,规范或要求就成为衡量产品合格与否的依据。只有产品达到了所有的规范或要求,才是属于合格的产品。

符合性质量是从企业自身层面对质量作出的判断,因为所有的规范或要求,都是企业根据实际的需要制订的。但是,由于企业不同,即使同一产品也会存在不一样的规范或要求,有些先进,有些落后;而且随着市场的变化、技术的发展、竞争的加剧,原来先进

的规范也会慢慢过时,因此不能片面地理解符合要求的就是高质量的产品。要求和规范的制订必须与时俱进。值得注意的是,顾客对产品具有不同的要求,同一标准或要求,未必具有普遍的适用性。

2. 适用性质量

适用性质量的典型代表人物是约瑟夫·朱兰,他认为质量应该是具有适用性的。适用性的基础是顾客需求,而非符合性质量所提出的企业要求或规范。朱兰博士明确提出,所谓适用性是指使产品在使用期间能满足使用者的需求。企业所制定的产品要求或规范对于顾客意义并不大,而且事实上顾客也很难理解各种技术术语以及相应的要求,顾客只关心产品是否适用。适用性质量是从顾客层面对质量作出的判断,它与现代市场营销理念中提出的以市场为基础、以顾客为中心的观点相一致。

除了这两种主要的质量观点外,ISO组织也对质量作出了相应的定义。在《质量管理体系基础和术语》(ISO9000:2015)中,质量是客体的一组固有特性满足要求的程度。固有特性是指某事或某物本来就有的,尤其是永久性特性。固有特性与赋予特性相对,包括产品的物理性质、感官特性、服务的行为特征等。质量可以以"差""好"或"优秀"来修饰。ISO 关于满足要求的程度事实上是符合性质量和适用性质量的综合,它指产品的质量必须要能够满足企业、顾客、政府、社会等各方明示的、隐含的或必须履行的需求或期望。ISO 对于质量的定义更为广泛,其质量的基础是企业内外部所有相关方的需求。

(二)研学旅行产品设计的质量概念

戴维·加文将众多的质量定义归纳为五种类型,包括出色、基于产品、基于使用者、基于生产和基于价值。其中,以基于使用者和基于价值研究研学旅行产品设计的质量是较为有效的方法。事实上基于价值也是从使用者的角度出发对质量进行定义,因为这一价值就是顾客价值。本书认为可以从以下几个方面进行研学旅行产品设计质量概念的探讨。

1. 基于需求的方法

现代质量管理以顾客为中心,适用性质量和 ISO9000 质量定义都反映了顾客需求的重要性。研学旅行产品设计的主体是旅游组织,客体是游客,旅游组织要想赢得游客的满意,就必须充分考虑、理解并满足游客需求。研学旅行产品设计质量是旅游组织满足游客需求的程度。旅游组织首先必须确定服务对象,明确游客的需求,然后将其需求转化为研学旅行产品设计的质量特性。研学旅行产品设计的质量通过质量特性表现出来。一般而言,研学旅行产品设计质量包括安全性、功能性、愉悦性、时间性和文明性等质量特性。

(1) 安全性。

保障游客的生命财产安全,是研学旅行产品设计质量最基本的要求。安全性包括道路交通安全、酒店住宿安全、饭店餐饮安全、景区游乐安全等内容。其中,道路交通安全应该成为旅游组织关注的重点,因为近年来我国旅游突发事件中绝大部分都是属于交通事故。随着旅游安全事故的不断发生,原来属于游客隐含需求的安全性要求日益成为人们关注的焦点。

(2)功能性。

2016年12月19日国家旅游局发布的《研学旅行服务规范》(LB/T 054—2016)(以下简称《规范》),对研学旅行的功能做了详细规定。《规范》要求研学旅行的承办方提供的产品必须结合实际教育目的以及不同学级的特点进行设计。小学低年级与高年级、初中、高中等不同阶段的学生都有相适应的产品类型一一对应。最特别的是,《规范》提出,小学低年级学生应以乡土乡情研学为主;小学高年级学生应以县情市情研学为主;初中年级学生应将县情市情省情作为主要研学对象;高中年级学生以省情国情研学为主。同时,《规范》的另一大重点即是对服务项目的规定,具体细化为教育、交通、住宿、餐饮、导游讲解以及医疗救助等方向。国家旅游局(现更名为中华人民共和国文化和旅游部)表示,《规范》中对于服务内容的规定一方面是为了规范研学旅行的服务流程,避免各自为政的局面;另一方面是希望《规范》的实施能够将研学旅行这一新概念导入正确的发展轨道中。

(3)愉悦性。

旅游是个人前往异地以寻求愉悦为主要目的而度过的一种具有社会、休闲和消费属性的短暂经历。它的本质是一种主要以获得心理快感为目的的审美过程和自娱过程。人能体会的快感包括生理快感和心理快感两类,旅游主要追求的是心理快感、内心愉悦。愉悦性是游客参加旅游活动的最终目的,研学旅行作为高质量的旅游,应该能够使人精神放松、心情舒畅,留下难以忘怀的印象。丧失了愉悦性,也就丧失了旅游的本质。

(4)时间性。

时间性是指旅游组织在提供研学旅行产品设计时需要有时间概念,它包括及时、准时、省时三个方面的内容:及时是指当游客遇到问题时,服务人员能够及时准确地提供服务,避免游客长时间的等待;准时是指旅游组织能够按照事先约定的时间准时地为游客提供服务,如无特殊情况,不能随意推迟服务或提早结束服务;省时是指旅游组织在提供服务时应该提高工作效率,避免服务时间较长引起游客焦虑以及其他游客的等待。

旅游组织可以从以下三个方面提升研学旅行产品设计的效率:一是尽量简化和重新设计研学程序;二是通过技术手段;三是通过对研学导师及其相关人员开展培训以提高技能。

(5)文明性。

研学旅行产品设计的本身体现的是研究性学习和旅行体验相结合,学生集体参加有组织、有计划、有目的的校外参观体验实践活动,同时体现了人与人之间的交往、人与地之间的联系以及人与学之间的关联,这就需要旅游组织创造一个利于教学、和谐文明的旅游服务环境。这个服务环境由学生游客和基地导师及服务人员两部分构成。文明性一方面体现在基地导师及服务人员应该具有良好的修养礼貌和道德水准,具备较完善的基地知识体系,彬彬有礼、落落大方地为学生游客提供服务;另一方面体现在学生游客之间也应该有良好交往的氛围。文明性既体现了社会主义创造和谐社会的要求,也是为了通过知识型、实践型的和谐环境提升研学旅行产品设计的质量。

2.基于期望的方法

克里斯廷·格罗鲁斯将顾客期望引入服务质量,提出了顾客感知服务质量的概念,并建立了总体感知服务质量模型。同样,从顾客期望的角度,研学旅行产品设计质量可以被定义为旅游感知服务质量。研学旅行产品设计质量很大程度上是游客对旅游研学质量的主观感受,其高低取决于游客的期望和实际的服务表现。每一个游客在选择产品或服务之前,都会有某种期待,这就形成了最初的顾客期望。游客会将他的期望与他实际接受的研学旅行产品的服务进行比较。当旅游组织实际的研学旅行产品服务效果表现高于其期望,就会给游客带来惊喜,他就会非常满意;如果与他的期望一致,他就会觉得满意;如果未能达到游客的期望,他就会觉得失望。从期望的角度来理解研学旅行产品设计的质量已经成为现代研学旅行产品设计质量研究的主流。

美国市场营销学家帕拉索拉曼、齐塞尔和贝利提出可以从五个质量维度来研究顾客对服务质量的感知,即有形性、可靠性、响应性、保证性和移情性。研学旅行产品设计的质量与质量服务的质量研究一脉相承,这五大因素同样适用。

(1)有形性。

有形性是指旅游组织的设施设备、服务环境以及服务人员的外表。设施设备应该是安全可靠的、先进的,服务环境应该是干净整洁的,服务人员应是精神饱满、衣着整洁的,这些都是旅游组织高服务质量的一种外部体现。由于服务质量具有无形性,游客可以通过有形的展示对研学旅行产品设计质量作出初步判断。有形性可以被认为是研学旅行产品设计质量最直接、最简单的展示手段。

(2)可靠性。

可靠性是指旅游组织能够准确地、可靠地履行服务承诺的能力。可靠性意味着若旅游组织首先要有能力帮助游客解决问题,完成研学的基本任务,满足游客的需求。但同时组织所提供的服务应该能够以相同的方式、无差错地准时完成,在服务过程中尽量避免差错,也尽量避免由于不同服务人员或不同服务时间所产生的服务质量非一致性。可靠性是旅游组织服务的根本,如果没有可靠性的服务,就是失败的服务。

(3)响应性。

响应性是指旅游组织能否对游客提出的问题迅速做出回应并有效地提供解决方案。当游客需要服务人员提供帮助或者当服务出现问题的时候,服务人员的迅速响应无疑会对提高服务质量有积极的影响。让游客漫长地等待会导致游客焦虑,对服务丧失信心,引起游客不满,游客可能会选择离开或投诉。

(4)保证性。

保证性是指旅游组织的服务人员在接待游客时所表现出来的自信和充足的知识储备、得体的礼节等。它能够增强游客对于服务质量的信心和安全感。在面对游客的时候,如果服务人员能够落落大方、展现渊博的知识,游客就会产生好感,愿意进一步接受服务的可能性就会增大。相比实物产品,旅游服务消费具有较大的风险性,保证性能够降低游客对风险的评价。

(5)移情性。

移情性意味着旅游组织的服务人员应该具有人情味,能够设身处地地为游客着想。移情性要求服务人员能够发现游客的需求,并尽量满足。移情性增加了服务更多的情感化、个性化的内容,但这在一定程度上就需要服务更具有灵活性。如果没有充分的员工授权以及有效的员工激励,员工并不会表现出足够的动力去提供移情性的服务。

3. 基于价值的方法

研学旅行产品设计的质量是顾客的一种感知，这种感知既可能与期望有关，也可能与花费的成本发生联系。顾客总是希望买到物超所值的东西，因此当顾客进行产品消费时，就会不自觉地将感知的所得与花费的成本进行比较，这就形成了顾客价值。顾客价值是顾客对通过购买产品所获得的总收益和为此花费的总成本进行的综合评价。具体用公式表示如下：

$$顾客价值 = 总收益 / 总成本$$

如果顾客价值大于1，即顾客所获得的总收益大于其花费的成本，顾客感觉物超所值，产生顾客满意。如果顾客价值小于1，即顾客所获得的总收益小于其花费的成本，顾客就会感觉吃亏，心生不满。顾客价值还可以用另一公式表示，即

$$顾客价值 = 总收益 - 总成本$$

顾客价值大于0，则表示顾客感受到价值，产生顾客满意；顾客价值小于0，可能就会导致顾客不满。由此，顾客价值就成为评判研学旅行产品设计质量的重要依据。如果成本较高，则会提出更高的质量要求；相反，如果成本较低，顾客就会降低质量的标准。以价值为出发点，研学旅行产品设计质量就是游客对旅游消费所获得的收益与所花费的成本进行综合比较后所得到的价值感知。对于旅游组织而言，提高产品的质量，意味着需要不断地为游客创造更大的价值。由于游客都是最大价值追求者也就是通过最低的成本获得最大收益，因此需要旅游组织以合理的价格水平提供最优的研学旅行产品。

（1）总收益。

总收益是游客通过消费研学旅行产品所获得的总的价值。研学旅行产品设计质量中的各个组成部分包括教育价值、服务人员质量、设施设备、服务环境、服务项目等，都能为游客带来收益。总收益具有主观色彩，往往与游客的经验见识有关，因此对总收益的感知也会有差异。

（2）总成本。

"性价比"是一个与顾客价值类似的概念，但总成本并不仅仅指价格，它包括了货币成本、时间成本、体力成本、精神成本、感官成本。

①货币成本：货币成本是游客消费研学旅行产品所实际支付的价格，它是总成本的主要组成部分。

②时间成本：游客愿意花费时间进行研学旅行产品学习，但并不愿意将时间浪费在长时间的搜索、购买上或是无聊的服务等待上。时间有其机会成本，理性的游客希望最大化地发挥时间的价值。

③精神成本：精神成本主要是针对第一次消费的游客而言。游客第一次尝试研学旅行产品项目，第一次在基地住宿，或第一次尝试自主学习所表现出来的那种焦虑和不知所措就是属于精神成本的范畴。

④感官成本：精神成本属于心理范畴，体力成本属于生理范畴，但游客生理上承担的成本除了体力成本外，还有感官成本。感官成本是由于服务环境的问题而导致游客身体的不适，比如服务环境中温度太低或太高，光线太暗或太强，噪声或气味的刺激等。

旅游组织提升研学旅行产品设计质量的过程，事实上就是为顾客创造价值的过程。

组织需要站在游客的角度去感知组织所提供的总收益及游客担负的总成本,可以在教育目的的针对性、成本的控制、服务的创新、技术的应用等方面为游客创造价值。

(三)研学旅行产品设计质量的特征

产品设计的质量是旅游组织的生命,是研学基地发展的保证。当前,研学旅行产品同质化现象严重,个性化不足,企业之间竞争激烈。但与传统的制造业相比,研学旅行产品设计质量有其独特性。一般而言,制造业产品的质量重结果,有专业的技术标准进行评价,往往比较客观;而旅游服务业区别于制造业产品质量的显著特征就在于其主观性、差异性、过程性以及整体性。

1. 主观性

制造业产品质量一般具有客观性,容易评价。而研学旅行产品设计质量具有较强的主观性。游客对产品设计质量的评价往往是基于主观感受,而这一感受不仅取决于旅游组织本身提供的产品的质量情况,还极大地受到顾客期望的影响。在研学旅行之前,游客受过去经验、自身的需求、旅游目的地口碑和广告等影响,会对研学目的地形成一种期望。期望不同,评价就会有差异,由于这种主观性的存在,就使得有效评价研学旅行产品设计的质量变得困难。

2. 差异性

制造业产品质量可以保证是同质的,企业经常以合格表示统一的质量水平。而对研学旅行产品设计质量而言,由于受到上面所提到的主观性的影响,要达到同质往往是困难的。每个游客的期望不同、偏好不同,对同一服务质量的感知就会存在差异性。即使是同一个人,由于其主观方面的原因,对同样的前后两次研学旅行产品也可能抱有不同的看法。差异性导致旅游组织统一研学旅行产品的质量的难度加大。

3. 过程性

制造业产品注重结果质量,而研学旅行产品设计不仅于此,还注重过程质量。事实上,研学旅行产品本身就是一个过程,游客参与到生产过程中,体验整个研学过程给予游客带来的教育内涵,更关心过程的享受。在这些过程当中,每一个环节以及其中任何的细节性的问题都可能影响游客对研学旅行产品质量的感知。因此,对研学旅行产品设计质量的考查必须注重整个研学过程。

4. 整体性

研学旅行产品设计质量还具有整体性。由于游客对研学旅行产品的感知是主观的,同时也受多方面因素的影响,这就决定了对研学旅行产品设计质量的考查需要从整体上进行把握。整体性包括纵向和横向两个方面。纵向方面是指需要从过程的角度来进行考查,横向方面是指在研学旅行产品生产和消费过程中,各种有形要素和无形要素构成产品整体,共同影响研学旅行产品的质量。

(四)提升研学旅行产品设计质量的作用

1. 创造游客价值

提升研学旅行产品设计质量是旅游组织保障游客基本权益的需要。随着游客越来越成熟,旅游经验越来越丰富,需求和期望将会上升,原有的质量水平无法再满足游客的需要,旅游组织必须考虑如何更好地为游客创造价值,从而实现游客的终身价值。只有高质量的研学旅行产品,才能帮助游客真正实现研学的目的。

2.改进旅游企业绩效

提升研学旅行产品设计的质量,有助于旅游企业绩效改进,这是旅游企业实施质量管理的最直接动力。从外部效率看,高质量的研学旅行产品,一方面能够有效提升游客满意度,从而增加重购率;另一方面能够有效提升旅游企业的口碑声望,为企业带来新的客源。

3.提升研学基地的形象

旅游行业作为一个窗口行业,反映了城市的精神文明建设程度,反映了社会的风气风尚。游客可以通过研学旅行了解一个城市的文化和风貌。因此,研学旅行产品设计质量提升对城市来讲具有重要的社会意义。高水平的研学旅行产品设计质量有利于树立城市形象,传播城市文化,提升城市影响力。

二、研学旅行产品设计的质量管理原则

2000版的ISO9000族标准的重要创举就是提出了八项质量管理原则。这八项原则是对世界各国质量管理的实践以及相关质品管理理论的重要总结。这八项管理原则包括以顾客为关注焦点、领导作用、全员参与、过程方法、管理的系统方法、持续改进、基于事实的决策方法和与供方互利的关系。在2015版的ISO9000族标准的修订中,ISO/TC176重新评估了这些原则,将其中的一个原则——"管理的系统方法"合并至"过程方法",并对其中一些原则的语言表述进行了调整,由此形成了七项管理原则。这七项管理原则成为ISO9000族标准的理论基础。ISO发布的质量管理原则对这些原则进行了详细介绍,研学旅行产品设计的质量原则也依托于质量管理原则。

(一)以顾客为关注焦点

质量管理的主要关注点是满足顾客要求并且努力超越顾客期望。

组织只有赢得和保持顾客以及其他相关方的信任才能获得持续成功。与顾客互动的每个方面都提供了为顾客创造更多价值的机会。理解顾客和其他相关方当前和未来的需求有助于组织的持续成功。

关键益处:增强顾客价值;增强顾客满意度;提升顾客忠诚度;增加重复性业务;提高组织声誉;扩展顾客群;增加收入和市场份额。

(二)领导作用

各级领导建立统一的宗旨和方向,并且创造环境使全员积极参与实现组织的质量目标的条件。

统一宗旨和方向的建立以及全员的积极参与能够使组织将战略、方针、过程和资源与实现目的保持一致。

关键益处:提高实现组织质量目标的有效性和效率;组织的过程更加协调;改善组织各层级、各职能间的沟通;开发和提高组织及其人员的能力,以获得期望的结果。

(三)全员参与

在整个组织内各级人员的胜任、被授权和积极参与是提高组织创造和提供价值能力的必要条件。

为了有效地管理组织,尊重并使各级人员参与是重要的。认可、授权能力提升会促进人员积极参与实现组织的质量目标。

关键益处:增进组织内人员对质量目标的理解并提高实现目标的积极性;提高人员改进活动的参与度;促进个人发展、主动性和创造力;提高人员满意度;增强整个组织内的相互信任和协作;促进整个组织对共同价值观和文化的关注。

(四)过程方法

只有将活动作为相互关联以连贯系统运行的过程来理解和管理时才能更加有效和高效地得到一致的、可预知的结果。

质量管理体系是由相互关联的过程所组成的。理解这一体系如何产生结果有助于优化组织体系和提升绩效。

关键益处:提高关注关键过程和改进机会的能力;通过协调一致的过程体系得到一致的、可预知的结果;通过有效的过程管理、高效的资源利用及跨职能壁垒的减少,获得最佳绩效;使组织能够向相关方提供关于其一致性、有效性和效率方面的信任。

(五)改进

成功的组织持续关注改进。改进对组织维持当前的绩效水平,对其内外部环境的变化做出反应并创造新的机会都是极其重要的。

关键益处:提高过程绩效、组织能力和顾客满意度;增强对调查和确定根本原因及后续的预防和纠正措施的关注;提高对内外部风险和机遇的预测和反应的能力;增加对渐进性和突破性改进的考虑;加强利用学习实现改进;增强创新的驱动力。

(六)循证决策

基于数据和信息分析和评价作出的决定,更有可能产生期望的结果。

决策是一个复杂的过程,并且总是包含一些不确定性。它经常涉及多种类型和来源的输入及其解释,而这些解释可能是主观的。重要的是理解因果关系和可能的非预期后果。对事实、证据和数据的分析可导致决策更加客观和可信。

关键益处:改进决策过程;改进对过程绩效和实现目的能力的评估;改进运行的效果和效率;提高评审、挑战以及改变意见和决定的能力;提高证实以往决定有效性的能力。

(七)关系管理

为了持续成功,组织应管理与利益相关方(如供方)的关系。

利益相关方会影响组织的绩效。当组织管理与所有利益相关方的关系以使相关方对组织绩效的影响最佳时,才更有可能实现持续成功。对供方及合作伙伴的关系网的管理是尤为重要的。

关键益处：通过对每一个与利益相关方有关的机会和制约因素的响应，提高组织及利益相关方的绩效；利益相关方对目的和价值观有共同的理解；通过共享资源、能力以及管理与质量有关的风险，提高为利益相关方创造价值的能力；拥有管理良好、可稳定提供产品和服务流的供应链。

三、研学旅行产品设计的质量管理目的

（一）目的的内涵

目的即想要达到的境地或标准。顾名思义，研学旅行产品设计质量管理目的即研学旅行质量管理工作所要达到的基本标准。它有狭义和广义之分。

1. 狭义

狭义的研学旅行产品设计的质量管理目的与研学旅行产品设计质量方针、研学旅行产品设计质量计划等是同一层面的概念。它是指根据研学旅行产品设计质量方针的要求，在一定时期内要达到的预期管理成果。它的着眼点是旅游企业，基础是质量方针（旅游企业的最高管理层通过市场调研等技术方法制定并正式颁布，并要求旅游企业全体员工执行质量职能时必须履行的质量条款），同时又是制订旅游企业质量计划的依据。

2. 广义

广义的研学旅行产品设计的质量管理目的有三个层面的内涵，即国家层面、行业层面和企业层面。

从国家层面上讲，研学旅行产品设计的质量管理目的是国家为了在宏观上对旅游研学经济活动进行适度调控，使旅游业和其他行业部门协调发展，由国家质量管理部门和各级旅游行政管理部门制定的管理工作目的，约束旅游企业的行为，激励、促进旅游经济健康发展，使我国旅游业从长期以来的数量型增长向集约型、高质量增长转变。

从行业层面上讲，研学旅行产品设计的质量管理目的是各种类型、各种级别的行业协会，官方、半官方甚至是有一定声望与领导能力的民间协会等行业组织，为规范整个旅游研学行业的市场行为，使旅游业的四大支柱——旅游交通、旅游景点、旅游酒店、旅行社之间合作发展，确保旅游行业发展水平，而制定的行业质量管理创新和发展目的。

从企业层面上讲，研学旅行产品设计的管理目的则是旅游企业为了实现研学教育、永续经营、不断发展，结合市场竞争状态与企业自身资源状况所制定的维持与发展研学旅行产品设计质量水平的管理目的。

（二）研学旅行产品设计的质量管理的目的体系

下面从广义的角度阐明研学旅行产品设计的质量管理目的体系。

1. 研学旅行产品设计质量管理的微观目的

（1）核心目的。

顾客满意是旅游企业开展研学旅行产品设计质量管理的核心微观目的。通过实施研学旅行产品设计质量管理，提高研学旅行产品设计质量水平，实现顾客满意的最大

化。它要求旅游企业在研学旅行产品设计质量管理中持续而迅速地获取目的市场的需求信息,不断为推出高质量的研学旅行产品设计提供依据;并建立一套完整的指标,对旅游企业各环节的产品设计流程工作进行目标分解,明确各部门的质量管理职责与任务。围绕顾客满意这一目的,确定旅游企业在研究研学旅行产品设计时将做什么和怎么做。

(2)基础目的。

在顾客满意的核心目的指导下,无论是国家、行业,还是旅游企业都将分解形成诸多研学旅行产品设计管理的基础目的,切实为质量管理工作提供目的保障。

2.旅游质量管理的宏观目的

(1)从国家的角度分析,研学旅行产品设计质量管理的目的是增强综合国力,提高社会效益。

(2)从行业的角度分析,研学旅行产品设计质量管理的目的是通过规范行业行为,促进市场繁荣。

(3)从企业的角度分析,研学旅行产品设计质量管理的目的是实现市场准入和推动企业创新。质量作为企业的核心竞争要素,不仅是顾客评价的重要依据,也是企业进入市场的"通行证"。

四、研学旅行产品设计的质量管理要求

2016年11月30日,教育部等11部门印发《关于推进中小学生研学旅行的意见》(以下简称《意见》)。《意见》包括重要意义、工作目标、基本原则、主要任务、组织保障五个部分,主要任务是将研学旅行纳入中小学教育教学计划,加强研学旅行基地建设,规范研学旅行组织管理,健全经费筹措机制,建立安全责任体系。其中对研学旅行产品设计的质量管理提出要求。

(一)明确责任主体和职责分工

中小学生研学旅行由教育部门和学校有计划地组织安排,即明确了教育部门和中小学生所在的学校为第一责任主体。教育部门要将研学旅行纳入人才培养和教学计划,中小学校要成立专门机构,具体负责研学旅行计划的拟订、组织和实施。其他相关部门同样肩负着与自身职责相关的责任,如旅游主管部门应该履行对参与研学旅行产品开发经营企业的资质审核和业务监管的责任,并会同教育部门对研学旅行产品的质量规格进行标准审定和技术把关等。

(二)建立研学旅行经营者准入制度

按照国家相关规定,经营旅游服务产品的企业应该取得相关资质。研学旅行是一种新的产品形态,除经营旅行服务的旅行社要按照相关要求取得资质外,像是景区、博物馆、艺术馆、工厂和作坊、农业园区等从事研学旅行产品的开发和经营,是否需要取得相关资质或具备一定的门槛条件,包括经营研学旅行服务的旅行社是否需要在取得一般旅行社经营资质的基础上,增加研学旅行经营资质或达标条件,都需要在现有法律法规框架下进行专门研究,并建立相应的准入制度。

(三)完善产品和服务的标准体系

中小学研学旅行涉及不同年级,各个年级学生的知识体系、认知能力各有不同。因此,教育部门应会同旅游部门等建立系统化的研学旅行产品标准体系,即以年级为基础,在产品的内容结构和深度、知识体系、参与程度、产品形态、服务标准、安全要求等方面,建立详细、系统的标准,既作为研学旅行产品研发、经营者的参照,也作为业务主管部门进行监管、考核或验收的依据。

(四)加强市场监管

针对研学旅行产品开发和经营市场良莠不齐的现状,《意见》涉及的相关部门,应从各自的职责出发,加强对研学旅行市场的监管,积极做好对研学旅行产品的质量、价格、安全等监管,特别是要从保障中小学生人身安全的角度,制定安全出行标准,建立安全审查制度、安全监督检查制度,确保责任到人。

第二节　研学旅行产品设计的质量管理内容

一、研学旅行产品设计的质量管理体系

中国自古就有"读万卷书,行万里路"的说法,随着我国素质教育及旅游业的发展,研学旅行已经成为教育旅游市场的热点。自《国民旅游休闲纲要》首次提到"研学旅行",至 2016 年教育部等 11 部门联合发布的《关于推进中小学生研学旅行的意见》明确提出将研学旅行纳入中小学教育教学计划,我国研学旅行迎来了快速发展的机遇期。为了规范研学旅行服务流程,提升服务质量,引导和推动研学旅行健康发展,《研学旅行服务规范》(LB/T 054—2016)行业标准已于 2017 年 5 月 1 日起实施。

二、研学旅行产品设计的质量管理方法

(一)价值链分析法

迈克尔·波特教授于 1985 年首次提出"价值链"的概念。波特认为企业是从事技术研发、采购、生产、销售、财务及人力资源等一系列活动的集合体,其中企业各个环节上的增值可视为企业创造价值的过程。企业从投入生产到经营销售的一整个环节中伴随着价值的增加,即为价值的形成过程,而这一系列环节所构成的活动成本链则为价值链。基于价值链的理论研究,可将其分为基本活动和辅助活动两个方面。

价值链中的各项活动对企业的竞争都起着关键性的作用。其中基本活动是企业经营活动的主体,也是创造企业产品和服务的基础,它由产品的生产经营、营销及售后服务等环节组成。辅助活动作为延伸活动在整条价值链中起辅助的作用,它对基本活动

的顺利进行有重要的影响。波特主要针对企业内部各项活动对价值链展开论述,并将内部各项作业作为价值增值的重要因素。

根据价值链分析理论结合研学旅行产品的特点,构建适用于研学旅行产品的价值链分析模型,如图8-1所示。

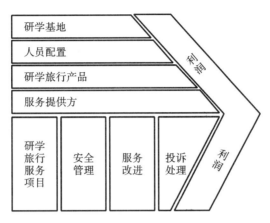

图 8-1 研学旅行产品的价值链分析模型

1. 基本活动

基于价值链分析理论的研学旅行产品的基本活动有研学旅行服务项目、安全管理、服务改进、投诉处理。

(1)研学旅行服务项目。

研学旅行服务项目主要包括教育服务、交通服务、住宿服务、餐饮服务、导游讲解服务、医疗及救助服务。针对教育服务应当制订相应的教育服务计划,对教育服务项目中的健身项目、健手项目、健脑项目、健心项目进行精心的设计,认真演练思考教育服务流程,按照旅行前、旅行中、旅行结束后三个阶段进行设计。应设计不同学龄段学生使用的研学旅行教材并配备相应的辅助设施,研学旅行教育服务应有研学导师主导实施,建立教育服务评价机制。

(2)安全管理。

主办方、承办方及供应方应针对研学旅行活动,分别制定安全管理制度,构建完善有效的安全防控机制。承办方和主办方应根据各项安全管理制度的要求,明确安全管理责任人员及其工作职责,在研学旅行活动过程中安排安全管理人员随团开展安全管理工作。应制订安全教育和安全培训专项工作计划,定期对参与研学旅行活动的工作人员进行培训。在旅行前、旅行中对学生进行安全教育,针对地震、火灾、食品卫生、治安事件、设施设备突发故障等各项突发事件应制定和完善应急预案,并定期组织演练。

(3)服务改进。

研学旅行结束后,承办方根据研学旅行过程中出现的各种情况进行汇总,找出研学旅行产品设计的主要缺陷,分析原因,并通过健全制度、加强培训、调整供应方、优化产品设计、完善服务要素和运行环节等措施,持续改进研学旅行服务质量。

(4)投诉处理。

承办方应建立投诉处理制度,并确定专职人员处理相关事宜。对外界公布投诉电话、投诉处理程序和处理时限等信息。承办方还需要建立投诉信息档案和回访制度。

2.辅助活动

基于价值链分析法的研学旅行产品的辅助活动有研学基地、人员配置、研学旅行产品、服务提供方。

(1)研学基地。

研学基地自身或周边应具备良好的餐饮住宿条件、必备的配套设施,具有独特的研学旅行资源、专业的运营团队、科学的管理制度以及完善的安全保障措施,才能为研学旅行者提供良好的学习、实践、生活等的活动场所。

(2)人员配置。

应至少派出一人作为主办方代表,负责督导研学旅行活动按计划开展;每20位学生宜配置一名带队教师,带队教师全程带领学生参与研学旅行各项活动。应为研学旅行活动配置一名项目组长,项目组长全程随团活动,负责统筹协调研学旅行各项工作;应至少为每个研学旅行团队配置一名安全员,为每个研学旅行团队配置一名研学导师,至少为每个研学旅行团队配置一名导游人员。

(3)研学旅行产品。

研学旅行产品是适应我国研学旅行教育需求,针对学生的不同学段特点和教育目标而设计的,以校外探究式学习、综合实践体验为主要内容的产品与服务。

参照《研学旅行服务规范》(LB/T 054—2016),按资源类型将研学旅行产品划分为五类,即知识科普型产品、自然观赏型产品、体验考察型产品、励志拓展型产品和文化康乐型产品。

(4)服务提供方。

主办方应具备法人资质,有明确的安全防控措施、教育培训计划,与承办方签订委托合同,按照合同约定履行义务。承办方应为依法注册的旅行社,符合 LB/T004 和 LB/T008 的要求,宜具有 AA 及以上等级,并符合 GB/T31380 的要求。连续三年无重大质量投诉、不良诚信记录、经济纠纷及重大安全责任事故,应设立研学旅行的部门或专职人员,宜有承接 100 人以上中小学生旅游团队的经验,应与供应方签订旅游服务合同,按照合同约定履行义务。供应方应具备法人资质,具备相应经营资质和服务能力,与承办方签订旅游服务合同,按照合同约定履行义务。

(二)四象限分析法

四象限分析法,又称波士顿矩阵图法,简称 BCG 法,是由美国波士顿咨询公司于 20 世纪 70 年代创立的一种规划企业业务投资组合的方法,它通过建立市场增长率-市场占有率矩阵对企业战略业务组合进行评估,会形成四种不同发展前景的产品。该方法的关键点在于:解决如何使企业的产品品种及其结构适合市场需求的变化,使企业的生产具有意义;解决如何将企业有限的资源有效地分配到合理的产品结构中去,以保证企业的收益,使企业在激烈竞争中取胜。将该方法运用于研学旅行产品设计中亦同样有参考价值。现就如何在评估调查数据处理过程中借鉴和应用四象限分析法加以探讨。

对研学旅行产品评估调查数据的分析,一般使用均值分析的方法,其优点是简单明了,易于操作。通常,先计算出每个调查项目的平均分,然后对其进行分析。一是将所有调查项目按平均分高低排序,分析项目间的差异;二是比较不同被评对象间的均值差异;三是与以往数据相比,分析不同期间的均值差异。

第一种均值分析反映本期不同调查项目间的差异;第二种均值分析反映本期不同被评对象间的差异,是横向比较;第三种均值分析反映不同期间相同调查项目间的差异,是纵向比较。无论哪种分析,都是以平均分为依据进行判断,目的是把平均分最低的调查项目作为优先考虑解决的问题。

对研学旅行产品评估调查数据进行分析,如果只从平均分的高低入手还不够完善,对决策还缺乏足够的指导性。因为任何一个培训机构,它所拥有的资源都是有限的,有限的资源意味着不可能解决所有的问题。因此,必须通过另外一种方法,在培训评估调查表中找到1~2个关键问题,分析如何利用有限的资源投入以取得最大的效果。那么,什么是关键问题,如何找到关键问题呢?

关键问题,就是调查表中真正影响学生评分的少数决定性因素。虽然平均分在一定程度上能反映每个调查项目的作用,但它不能反映每个调查项目对整个调查表的作用。因为平均分的高低只代表学生对某个问题的评价,但不能反映学生因为对该问题的判断而带来的对其他问题判断的影响,进而影响整个调查表的评分。在这里,人是"模糊"判断者,而非"精确"判断者。学生对研学旅行产品的评价,往往是基于其个人对少数几个最为关心、最为在意的问题的评价,自己关心的问题满意了,其他问题也就满意了,整体满意度就会相应提高。

四象限分析步骤如下。

(1)计算每个调查项目的均值。

(2)计算每个调查项目得分与总评分的相关系数。

(3)绘制四象限图。

(4)找出关键问题,提出解决问题的建议。

四象限分析模式图如图8-2所示。

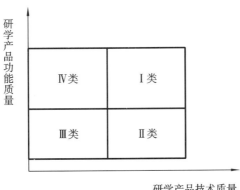

图8-2 四象限分析模式图

根据四象限分析法对研学旅行产品的质量进行管理,将研学旅行产品技术质量作为横坐标,研学旅行产品功能质量作为纵坐标,根据表8-1中的指标体系分别计算出研学旅行产品技术质量的平均分作为横坐标的分界线,研学旅行产品功能质量的平均分作为纵坐标的分界线,将所评价的研学旅行产品对应放入相应的类别之中。Ⅰ类研学旅行产品的技术质量、功能质量优良,继续保持;Ⅱ类研学旅行产品的技术质量良好,但是功能质量有问题,需要核查研学课程、教育服务、其他服务来提升;Ⅳ类研学旅行产品的功能质量良好,但是技术质量有问题,需要核查承办方资质、服务管理、服务改进、研学推广来提升产品;Ⅲ类研学旅行产品的技术质量和功能质量均出现了问题,需要对研学旅行产品进行重新设计。

表 8-1 研学旅行产品设计四象限指标

一级指标	二级指标	三级指标	权重
研学旅行产品技术质量	承办方资质	承办方要求	26.67%
		人员配置	20.00%
	服务管理	安全管理	16.67%
		投诉管理	10.00%
	服务改进	服务质量	3.33%
		服务改进	3.33%
	研学推广	推广计划	6.67%
		研学手册	6.67%
		公益性	6.67%
研学旅行产品功能质量	研学课程	课程体系	33.33%
		课程特色	5.56%
	教育服务	服务计划及项目	11.11%
		服务流程及教育设施	11.11%
		服务实施主导	5.56%
		服务评价	5.56%
	相关服务	解说服务	5.56%
		住宿服务	5.56%
		餐饮服务	5.56%
		交通服务	5.56%
		医疗及救助服务	5.56%

(三)雷达图分析法

雷达图分析法是用来分析企业的经营状况的一种系统性的操作方法。它的形状类似导航雷达的显示屏上的图形成像,是由许多个同心圆组成,并从每个同心圆向外引出许多条相等距离的射线,每条射线都连接着一个指标,就是被研究的因素对象;同心圆中的每个圆都代表一个分值,分值由内层向外层逐层递增。使用者根据实际情况将各项指标标注在指标轴对应的位置,将这些指标轴上的各点连接在一起,形成完整的雷达图。

雷达图分析法是一种较为综合的个性化评价体系，充分利用了数形结合的指导思想，全方位多角度地对客观情况进行分析评价。雷达图分析法具有描述直观、具体，图形生动、便于理解，角度多样、思路完整，动态观测、便于应对等优点。雷达图分析法为管理者能够更加直观完整地掌握企业动向和财务状况等提供了极大的便利，具有一定的引导力和激励性，促进了单一个体的综合性与个性化发展，其积极意义不容小觑。

一个完整的雷达图往往包括成长性指标、生产性指标、流动性指标、安全性指标四大项。通过对这几大指标的综合分析可以判断出企业在一定时间范围内的生产经营能力、最终利润以及资金周转情况等，帮助企业管理者及时评定经营成果，也可以分析出具体某一部门在企业整体运营过程中的贡献程度。

雷达图分析法的主要优势在于其综合考虑被评价对象的不确定因素和多元性特征，将定量分析结果用定性的方式显示出来，根据雷达图图形的大小对评价对象进行分析，从而将不同类别指标在同一平面进行横向直观的对比评价。

研学旅行产品一级指标雷达图和研学旅行产品二级指标雷达图分别如图 8-3、图 8-4 所示。

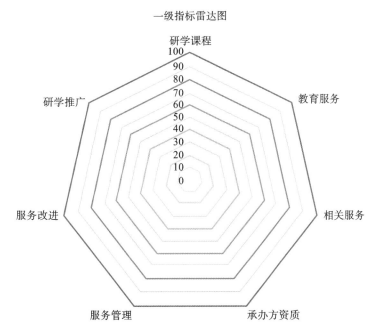

图 8-3　研学旅行产品一级指标雷达图

根据雷达图分析法现将研学旅行产品设计从承办方资质、服务管理、服务改进、研学推广、研学课程、教育服务、其他服务 7 个维度进行分析，表征研学旅行产品一级指标雷达图(图 8-3)。

使用承办方要求、人员配置、安全管理、投诉管理、服务质量、服务改进、推广计划、研学手册、公益性、课程体系、课程特色、服务计划及项目、服务流程及教育设施、服务实施主导、服务评价、解说服务、住宿服务、餐饮服务、交通服务、医疗及救助服务这 20 个详细指标进行衡量，表征研学旅行产品二级指标雷达图(图 8-4)。

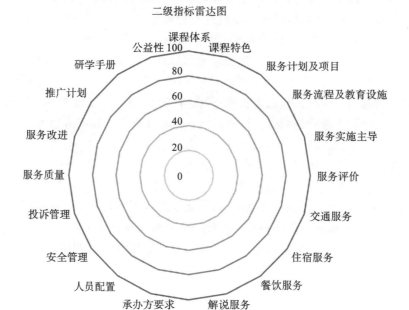

图 8-4 研学旅行产品二级指标雷达图

三、研学旅行产品设计的质量管理流程

研学旅行产品设计的质量管理要从目标设定、标准确立、质量检验和责任机制进行全流程的管理。

(一)目标设定

研学旅行产品本质上是一种"教育＋"产品。区别于传统游学、修学旅游、观光考察等旅行形式,研学旅行是由旅游部门、教育部门和学校有目的、有计划地组织安排,通过集体旅行、集中食宿方式开展的研究性学习和旅行体验相结合的校外教育活动,是学校教育由校内向校外延伸的一种创新教育形式,是综合实践育人的有效途径。因而,本质上研学旅行是以教育为主要目的,以研学内容为主题,以校外旅行为载体的"教育＋"产品,而非"旅游＋"产品。

研学旅行产品是一个集课程、基地、线路、导师以及配套服务要素等于一体的综合服务体系。这些构成因素相辅相成,缺一不可,共同服务于研学旅行活动的顺利开展。其中,研学旅行课程是前提和基础,研学旅行线路是载体和形式,而研学导师、辅导员等人力因素是产品价值实现的推进者,研学基地、景区、餐饮、住宿、交通等配套服务要素是研学旅行产品的保障体系。研学旅行产品打造要综合考虑这些因素及其相互之间的关系。

(二)标准确立

根据《研学旅行服务规范》(LB/T 054—2016)行业标准,对服务提供方包括主办方、承办方、供应方的资质、服务能力等方面进行规定,对主办方、承办方的人员配置的数量及标准进行规定,要求研学旅行产品按照知识科普型、自然观赏型、体验考察型、励志拓展型、文化康乐型五种分类标准进行相关产品的设计并配置产品说明书。研学旅行服务项目种类繁多,其中教育服务项目需要制订计划、梳理教育服务流程、配备教育服务设施及教材等;慎重选择合理的交通方式,提前告知学生及其家长相关交通信息,加强交通服务环节的安全防范;应以安全、卫生和舒适为基本要求,提前对住宿营地进行实地考察,合理安排住宿事宜;应以食品卫生安全为前提,选择餐饮服务提供方;导游讲解服务应符合《导游服务规范》的要求;应提前调研和掌握研学营地周边的医疗及救助资源状况;制定相关安全管理制度,配置安全管理人员,还应对服务改进、投诉处理等方面进行规定。

(三)质量检验

学生参加完研学旅行活动后,在自我认知能力、生活能力、思想道德、组织纪律等各方面有无成效,单纯地通过研学心得分享、研学成果展示、研学作业完成等方式不能客观地论证,也不足以说明研学旅行产品的好坏。因而,为保证研学旅行产品质量,规范研学旅行市场,建立完善的研学旅行产品质量检验机制显得尤为重要。

运用价值链分析法、四象限分析法、雷达图分析法对研学旅行产品的质量进行检验,主要从承办方资质、服务管理、服务改进、研学推广、研学课程、教育服务、相关服务7个维度对研学旅行产品设计的质量进行检验。找出研学旅行产品设计的不足之处,有针对性地分析原因并加以改正。重点解决目前存在着研学旅行产品定位模糊、产品类型单一、产品内容有名无实、产品质量无保障等问题。

(四)责任机制

教育机构和学校要与专业研学机构分工协作,将研学旅行和学校课程有机融合,要精心设计研学旅行活动课程和研学线路,做到立意高远、目的明确、活泼生动、学习有效,避免"只旅不学"或"只学不旅"现象。服务提供方包括主办方、承办方、供应方都对研学旅行产品的质量负有全程的责任,应该建立一套合乎实际的质量责任制系统,全面监测研学旅行产品设计的质量。

研学旅行产品设计的质量管理流程图如图 8-5 所示。

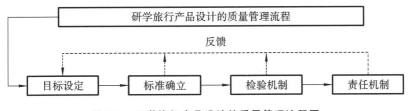

图 8-5 研学旅行产品设计的质量管理流程图

第三节 研学旅行产品设计的质量管理策略

一、研学导师培训制度

(一)基本概念

2016年国家旅游局发布的《研学旅行服务规范》(LB/T 054—2016)中提出,在研学旅行承办方人员配置中应至少为每个研学旅行团队配置一名研学导师,研学导师负责制订研学旅行教育工作计划,在带队教师、导游员等工作人员的配合下提供研学旅行教育服务。

2019年2月26日,中国旅行社协会研学旅行分会一届二次会员代表大会暨中国(齐齐哈尔)首届研学旅行峰会期间,中国旅行社协会与高校毕业生就业协会联合发布《研学旅行指导师(中小学)专业标准》(T/CATS001—2019)、《研学旅行基地(营地)设施与服务规范》(T/CATS002—2019),自2019年3月1日起实施。其中对"研学旅行指导师"一词进行解释:策划、制定或实施研学旅行课程方案,在研学旅行过程中组织和指导中小学学生开展各类研究学习和体验活动的专业人员。

研学导师是学生研学教学实践活动的主要承担者,是研学旅行行业专业人才培养的重中之重。

研学导师不同于导游,导游一般的服务对象是普通的游客,主要工作是为其提供导游服务、讲解服务,为其安排行程中的食、住、行、游、购、娱等各项服务。研学导师作为新兴职业,其服务对象主要为中小学生,主要工作是为中小学生提供研学实践教育教学,同时还要有保障旅游出行的服务技能。

研学导师在带领研学实践团队时,只有具有专业的教育素养,才能够了解中小学生身心健康、身心成长特点和身体素质等必要的品质,才能对学生开展实践教学服务。另外,研学导师在学生研学的出行生活方面,需要具有导游的基本技能,能够为中小学生外出时在衣、食、住、行等方面的生活提供支持、指导和帮助,保障中小学生在研学全过程中的安全。

综上所述,研学导师是一个复合型、全能型的人才,应该具有导游人员的带团、控团能力,同时具备教师的教学能力和职业素养。因此,研学导师是一个既具有导游服务能力又具有教师教育教学水平的新兴职业,服务于中小学生群体,是研学实践教学和服务工作的核心人物。

(二)核心素养

在岗位技能培训中,依据研学导师岗位内在的规范和要求,研学导师应具备以下五大核心素养。

1. 积极

研学导师要具有积极的情绪,熟知中小学生德育教育的理念,具有积极向上的价值观和世界观。研学导师作为研学旅行教学的执行者,要实施高质量的教学,就需要提高对教育理念的理解,保持教育的初心,才能在研学旅行课程教学上发挥积极作用。研学导师要遵循立德树人的教育目标,通过研学旅行将中小学生德育教育融入实践生活中。研学导师要具有家国情怀和正确的世界观,为人师表,培养积极向上的学生。

2. 共情

研学导师要了解学生心理,针对不同学段和学情有效沟通。研学旅行主要是面向中小学学生,中小学生处于身心发展和认知发展的时期,不同年龄有不同的心理特点,研学导师要认识到不同年龄的学生在情绪、人际交往等方面的差异,能据此创设针对性的研学情境,开展个性化的研学活动。研学导师要善于观察学生,提前预知其情绪变化,有针对性地调动学生的学习兴趣和热情,增强学生之间的合作和交流。在活动设计和生活安排上,具有共情心,要以学生为中心,站在学生的视角,引导和陪伴学生开展实践活动。

3. 探究

研学旅行是一门包罗万象的实践性教育,它包括山川地理、人文历史、自然遗产、传统工艺、新兴科学等多种内容。研学旅行是在校外开展的教学实践活动,教学内容和活动基于教学环境和教学设施开展,是一种场景化的教学方式,不同于传统教学的知识灌输,培养的是学生的探究意识和解决问题的能力。研学环境的多样化、研学内容的丰富性都要求研学导师首先应该具备灵活应变和探究实践的能力,其次研学导师要不断提升知识整合能力、课程资源开发与场地资源的利用能力,成为整个研学旅行教学实践活动中真正的引导者。

4. 关系

研学导师应具有较强的组织协调能力,与教学和旅行服务的合作伙伴保持良好的关系。研学导师是研学课程实施的直接推动者,更是活动和服务的组织者,除了应掌握扎实的教育、教学知识以外,要协调好各方面的关系,要熟悉地方各类旅游资源和旅游文化,协调沟通好交通、住宿、餐饮等方面,加强与景区等的合作,保障好学生的学习和生活。

5. 安全

研学导师要具备安全应急能力。研学旅行作为一个开放性的课堂,安全意识及安全事件的处理能力也是研学导师应具备的重要素质。在中小学生的集体旅行、集体食宿中需要把安全放在首位,在旅行中可能发生的安全隐患、天气与交通、食品卫生、疾病预防等应急事件,要有做到有预案,并做到及时正确的处置。

积极(positive)、共情(empathy)、探究(exploration)、关系(relationships)、安全(safety)五个因素简称为PEERS。PEERS体现了研学导师在与学生的研学教学和共同生活中平等平和的心态,是一种以学生为中心的体现。

(三)职业技能培训的核心内容

在研学导师培训的教学内容上,既要注重知识体系的教学,更要提升能力的训练和情感的升华。通过系统的培训、有针对性的现场实践教学，持续打造研学导师职业的核心素养。研学导师的职业技能培训要从知识储备、能力锻炼、实践经验等多方面架构教学体系。

1. 知识储备

在知识储备上，研学导师需要具备专业的教育教学、实践体验和旅行游览方面的知识，具有较高的教育知识素养和旅游知识素养。针对不同学段的学生在研学实践中设置和开展不同的教学目标和任务，根据学生的知识层次，为学生解读相关阶段的知识。

2. 能力锻炼

在能力锻炼上，研学导师需具备讲解、教学、团队体验、组织协调和应变急救等能力。研学导师应在专业讲解的基础上开展互动教育教学，才能在研学实践活动中教导研学知识，才能使学生研学实践具有意义。研学导师的组织协调能力、应变急救能力在研学活动中发挥重要作用，为活动的正常进行提供了保障。

3. 实践经验

在实践经验上，研学导师要时刻学习和掌握国内外先进的实践教学、体验教学的策略和方法，以学生为中心，让学生在自主探究、亲身体验中学习提升。

在具体的课程设计上。需要根据研学导师岗位等级，有针对性地开展政策法规、产品线路设计、品牌营销、安全应急、课程开发、活动实施与评价、心理学、导游实务、综合实践等方面的课程教学。

(四) 培训制度

当前，研学导师的培养主要通过两个途径：高校的研学旅行专业人才培养和研学导师培训班。

1. 高校研学旅行专业人才培养

2019年10月18日，教育部公布文件，将研学旅行管理与服务专业列入普通高等学校高等职业教育(专科)专业目录，2019年增补专业，并对该专业的培养目标、就业面向、职业能力、核心课程与实习实训等做出了介绍。本次增补研学旅行管理与服务专业，培养研学旅行的专业人才，适应市场需求，必将推动研学旅行行业的专业发展、科学发展，促进行业的不断升级换代。

增补专业中的研学旅行管理与服务专业隶属旅游专业大类，主要是针对旅游景区等单位开展研学旅行服务而设立的。从教育部公布的培养目标来看，此专业旨在培养德、智、体、美、劳全面发展，具有良好职业道德和人文素养，掌握研学旅行相关政策法规和规范标准，熟悉中小学研学旅行相关教育政策、目标、大纲和方案要求，从事研学旅行项目开发、策划咨询、线路设计、课程开发等运营、管理及服务工作的高素质人才。

2. 研学导师培训班

2019年11月，文化和旅游部人才中心坚持系统性谋划、品牌式发展、全面性融合的思路，以研学旅行指导师职业为试点，推进文化和旅游行业职业能力等级评价工作。

在职业技能等级标准制定层面，按照教育部等四部委印发的1+X证书制度试点方案要求，在充分论证的基础上，联合浙江旅游职业学院编订《研学旅行指导师职业能力等级评价标准》、试题题库；设立北京全家联国际教育科技有限公司为文化和旅游部人才中心研学旅行指导师职业能力等级评价定点实训单位,做好招生实训和考生组织、对标考评工作;于2019年11月27日至28日,举办首期研学旅行指导师职业能力等级评价考评员培训班,来自全国的52名学员经过考核选拔,获得文化和旅游部人才中心研学旅行指导师职业能力等级评价考评员资格。

除了文化与旅游部人才中心的研学旅行指导导师职业能力等级考试,当前主要的研学导师培训机制主要有三类:行业协会牵头开展行业专业培训、高校联合社会组织开展岗位技能培训、研学机构组织的辅导培训。

(1)行业协会牵头开展行业专业培训。

研学旅行当前从业的企业中旅行社、景区、研学实践基地、教培机构等是主要的产业参与者。行业协会牵头组织学术机构、专家学者开展研学旅行的行业研究,标准制定对于行业及机构会员具有有效的指导意义,行业协会开展研学导师培训(如中国旅行社协会、高校毕业生就业协会联合举办的研学旅行指导师培训班等)从生源组织、行业专项课程定制都具有独特的优势。

(2)高校联合社会组织开展岗位技能培训。

当前高校在基于旅游专业课的基础上增加研学实践教学的相关课程,如心理学、教育学等课程,并与研学实践的社会组织合作,通过产学研转化模式开设短期的岗位技能培训,这是满足当前市场人才短缺的一个重要有效的手段。如国家开放大学培训中心、陶行知教育基金会课外校外教育发展基金、中国红色文化研究会研学旅行工作委员会联合举办的研学家岗位技能培训班(初级)。

(3)研学机构组织的辅导培训。

研学导师是伴随着研学旅行行业快速发展所需的新兴职业,研学导师的职业素养也是跨旅游、教育等多领域,并且有非常高的实践经验要求,在行业发展早期,先知先觉的研学机构以市场化的方式开展辅导培训,无论从培训形式、培训内容都更贴近行业企业的发展需求,具有非常大的灵活性。早在2017年研学培训班基本就是研学机构探索实践中发展而来的。

二、研学旅行安全管理制度

(一)研学旅行安全管理内涵

旅游安全管理是指为了达到安全的目的,有意识、有计划地对旅游活动中各种安全现象进行各种安全教育、防范与控制活动的总称。这些活动既包括安全的宣传与教育,安全管理方针、政策、法规、条例的制定与实施,也包括安全防控、管理措施的制定与安全保障体系的构建与运作。

2016年11月30日,教育部等11个部门联合印发的《关于推进中小学研学旅行的意见》中,强调安全性原则是研学旅行的四大原则之一。研学旅行要坚持安全第一,建立安全保障机制,明确安全保障职责,落实安全保障措施,确保学生安全。

(二)研学旅行安全管理制度

随着我国旅游业的发展,研学旅行已经成为教育旅游市场的热点。为了规范研学旅行服务流程,提升服务质量,引导和推动研学旅行健康发展,2016年12月,国家旅游局制定了《研学旅行服务规范》。规范中对研学对安全管理和安全教育提出相应的要求。

(三)研学旅行安全管理的特点

研学旅行安全管理具有下列主要特点。

1. 不安全因素较多,潜在危险大

诱发原因包括自然原因和人为原因。前者如海啸、火山、地震等自然灾害;后者如旅游企业工作人员或其他人员的过错行为及旅游活动过程中的各种犯罪行为。这些都为安全管理工作增大了难度。

2. 旅游安全责任重大

旅游安全事故涉及人的生命、财产和其他合法权益,事故一旦发生,往往会造成巨大损失,因而旅游安全要求标准高,必须全面预防,突出重点。

3. 对安全管理人员的素质要求高

旅游安全管理涉及防火、防暴、防盗,事故地涉及国内、国外,由于旅游者住宿时间长、人口密集、流动性强,因而要求安全管理人员法治观念强、政策水平高、知识面广、业务能力过硬。

(四)研学旅行安全管理的原则

研学旅行安全管理原则与我国的旅游安全管理原则一脉相承,是指在旅游安全工作和管理中必须遵循的行为规范与准则。根据我国有关旅游安全管理的法规制度,加强旅游安全管理必须始终坚持以下基本原则。

1. 坚持安全第一、预防为主的原则

为了切实加强旅游安全工作,保障旅游者人身、财物安全,在旅游安全工作和管理中,必须始终坚持安全第一、预防为主的原则。坚持安全第一,要求不论是旅游行政管理部门,还是旅游企业和从业人员,都必须始终把安全工作放在首位,不得有丝毫懈怠的思想和行为,这既是对旅游实践的总结与认识,也是旅游业自身发展的客观要求;坚持预防为主,要求各级旅游行政管理部门、旅游企业和从业人员,必须增强旅游安全责任心,提高旅游风险防范意识,执行旅游安全规章制度,对旅游活动中可能发生的安全事件,一定要做到预防在先,防患于未然,等到安全事件发生后再做,则已经无法挽回所造成的损失。

2. 坚持统一领导、分级管理、以基层为主的原则

加强旅游安全管理。必须坚持统一领导、分级管理、以基层为主的原则,在国家旅游管理部门统一领导下,实行各级旅游行政管理部门分级管理体制。

国家文化和旅游部在旅游安全管理上,主要制定旅游安全的大的政策方针,并加强对旅游安全工作的宏观领导、组织协调和检查监督等。

各级旅游行政管理部门按照属地原则,结合本地旅游安全管理实际,切实加强对旅游安全工作的组织指导、协调管理和检查监督。

所有旅游企业,包括旅行社、旅游酒店、旅游车船公司、旅游景区景点、旅游购物商店、旅游娱乐场所等,是落实旅游安全管理工作措施的基层单位,只有旅游企业认真贯彻落实旅游安全管理的有关规定,才能使旅游安全工作落到实处,收到实效,真正为旅游者提供安全、优质的旅游服务。

3. 坚持上下协作、部门协调的原则

加强旅游安全管理,既是旅游全行业的工作目标和任务,也离不开相关行业的支持和配合,因此必须坚持上下协作、部门协调的原则。

坚持上下协作,要求在制定旅游安全管理法规规章时,要认真总结各地旅游行政管理部门、旅游企业在实践中积累的经验和成果。在颁布实施各种法规规章前,应广泛征求各地方和旅游企业的意见,充分反映地方和旅游企业的合理要求;在贯彻实施旅游安全管理法规规章时,要统一步骤,上下一致,及时对贯彻落实中的问题、困难予以解决和帮助。

坚持部门协调,就是要针对旅游业的服务性、综合性及涉及面广的特征,在进行旅游安全管理时,要主动加强与其他部门的协调和合作,积极争取其他部门的支持和配合。形成旅游安全管理的部门联动机制和协作机制,提高旅游安全管理的效率和效果。

4. 坚持有法必依、执法必严、违法必究的原则

随着社会主义市场经济体制的建立和完善,旅游安全管理必须逐步实现制度化和法制化。一方面,要加强旅游安全管理的法规体系建设,使旅游安全管理做到有法可依;另一方面,要加大旅游安全普法教育力度,加强对旅游法规制度的贯彻落实,严格按照旅游安全管理法规制度的要求,做到执法必严、违法必究,把旅游安全工作落到实处,抓出成效。在依法加强旅游安全管理的同时,还必须根据实际情况,合理地运用法律法规处理具体的旅游安全问题,提高旅游安全管理的合法性和合理性。

三、研学基地建设体系

(一)基地设计核心要素

研学旅行基地是指适合中小学生前往开展研究性学习和实践活动的优质资源单位。其主题性和体验性较强,通过设计旅游线路和亲子互动活动,以及开发不同学段(小学、初中、高中)、与学校教育内容衔接的研学实践课程,丰富研学旅行内容。

研学旅行基地这种新兴旅游区一般规模较大,具有接待、教育、娱乐、观光等综合性功能。基地在设计时应当考虑课程设计、研学线路和研学实践教育。

1. 课程设计

课程设计是研学旅行工作中对教育效果影响最为明显的因素。在规划研学实践教育基地建设时,首先要明确研学的具体内容,明确该产品的任务目标,并依此对课程设计进行分析,制定科学的课程设计方案。

2. 研学线路

研学线路也会对研学的效果产生直接的影响。因为研学活动的先后顺序对于学生的连贯性学习有很大的影响,好比生产流水线一样,前序环节和后续环节一定要协调,否则会影响生产质量甚至无法开展生产。即使在同样的场地,根据不同的线路来带领学生进行研学活动,其达到的效果也可能是不一样的。所以,在规划研学实践教育基地

的过程中,要将研学线路设计作为重要的内容进行分析和研究。要了解青少年认知规律,熟悉他们的年龄特点和体力情况,根据具体的课程设计研学线路。

3. 研学实践教育

研学实践教育的教学评价非常重要。一方面,要建立对于学生的多元化评估体系,全面考察其在研学旅行中的知识与技能掌握情况,以及综合素质表现;另一方面,在全面分析具体情况的基础上,还应针对研学实践教育活动的整体效果开展测评工作,查漏补缺,了解活动中组织是否到位、导师讲解与引导表现如何、场地在各类设施、硬件软件上有没有安全隐患、还有没有进步的空间。在开展研学实践教育评价工作的基础上,为了增强评估工作的客观性和有效性,要结合学生评价、家长评价和学校评价进行多主体参与评估。

总之,课程设计、研学线路、研学实践教育这三个方面是研学基地设计的三大核心要素。缺失了这三大核心要素的基地,注定无法提供高质量的研学,或者只能开展低教育属性的活动。研学旅行是基础教育改革中推动教育全面发展的重要一环,而研学基地在建设时也应秉承以教育为核心的理念,基于上述的三大核心要素努力提升软实力,让研学基地真正发挥立德树人的价值,为学生的全面发展创造良好环境。

(二) 基地的课程建设

1. 明确"1+1+n"研学旅行课程目的体系

研学旅行课程目的是研学课程设计的首要环节,在整个研学旅行活动中具有导向作用。

研学旅行课程目的体系中的第一个"1"是指研学教育目的,即研学旅行课程的设计要以激发学生爱国主义精神、提升学生综合素质、培养学生文明旅游意识为根本目的,以培养学生动手动脑能力、生存生活能力、社会交往能力,促进学生身心健康、体魄强健、意志坚强,形成正确的世界观、人生观、价值观为具体目的。第二个"1"是指综合考虑学生需要、年龄特征、学校的育人目的和课程规划、当地社会资源、学科专家建议等多方面信息而确定的研学旅行课程目的。"n"是指在国家研学教育目的的引导下,围绕课程目的和主题设计的若干教学子目的及细分方向。

课程目的设计有两条思路:一是结合学生当前学科知识延伸拓展来设计研学旅行课程目的及方向,这样设计的研学旅行课程目的与学科目的一致,二者相互补充,在强化学科教学目的的同时,也有助于学生进一步巩固学科知识;另一种思路是围绕学生综合素养发展,结合当地研学课程资源的类型、特点设计研学旅行课程目的与方向,这种方式可形成具有地域特征的个性化研学旅行产品。例如,杭州西湖研学旅行课程,充分结合西湖特征,将研学旅行课程主题分为自然、历史、人文、科学、艺术等不同方向,同时根据学生身心特点、接受能力和兴趣需求等,设计出多层次、多时段、多主题的西湖研学旅行课程体系。

2. 多主体参与选择设计研学旅行课程资源

研学旅行课程资源是研学旅行课程设计的支撑要素和实施载体。一切具有教育价值、研究价值、科学价值、社会价值,并且可开发运用于研学旅行课程设计的资源都可以成为研学课程资源。在研学旅行课程目的确定后,一方面研学旅行课程设计者可通过研学旅行资源实地调研、专家评价、模拟游线设计等方式，精心选择研学旅行课程的匹配资源，确定研学旅行目的地和研学旅行线路，并在此基础上，根据研学旅行课程子目的选择和设计供学生以小组为单位进行探究的课程资源，从而完成以课程设计者为主导的课程资源选择。另一方面，课程设计者还可以鼓励学科教师、研学导师和学生参与，引导他们适当参与研学旅行整体方案设计，把课程资源的设计权交给对方，让学生在研学旅行过程中自主生成课程资源，从而形成一种更高层次的以学生为主体的课程资源开发设计方式。

3. 明确研学导师在课程实施中的主导作用

研学旅行课程实施的关键是研学导师。区别于传统学校的教师与一些培训辅导机构的教师，研学导师要参与制订学校研学旅行方案，负责制订研学旅行教育工作计划，并在领队教师、辅导员等人的配合下为学生提供优质的研学旅行教育服务。因此，研学导师在教学技能水平和综合素质水平方面都提出了更高的要求。在研学旅行课程实施中，研学导师要带领学生严格按照课程目的要求及工作计划内容，深入研学旅行目的地进行实地参观、亲身体验、探究学习，避免"走马观花""旅行暴走"等研学行为。

4. 全方位、多角度开展研学旅行课程评价

课程评价目的是要全面检验研学旅行课程设计及其实施情况与效果，课程评价贯穿研学旅行课程的课前、课中、课后的全过程。研学旅行课程评价的过程实质上是一个确定课程与教学实际达到课程目的程度的过程，主要由教育部门或学校主导进行。研学旅行课程评价可分阶段针对课程内容、课程准备、课程推进情况、研学导师表现、学生研习效果等进行多角度评价。目前常用的课程评价方式有研学心得的分享、研学成果的展示、研学成绩的认定等。

(三) 运行管理的体制机制

1. 建立健全过程监督指导机制

围绕研学旅行的全过程，落实责任领导和阶段实施任务，对标课程目的及相关标准，从政府、行业、学校、企业等层面建立健全以"教育部门主导，行业组织、学校和企业积极参与"的研学旅行服务监督机制，实行"一事一报、即事即报""及时纠错、杜绝影响扩大"的监督指导工作机制。要实现对研学旅行全过程的有效监督与指导，必须要建立健全相应的指标考核评价体系。从主体上，考核指标包括政府、学校、研学机构、旅行社、学生、教师等参与方。从内容上，考核指标要求覆盖细分课程目的制订、课程资源选择、实施步骤、操作方法、实施效果等方面，以全面掌握研学旅行的开展过程及实施效果。

2. 完善研学效果反馈评估机制

研学效果评估关系到研学旅行产品是否有效，研学旅行课程是否有效。一味强调过程而忽略后期的反馈检查与总结，很难评判研学旅行是否取得了实质性效果，也不利于研学旅行产品的优化升级，但目前针对研学旅行产品服务效果的后期评估尚没有权威的指导和测评机制，多是行业机构从整体运营角度对研学旅行产品进行评估和调整，而教育机构和学校无法真正去评估研学效果的好坏。尤其是面对这种既涉及教育又涉及旅游的跨行业产品，如何保证研学达到效果？达到什么效果？如何衡量是否达到这

种效果？要解决这一系列的问题就需要考虑教学目的的细化、行业标准的制订、反馈机制的建立等问题。

研学效果反馈评估机制是建立在全过程监督指导机制基础上的，每个阶段只要发现问题和缺陷，就要及时反馈，及时纠偏，使研学旅行尽快回到课程目的这个正确的轨道上来。除了阶段性反馈评估外，作为研学教育主导方，活动结束后学校应结合学校教育教学目的、研学服务规范要求、学生和学科教师实际反馈情况对研学效果进行综合评价，并将相关信息反馈给承办方；承办方除出于运营角度对研学旅行产品进行评估外，还应综合考虑学校的反馈信息、研学活动的社会反响及评价，认真分析研学旅行产品及服务存在的问题与缺陷，从而有针对性地优化并提升研学旅行产品质量。

（四）智慧基地建设

《辞海》中"基地"一词解释为作为某种事业基础的地区；"智慧"一词解释为对事物能认识、辨析、判断和发明创造的能力。智慧基地则可以描述为面向不同需要的机构和顾客的传感网系统与信息平台，并在此基础上提供实时、快捷、高效、低成本的，物联化、互联化、智能化的服务。目前国内智慧基地的建设覆盖较广，比如智慧康养基地、智慧教室、智慧学校、智慧实训基地、智慧＋产业基地等。这些智慧基地的建设通常具备相同的特点。

1. 环境全面感知

智慧基地的环境全面感知包括两个方面；一是传感器可以随时随地感知、捕获和传递有关人、设备、资源的信息；二是对学习者个体特征（如学习偏好、认知特征、注意状态、学习风格等）和学习情境（如学习时间、学习空间、学习伙伴、学习活动等）的感知、捕获和传递。

2. 网络无缝互通

基于网络和通信技术，特别是移动互联网技术，智慧基地支持所有软件系统和硬件设备的连接，信息感知后可迅速、实时地传递，这是所有用户按照全新的方式协作学习、协同工作的基础。

3. 海量数据支撑

依据数据挖掘和建模技术，智慧基地可以在海量数据的基础上构建模型，建立预测方法，对新到的信息进行趋势分析、展望和预测；同时智慧基地可综合各方面的数据、信息、规则等内容，通过智能推理，做出快速反应、主动应对，更多地体现智能、聪慧的特点。

4. 开放学习环境

智慧基地的理念是开发和创造新环境新方法以便于更好地适用，各基地面临从"封闭"走向"开放"的诉求。智慧基地支持拓展资源环境，让使用冲破原有设备和环境的限制；支持拓展时间环境，让感受从现在拓展到过去与将来；支持拓展空间环境，让有效感知在真实情境和虚拟情境得以发生。

5. 参与者个性服务

智慧基地环境及其功能均以个性服务为理念，各种关键技术的应用均以有效解决参与者的诸多实际需求为目的，并成为现实中不可或缺的组成部分。

因此，智慧基地是指一种以面向参与者个性化服务为理念，能全面感知物理环境、识别参与者个体特征和环境情境，提供无缝互通的网络通信，有效支持感知过程分析、评价和智能决策的开放环境和便利舒适的生活环境。

第四节　研学旅行产品设计的质量管理评价

一、基本原则

提升旅游研学产品设计质量的前提是了解当前研学旅行产品的质量水平，明确研学旅行产品设计存在的问题，这依赖于有效的研学旅行产品设计的质量评价方法。有形的产品可以直接根据相应的标准或技术规范进行质量测定，而研学旅行产品的无形性、生产和消费同步性、无法储存性等特点使得研学旅行产品设计质量评价变得困难和复杂。

研学旅行产品设计质量的体系构建必须遵循内容全面、系统合理等原则，具体表现在以下几个方面。

（一）因子的灵敏性

提取的因子指标值的变化能够有效反映研学旅行者对旅游服务质量的看法、态度，并且能及时反映研学旅行者的真是评价状态。

（二）范围的全面性

研学旅行者不仅对其在研学活动过程中的食、住、行、游、购、娱六大方面感受有着种种事前的期待，同时对于教育内涵、卫生环境、空气质量、基础设施建设等方面也有着一定的要求，因而在构建研学旅行产品设计质量测评指标体系的时候，还要考虑那些间接影响产品感知的非技术指标。

（三）指标的可测量性

研学旅行产品设计的质量测评本质就是一个量化分析的过程，即用数据来反映研学旅行者对于研学旅行产品设计质量的态度，因此需要对测评指标进行量化。由于客户满意度是对研学旅行产品设计的看法、偏好和态度，因此使用态度测量技术可以对测评指标进行量化，在体系中将满意度水平划分为五个等级并给予相应的标度向量：非常满意（5）、较满意（4）、一般（3）、较不满意（2）、不满意（1），力求将评价指标能用精确的数值表现，便于统计。

（四）数据的有效性

某些方面的满意度测评只需要一个指标，而有些方面需要多个指标；有时一个指标仅能测评一个对象，而有时一个指标能同时测评多个对象。因此在设计指标时候，应该尽可能减少各指标之间的重叠区域，使其相关性降到最低。

(五)体系的稳定性

评价指标体系一经形成，应尽量保持其基本项目指标和内容的相对稳定性，这种相对稳定性有利于满意度评价指标体系的完善和发展。当然，对于不同功能类型的旅游景区可以根据自身的经营特点、市场竞争态势和客源市场特征等，对指标体系的内容进行取舍、增减和对权重进行调整。

(六)市场导向性

研学旅行产品设计的质量评价体系应该是一个完整的体系，既要有作为服务对象的研学成员评价，也要有实施研学旅行产品的供给方的评价，同时还需要有来自"非利益"的第三方的评价，只有拥有完整、系统的评价体系，才能保证评价结果的准确性。

二、评价体系

(一)评价要素

根据2020年4月山西省市场监督管理局审定刊发的地方标准《研学旅行服务评价》(DB14/T 2044—2020)，对研学旅行产品设计的质量评价要素进行了详细介绍。

1. 研学课程

研学课程是学校教育和校外教育衔接的创新形式，是教育教学的重要内容，是综合实践育人的有效途径。研学课程应当渗透课程意识，作为一门内容丰富、形式多样的课程，并且明确教育目的，如此一来，研学旅行才能真正体现其价值。研学课程包括课程体系和课程特色。

2. 承办方资质

研学旅行活动承办方为提供教育旅游服务的旅行社或相关机构。承办方资质包括承办方要求和人员配置，其中承办方要求指承办方的注册信息、服务规范、安全管理、质量管理等应符合规范要求，规范包括《研学旅行服务规范》《中华人民共和国旅游行业标准》等。

3. 教育服务

研学旅行产品提供的教育包含知识教育、素质教育、技能教育和品德教育，为了达到研学教育的目的，要对教育服务的质量进行评估，具体包括服务计划及项目、服务流程及教育设施、服务实施主导、服务评价四个方面。

4. 相关服务

研学旅行产品与旅游产品一样，在住宿服务、餐饮服务、解说服务、交通服务、医疗及救助服务方面提供服务，五个方面的质量评价是研学旅行产品设计的评价指标之一。

5. 服务管理

任何一个研学旅行产品的设计，都涉及对安全管理、投诉管理两个方面的质量评价。

6. 服务改进

服务改进包括服务质量和服务改进两个指标，是对质量体系的完善和改进质量体系的措施两个方面的评价。

7. 研学推广

研学旅行产品不是一次性的,而是具有可持续性的,对于研学推广的质量评价包括推广计划、研学手册和公益性。

(二)要素确定

在研学实践中可知,任何一个环节出现问题,都会降低研学旅行者对研学旅行产品质量的满意度。因此,根据研学实践活动的特点,将研学旅行产品设计质量评价要素 U 分为反映旅游市场上研学旅行产品质量的功能质量评价要素 U_1 和反映研学旅行产品质量的技术质量评价要素 U_2,即 $U=\{U_1, U_2\}$。其中研学旅行产品质量的功能质量评价要素包括研学课程、教育服务、其他服务三个要素,即 $U_1=\{$研学课程,教育服务,相关服务$\}$;研学旅行产品质量的技术质量评价要素包括承办方资质、服务管理、服务改进、研学推广四个要素,即 $U_2=\{$承办方资质,服务管理,服务改进,研学推广$\}$。

研学旅行产品设计质量评价要素的多级阶梯结构关系如图 8-6 所示,这是一个完全独立的阶梯结构关系图。

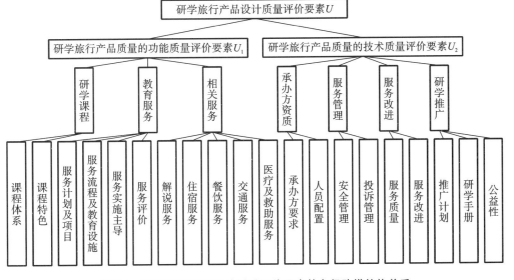

图 8-6 研学旅行产品设计质量评价要素的多级阶梯结构关系

三、评价模型

(一)模糊综合评价法

模糊综合评价法是近年来日益流行的一种服务质量评价方法,相比于其他旅游服务质量的评价方法,模糊综合评价法更倾向于是一种计算处理方法。模糊综合评价法来自美国计算机与控制论专家查德 1965 年提出的模糊集合理论,他根据模糊数学的隶属度理论将一些边界不清、难以量化的问题定量化,具有系统性强、结果清晰的特点,适合各种非确定性问题的评价。因为顾客在评价研学旅行产品设计质量时所认为的满意程度和重要程度都是模糊概念。胡义春认为传统的李克特量表不能处理人们思维和感知过程所引起的不确定性，而模糊数字可以解决评价旅游服务质量时产生的这种不确定性。因此对研学旅行产品设计质量的评测应选择模糊综合评价法，这一方法有效、正确地反映研学旅行产品设计的质量，而且无论是其思想还是结果，都要好于传统的统计方法。

（二）综合评价步骤

1. 建立多层次的指标评价体系 U

首先根据对研学旅行产品设计质量评价的需要，构建多层次指标评价体系。一级指标集合 $U=\{U_1,U_2,\cdots,U_n\}$，二级指标集 $U_i=\{U_{i1},U_{i2},\cdots,U_{in}\}$。其中 $U_1,U_2,\cdots,U_n$ 为一级指标，$U_{i1},U_{i2},\cdots,U_{in}$ 为二级指标。

2. 确定评价指标集

评判集 V 由各种可能的评价结果组成，$V=\{V_1,V_2,\cdots,V_k\}$，其中，V_k 为具体的评价等级，k 为等级或档数，如根据李斯特量表，可以划分为 5 个等级：非常好、好、一般、差、非常差，那么 $V=\{V_1,V_2,V_3,V_4,V_5\}=\{$非常好，好，一般，差，非常差$\}$。

3. 确定指标权重

由于每个评价指标的重要性是不等的，因此还要需要确定指标的权重。权重的确定方法有很多，我们使用的是《研学旅行服务评价》(DB14/T 2044—2020) 设置的分值比例。已经确定好的权重是可以表示为：一级指标权重集 $W=\{W_1,W_2,\cdots,W_n\}$，二级指标权重 $W_i=\{W_{i1},W_{i2},\cdots,W_{in}\}$。权重的加总值为 1。

4. 构建模糊关系矩阵

对每一个被评定指标构建从 U 到 V 的模糊关系，也可以用模糊关系矩阵 R 来表示。其中，R_i 表示第 i 个一级指标的模糊关系矩阵，r_{nk} 是针对二级指标做出不同评价的顾客比例，即为 U 到 V 的隶属度。

$$R_i=\begin{bmatrix} r_{11} & r_{12} & \cdots & r_{1k} \\ r_{21} & r_{22} & \cdots & r_{2k} \\ \vdots & \vdots & \ddots & \vdots \\ r_{m1} & r_{m2} & \cdots & r_{mk} \end{bmatrix}$$

5. 综合评价

利用 W_i 和 R_i，先得到二级指标模糊综合评价集：

$$L_i=W_i\cdot R_i=(W_{i1},W_{i2},\cdots,W_{ik})\cdot\begin{bmatrix} r_{11} & r_{12} & \cdots & r_{1k} \\ r_{21} & r_{22} & \cdots & r_{2k} \\ \vdots & \vdots & \ddots & \vdots \\ r_{m1} & r_{m2} & \cdots & r_{mk} \end{bmatrix}$$

根据二级模糊综合评价集，并利用一级指标评权重 W，得到一级指标模糊综合评价集：

$$E=W\cdot L$$

因为 L 和 E 都是含有 k 元素的集合，可以从中了解到顾客作出不同评价的比例情况。同时，还可以转化成一个综合值。假设评价集 V 对应的分值为 $\{5,4,3,2,1\}$，则最

终研学旅行产品质量评价的综合评价值为
$$S = E \cdot [5,4,3,2,1]^T$$

因为所谓的二级模糊综合评价值 L 实际上就是对一级指标的评价,根据这一指标评价,可以清晰地了解研学旅行产品设计质量一级指标的参与者评价情况。其综合评价值为
$$S_i = L_i \cdot [5,4,3,2,1]^T$$

(三)确定权重

1.建立多层次的指标评价体系 U 及确定评价指标集

正如上一部分内容所述,研学旅行产品设计质量评价要素 $U = \{U_1, U_2\}$。

$U_1 = \{$研学课程,教育服务,相关服务$\}$,即 $U_1 = \{U_{11}, U_{12}, U_{13}\}$。

$U_2 = \{$承办方资质,服务管理,服务改进,研学推广$\}$ 即 $U_2 = \{U_{21}, U_{22}, U_{23}, U_{24}\}$。

参考《研学旅行服务评价》(DB14/T 2044—2020)设置的分值比例,可设计研学旅行产品设计质量要素分值表(表8-2)。

表 8-2 研学旅行产品设计质量要素分值表

序号	要素	分值	要素权重	要素组成	分值	要素组成权重
1	研学课程	70	21.21%	课程体系	60	18.18%
				课程特色	10	3.03%
2	承办方资质	70	21.21%	承办方要求	40	12.12%
				人员配置	30	9.09%
3	教育服务	60	18.18%	服务计划及项目	20	6.06%
				服务流程及教育设施	20	6.06%
				服务实施主导	10	3.03%
				服务评价	10	3.03%
4	相关服务	50	15.15%	交通服务	10	3.03%
				住宿服务	10	3.03%
				餐饮服务	10	3.03%
				解说服务	10	3.03%
				医疗及救助服务	10	3.03%
5	服务管理	40	12.12%	安全管理	25	7.58%
				投诉管理	15	4.55%
6	服务改进	10	3.03%	服务质量	5	1.52%
				服务改进	5	1.52%
7	研学推广	30	9.09%	推广计划	10	3.03%
				研学手册	10	3.03%
				公益性	10	3.03%

表8-3显示,评分表总分为330分,其中评价项目最低得分为210分,最高为330分。评价项目分值为研学课程70分、承办方资质70分、教育服务60分、相关服务50分、服务管理40分、服务改进10分、研学推广30分。

2. 确定指标权重

根据表8-2,可以计算出研学旅行产品功能质量要素权重及研学旅行产品技术质量要素权重,具体如表8-3所示。

表8-3　研学旅行产品功能质量要素权重及研学旅行产品技术质量要素权重

分类	要素	分值	要素权重	要素组成	分值	要素组成权重
产品质量的功能质量评价要素	研学课程	70	21.21%	课程体系	60	18.18%
				课程特色	10	3.03%
	教育服务	60	18.18%	服务计划及项目	20	6.06%
				服务流程及教育设施	20	6.06%
				服务实施主导	10	3.03%
				服务评价	10	3.03%
	相关服务	50	15.15%	交通服务	10	3.03%
				住宿服务	10	3.03%
				餐饮服务	10	3.03%
				解说服务	10	3.03%
				医疗及救助服务	10	3.03%
产品质量的技术质量评价要素	承办方资质	70	21.21%	承办方要求	40	12.12%
				人员配置	30	9.09%
	服务管理	40	12.12%	安全管理	25	7.58%
				投诉管理	15	4.55%
	服务改进	10	3.03%	服务质量	5	1.52%
				服务改进	5	1.52%
	研学推广	30	9.09%	推广计划	10	3.03%
				研学手册	10	3.03%
				公益性	10	3.03%

根据表8-3,可以制作分类指标权重表(表8-4),利用各因子的权重,可以计算出一级指标的权重: $W=\{0.54,0.46\}$

二级指标的权重: $W_1=\{W_{11},W_{12},W_{13}\}=\{0.39,0.33,0.28\}$

$W_2=\{W_{21},W_{22},W_{23},W_{24}\}=\{0.47,0.27,0.07,0.2\}$

表 8-4 分类指标权重表

一级指标	分值	一级指标权重	二级指标	分值	二级指标权重	三级指标
产品质量的功能质量评价要素 U_1	180	$W_1=54.55\%$	研学课程 U_{11}	70	$W_{11}=38.89\%$	课程体系
						课程特色
			教育服务 U_{12}	60	$W_{12}=33.33\%$	服务计划及项目
						服务流程及教育设施
						服务实施主导
						服务评价
			相关服务 U_{13}	50	$W_{13}=27.78\%$	交通服务
						住宿服务
						餐饮服务
						解说服务
						医疗及救助服务
产品质量的技术质量评价要素 U_2	150	$W_2=45.45\%$	承办方资质 U_{21}	70	$W_{21}=46.67\%$	承办方要求
						人员配置
			服务管理 U_{22}	40	$W_{22}=26.67\%$	安全管理
						投诉管理
			服务改进 U_{23}	10	$W_{23}=6.67\%$	服务质量
						服务改进
			研学推广 U_{24}	30	$W_{24}=20.00\%$	推广计划
						研学手册
						公益性

3. 构建模糊关系矩阵

根据研学参与者对于以上一级指标和二级指标的不同评价结果的比例,求出 U 至 V 的隶属度。计算 R_1 和 R_2。

4. 综合评价

$$L_1=W_1 \cdot R_1$$
$$L_2=W_2 \cdot R_2$$

由此得到矩阵 $L=[L_1,L_2]^T$ 和 $E=W \cdot L$;假设 $V=(5,4,3,2,1)$,即 $V=$(非常好,好,一般,差,非常差),去模糊化,得到综合评价值 $S_i=L_i \cdot [5,4,3,2,1]^T$。

以此方法,按序计算出每一级的综合评价值,再将综合评价值与数字 1、2、3、4、5 对比,判断出研学旅行产品的质量价值。如果综合评价值 $S_i \geqslant 5$,则质量评价为"非常好";如果综合评价值 $4 < S_i \leqslant 5$,则质量评价为"好";如果综合评价值 $3 < S_i \leqslant 4$,则质量评价为"一般";如果综合评价值 $2 < S_i \leqslant 3$,则质量评价为"差";如果综合评价值 $1 < S_i \leqslant 2$,则质量评价为"非常差"。

本章小结

研学旅行产品设计的质量管理包含以基于需求、基于期望、基于价值的三种内涵,应包含主观性、差异性、过程性、整体性的特征。提升研学旅行产品设计的质量可以达到创造游客价值、改进旅游企业绩效、提升研学基地形象的作用。研学旅行产品设计的质量管理应符合五个原则:以顾客为关注焦点、领导作用、全员参与、过程方法、改进、循证决策和关系管理。研学旅行产品设计的质量管理目的即旅游质量管理工作所要达到的基本标准;研学旅行产品设计的质量管理要求包含四个部分:明确责任主体和职责分工、建立研学旅行经营者准入制度、完善产品和服务的标准体系、加强市场监管。

研学旅行产品设计的质量管理的方法包含价值链分析法、四象限分析法和雷达图分析法;研学旅行产品设计的质量管理流程要从目标设定、标准确立、质量检验和责任机制进行全流程的管理。研学旅行产品设计的质量管理策略包括研学导师培训制度、研学旅行安全管理制度和研学基地建设体系。研学旅行产品设计质量的体系构建必须遵循内容全面、系统合理等原则,主要体现在因子的灵敏性、范围的全面性、指标的可测量性、数据的有效性、体系的稳定性和市场的导向性。

学习思考

一、简答题

1. 如何理解研学旅行产品设计的质量?
2. 简述研学旅行产品设计的质量原则。
3. 简述研学旅行产品设计的质量管理的价值链分析法、四象限分析法和雷达图分析法三者的内涵及适用范围。
4. 我国现阶段的导师培训制度有哪些?
5. 简要分析研学旅行产品设计的安全管理制度。
6. 我国研学基地建设体系包含哪些内容?请分别描述。
7. 研学旅行产品设计的质量管理评价的原则有哪些?
8. 选择某一研学旅行产品,并设计一份要素指标的质量问卷调查。
9. 采用模糊综合评价法,依据上一题的问卷数据对该研学旅行产品设计的质量进行测评。

二、案例分析题

请针对贵州省地质博物馆的研学活动设计一份涵盖研学旅行产品设计质量要素的调查问卷。

参考文献
References

[1] 杨振之.论度假旅游资源的分类与评价[J].旅游学刊,2005,20(6):30-34.

[2] 陈晓颖.小学研学旅行课程实施和与设计改进研究[D].南昌:江西师范大学,2019.

[3] 段玉山,袁书琪,郭锋涛,等.研学旅行课程标准(一)——前言、课程性质与定位、课程基本理念、课程目标[J].地理教学,2019(5):4-7.

[4] 张琳琦.小学研学旅行课程设计及优化策略研究[D].郑州:河南大学,2020.

[5] 朱传世.研学旅行设计[M].北京:中国发展出版社,2019.

[6] 胡航舟.研学旅行课程设计研究——基于T市的案例[D].上海:华东师范大学,2019.

[7] 高月.高中地理研学旅行课程设计研究[D].哈尔滨:哈尔滨师范大学,2020.

[8] 梁美盈,周玉琴.基于具身学习视角的研学旅行设计研究——以"走读长江水,品悟三峡情"为例[J].地理教学,2020(1):56-60.

[9] 路春月.研学旅行课程设计问题研究[D].哈尔滨:哈尔滨师范大学,2020.

[10] 黄辉实,李竹舲,范家驹,等.独具特色的海岛研学旅行胜地——普陀山旅游区[J].海洋开发,1985(3):56-59.

[11] 保继刚,楚义芳.旅游地理学(修订版)[M].北京:高等教育出版社,2010.

[12] 肖星,严江平.旅游资源与开发[M].北京:中国旅游出版社,2002.

[13] 黄丹斌.从美国科普研学旅行的旺势看我国科普旅游的思路和对策[J].科技进步与决策,2001,18(6):84-86.

[14] 李绍刚.吉林省科普研学旅行资源开发研究[D].吉林:东北师范大学,2004.

[15] 袁平.河南省科普研学旅行产品开发的资源分布研究[J].中国商贸,2009(7):35-37.

[16] 尹定邦,邵宏.设计学概论(全新版)[M].长沙:湖南科学技术出版社,2016.

[17] 蔡海燕.旅行社计调实务[M].上海:复旦大学出版社,2011.

[18] 彭其斌.研学旅行课程概论[M].济南:山东教育出版社,2019.

[19] 孙月飞,朱嘉奇,杨卫晶.解码研学旅行[M].长沙:湖南教育出版社,2019.

[20] 孙九霞,陈钢华.旅游消费者行为学[M].2版.大连:东北财经大学出版社,2019.

[21] 王嵩涛.中小学生研学旅行课程指引[M].北京:首都师范大学出版社,2019.

[22] 陈志敏.综合实践活动课程的主题设计[J].教学与管理(小学版),2013(3):24-26.

[23] 陆庆祥,程迟.研学旅行的理论基础与实施策略研究[J].湖北理工学院学报,2017(2):22-26.

[24] 周璇,何善亮.中小学研学旅行课程:一种新的课程形态[J].教育参考,2017(6):76-81.

[25] 赵晓芳.国民旅游休闲教育模式构建研究[J].经济问题,2015(6):114-117.

[26] 房玉秀.综合实践活动课程的理论与实践研究[D].大连:辽宁师范大学,2005.

[27] 曲小毅.研学旅行活动课程开发与实施[M].北京:清华大学出版社,2020.

[28] 王万燕.基于核心素养的中学地理研学旅行课程建构研究[D].济南:山东师范大学,2019.

[29] 赵祥麟,王承绪.杜威教育论著选[M].上海:华东师范大学出版社,1981.

[30] 广东教育出版社基础教育课程发展研究院.最美课堂在路上——研学旅行实践指南[M].广州:广东教育出版社,2019.

[31] 杨喜凤.高中地理研学旅行方案设计与实施策略研究——以包头市土右旗乡土地理为例[D].呼和浩特:内蒙古师范大学,2020.

[32] 周泽甬.中学地理研学旅行手册的设计与编制——以甬城地理课程研学手册为例[J].地理教学,2021(10):54-56.

[33] 郭国庆,陈凯.市场营销学[M].6版.北京:中国人民大学出版社,2015.

[34] 李学芝,宋素红.旅游市场营销与策划——理论、实务、案例、实训[M].4版.大连:东北财经大学出版社,2021.

[35] 郭亚军,曹卓.旅游景区运营管理[M].北京:清华大学出版社,2017.

[36] 谢彦君.基础旅游学[M].3版.北京:中国旅游出版社,2011.

[37] 许丽君.旅行社服务质量评价与集成化发展研究[M].北京:北京社会科学院出版社,2011.

[38] 张懿玮.旅游服务质量管理[M].上海:华东师范大学出版社,2019.

[39] 周进步.中国研学旅行地理[M].山东:青岛出版社,2000.

教学支持说明

普通高等学校"十四五"规划旅游管理类精品教材系华中科技大学出版社"十四五"规划重点教材。

为了改善教学效果,提高教材的使用效率,满足高校授课教师的教学需求,本套教材备有与纸质教材配套的教学课件(PPT电子教案)和拓展资源(案例库、习题库等)。

为保证本教学课件及相关教学资料仅为教材使用者所得,我们将向使用本套教材的高校授课教师赠送教学课件或者相关教学资料,烦请授课教师通过电话、邮件或加入旅游专家俱乐部QQ群等方式与我们联系,获取"教学课件资源申请表"文档并认真准确填写后发给我们,我们的联系方式如下:

地址:湖北省武汉市东湖新技术开发区华工科技园华工园六路

邮编:430223

电话:027-81321911

传真:027-81321917

E-mail:lyzjjlb@163.com

旅游专家俱乐部QQ群号:306110199

旅游专家俱乐部QQ群二维码:

群名称:旅游专家俱乐部
群　号:306110199

教学课件资源申请表

填表时间：_____年___月___日

1. 以下内容请教师按实际情况写，★为必填项。
2. 学生根据个人情况如实填写，相关内容可以酌情调整提交。

★姓名		★性别	□男 □女	出生年月		★职务	
						★职称	□教授 □副教授 □讲师 □助教

★学校		★院/系	
★教研室		★专业	
★办公电话		家庭电话		★移动电话	
★E-mail（请填写清晰）				★QQ号/微信号	
★联系地址				★邮编	

★现在主授课程情况	学生人数	教材所属出版社	教材满意度
课程一			□满意 □一般 □不满意
课程二			□满意 □一般 □不满意
课程三			□满意 □一般 □不满意
其　他			□满意 □一般 □不满意

教 材 出 版 信 息		
方向一		□准备写 □写作中 □已成稿 □已出版待修订 □有讲义
方向二		□准备写 □写作中 □已成稿 □已出版待修订 □有讲义
方向三		□准备写 □写作中 □已成稿 □已出版待修订 □有讲义

请教师认真填写表格下列内容，提供索取课件配套教材的相关信息，我社根据每位教师/学生填表信息的完整性、授课情况与索取课件的相关性，以及教材使用的情况赠送教材的配套课件及相关教学资源。

ISBN（书号）	书名	作者	索取课件简要说明	学生人数（如选作教材）
			□教学 □参考	
			□教学 □参考	

★您对与课件配套的纸质教材的意见和建议，希望提供哪些配套教学资源：